Moi Zénobie reine de Palmyre

BERNARD SIMIOT

MOI ZÉNOBIE

reine de Palmyre

roman

Albin Michel

« ... On vit une étrangère du nom de Zénobie, qui se vantait d'être de la race de Cléopâtre et des Ptolémées, revêtir, après la mort de son époux Odénath, le manteau impérial, se parer de tous les insignes du pouvoir, ceindre son front du diadème, et régner... Cette femme audacieuse occupa le trône pendant que Gallien régnait encore, et que Claude faisait la guerre aux Goths. Aurélien finit par la vaincre, la mener en triomphe, et la soumit au joug des Romains... Zénobie avait le teint brunâtre, les yeux noirs d'un éclat merveilleux, une âme forte, une grâce incomparable, les dents d'une telle blancheur qu'on les eût prises pour des perles, la voix sonore et mâle... »

Trebellius Pollio
(historien latin du IVe siècle)

1.

Zoubida

Quelle balance pèsera jamais à son juste poids la part d'égoïsme et de vanité qui entre dans l'amour paternel ? Une année s'est presque écoulée depuis que je suis devenue la femme de Septimius Odénath. J'ai vingt ans. Mon mari en aura bientôt soixante, mais il est le premier personnage de Palmyre. Tous les citoyens tremblent devant lui, osent à peine prononcer son nom tout haut. Seul, mon père peut se permettre d'élever le ton pour dire « mon gendre Odénath ». Moi, je ne sais pas encore comment l'appeler. « Maître » m'écorche la bouche ; ce n'est pas parce que le premier des empereurs Sévères en a accordé le privilège à sa famille que je vais l'appeler Septimius. Je hais trop les Romains, ce qu'ils représentent, ce qu'ils ont fait de nous, pour me précipiter aujourd'hui sur ce genre d'honneur qui colore les visages et remplit les coffres de ceux qui les ont quémandés. Sans doute, la loi veut que je m'appelle maintenant Septimia Zénobie, mais on m'appelait autrefois Zineb. Mon père, l'agoranome [1] Amrou, a hellénisé mon nom quand il est devenu sénateur de Palmyre : hier chef de caravanes, il sera dans quelques semaines le grand-père d'un petit prince.

Les filles qui partageaient les premiers jeux de mon enfance se sont mariées à quatorze ans parce qu'elles étaient bédouines. A Palmyre, où les grandes familles se doivent d'imiter les usages romains, il n'est pas de bon ton de convoler à un si jeune âge. Les prétendants ne me manquaient pas. Celui-ci était trop vieux, celui-là trop jeune, l'un pas assez riche, l'autre pas assez romanisé ; on ne me demandait pas mon avis. J'aurais été bien en peine d'en donner un, mais M'Barka me tenait au courant des

1. Prévôt des marchands, chargé de la police de la cité.

marchandages dont j'étais l'objet. M'Barka c'est ma nourrice, le personnage traditionnel de toutes les tragédies, l'esclave qu'on tyrannise, la complice dévouée qui demeure présente quand tout s'écroule et qui sauve des gémonies les restes de Néron. Je n'ai jamais vu d'autre visage que le sien se pencher sur mon berceau. Je l'ai détestée pendant quelques jours lorsque j'ai compris qu'elle n'était pas ma mère. Je ne peux ni m'empêcher de la persécuter ni me passer d'elle. Elle m'a suivie dans la maison d'Odénath. Elle ne m'appelle ni Zineb, ni Zénobie, ni Septimia. Elle m'a toujours appelée Zoubida. Je continue à la faire souffrir pour qu'elle ne s'imagine pas que je ne l'aime plus.

Je sais aujourd'hui que ma mère est morte le lendemain de ma naissance. Mon père ne s'est jamais remarié : on trouve à Palmyre assez de prostituées pour contenter un veuf qui n'entend plus donner à une autre femme le commandement de sa maison. Je n'en ai pas souffert sauf lorsque mes tantes, des bédouines, m'accablaient de baisers si larmoyants que j'ai gardé l'horreur de ces sortes de lécheries. Si j'avais connu ma mère, aurais-je été une petite fille moins repliée sur ses secrets, me serais-je moins souvent cachée, solitaire dans notre maison, l'œil curieux et l'oreille attentive, pour surprendre les gestes ou les soupirs de nos couples d'esclaves ? Mon père n'a jamais levé la main sur moi ; il serait arrivé sans doute à ma mère de me frapper d'une gifle impatiente que, méritée ou non, je ne lui eusse jamais pardonnée. J'ignore tout d'elle ; j'ai vite compris qu'il ne fallait pas poser de questions à son sujet. Etait-elle jeune, belle, brune, blonde, arabe, syrienne, grecque, juive peut-être ? Venait-elle d'Antioche, de Tyr ou de Pétra, de quelque tribu nomade ? Avait-elle été ramenée des bords de l'Euphrate par une caravane qui remontait du golfe Persique avec un chargement de soieries et d'épices venues du plus lointain Orient ? J'ai vainement interrogé les tombes qui dressent leurs tours crénelées autour de notre ville. Mon miroir lui-même n'a pas répondu à ces questions : pour dire vrai, elles n'ont guère tourmenté ma jeunesse. Tous les citoyens de Palmyre pourraient s'en poser de semblables. Qui sommes-nous, d'où venons-nous ? Mes deux pédagogues, Cornélius et Eulémos, m'ont appris que là où s'élèvent aujourd'hui nos portiques, nos palais et nos temples, le roi Salomon avait fondé jadis la ville de Thadmor ; plus tard, après que les juifs en eurent perdu la domination au profit des Grecs, des tribus bédouines étaient venues s'y établir ; enfin les Romains y avaient planté leurs aigles. La fidélité exceptée, nous ressemblons à ces chiens bâtards, batailleurs et méfiants, dont les aboiements et les ruses racontent des origines plus compliquées que celle de nos beaux sloughis demeurés purs mais stupides.

La veille de mon mariage, mon père m'a remis une coupe d'or. « Emporte-la dans ta maison, me dit-il, comme ta mère l'avait apportée ici. » Ce fut tout. J'ai vu d'abord que ses mains tremblaient un peu, sans doute parce qu'il était ému à la pensée que j'allais partir le lendemain. J'ai regardé la coupe d'or. Elle était incrustée de splendides émeraudes ; je n'y prenais pas garde, mes yeux n'y voyaient qu'un profil ciselé en relief autour duquel étaient gravés ces mots : Cléopâtre, reine d'Egypte. C'était au tour de mes mains à trembler, non parce que ce présent m'était remis au nom d'une morte que je n'avais ni connue ni même imaginée mais parce que mon esprit était agité d'un trouble jamais ressenti encore. Comme si j'en eusse attendu un mystérieux appel, je ne pouvais détacher mon regard de ce précieux objet où souriait l'image de la dernière des Ptolémées. Je me méfie des oracles, des devins et des prophètes. Cependant, ce jour-là, les yeux fixés sur la coupe d'or dont mon père venait de me faire cadeau, j'ai cru voir un signe venu de ce monde invisible où, seuls, les prêtres et autres faiseurs de miracles prétendent avoir accès.

Un médecin grec, Thalétas, et ma vieille M'Barka veillent sur mon ventre avec des mines inquiètes de curateurs. Ils assurent que je dois demeurer allongée jusqu'à ma délivrance. Ni lui ni elle n'ont jamais mis d'enfant au monde mais leurs conciliabules chuchotés laissent entendre que mon accouchement sera difficile et que leur quotidienne présence à mon chevet est indispensable. Craignent-ils que je subisse le même sort que ma mère ? Ma santé ne fut jamais aussi bonne, mon corps est déjà énorme, mes yeux sont devenus inexpressifs, je ressemble à une vache condamnée à l'étable en attendant de mettre bas, et je réclame chaque matin deux paniers d'abricots que mon père fait cueillir dans ses vergers. Cela peut durer encore deux mois. Il paraît que mon enfant est déjà formé, qu'il vit, qu'on entend son cœur battre. Quelque chose remue dans mon ventre. Certitude de vieille bédouine pour qui le mâle conserve encore un caractère sacré, M'Barka affirme que je porte un petit Hercule, consulte tous les jours ses dieux familiers, regarde si les oiseaux s'envolent à droite ou à gauche, mélange des poudres étranges, tire de ce commerce innocent les conclusions qui paraissent lui mieux convenir. Ce matin elle m'a annoncé qu'on élèvera un jour à mon fils une statue sous les portiques de Palmyre dont il sera devenu le grand roi. Peut-on admettre que le destin des hommes dépende d'un vol de corneilles ou accorder plus de foi à la providence des chrétiens d'Antioche qu'à l'implacable destin qui brisait autrefois la vie des héros ? Il est plus sage de penser que nous sommes toujours responsables de nos actes, plus habile de se réciter tout bas ces trois vers d'Ovide que j'aurai au moins appris par cœur : « Il est utile que les dieux existent, ne serait-ce que pour les prendre à témoin de nos serments, et comme cela est utile il faut croire qu'ils existent. »

Pour qu'on élève un jour à mon fils une statue, je vais rester allongée pendant deux mois, et, suivant le conseil de mon maître Eulémos, je tromperai mon ennui en racontant mes souvenirs d'enfance. On m'a dit qu'à Rome, à Ephèse, Alexandrie ou Pergame, toutes les femmes de bonne condition passent aujourd'hui un temps égal à se farder le visage, composer des poèmes et fréquenter la palestre. Mon éducation n'a pas été si différente ; depuis l'âge de sept ans, je sais broyer les pierres à encre et tailler la pointe d'un roseau, j'aime me regarder dans un miroir, ombrer mes paupières d'un peu de cendre, varier l'ordre de ma coiffure, lancer le disque, monter à cheval ou à méhari ; je pense avoir lu tous les bons auteurs grecs ou latins, à ce point qu'Eulémos prétend que je suis devenue aussi savante que la grande Julia Domna. Je n'ai jamais imaginé, cependant, que je puisse écrire un poème, sauf le jour où m'étant baignée avec Aïcha je composai une chanson légère à la gloire d'un corps à la fois charmant et inachevé dont la grâce m'avait bouleversée. J'ai bientôt déchiré ce mauvais reflet de Sappho. L'année qui précéda mon mariage, j'ai rédigé une petite histoire grecque dont les pages ne résument que les leçons du cher Eulémos mais dont l'écriture fut pour moi un bon exercice de style que je conserve dans ma bibliothèque.

Sans les avoir jamais appris nous entendons toutes sortes de langages dans notre pays, nous pouvons nous faire comprendre aussi bien en Palestine que dans la Characène, à Antioche qu'à Pétra ou de l'autre côté de l'Euphrate ; il n'y a pas si grande différence entre l'araméen, le syriaque, l'arabe ou même le persan pour embarrasser un bédouin toujours prompt à planter sa tente là où il y a quelque chose à récolter ou à vendre. A Palmyre, dans les milieux que mon père appelle « nos familles », on se fait gloire de connaître le grec et le latin.

Je ne devais pas avoir cinq ans lorsqu'un vieux Syrien nommé Moulak m'a donné mes premières leçons de lecture en me faisant jouer avec des petites plaques de terre cuite où était dessinée en relief la forme des lettres. Comme Moulak était incapable de m'expliquer pourquoi ce qu'il appelait une consonne suivie d'une voyelle pouvait former un son nouveau nommé syllabe, j'embrouillais tout. Il m'arrivait de lui jeter ses argiles à la tête : dès ma petite enfance, je ne tenais pas pour vrai ce qu'on me racontait avant de l'avoir compris. Ma vieille M'Barka qui ne savait ni lire ni écrire eut l'idée de me préparer tous les jours des alphabets en pâtisserie ; je n'ai pas percé davantage le secret des combinaisons du langage et de l'écriture, mais la ruse de ma nourrice illettrée m'a permis de faire des associations rapides, bientôt immédiates, à ce point que le goût de ces gâteaux aux amandes que nous appelons « cornes de gazelle » provoque encore en moi un appétit de lectures nouvelles. Lorsque j'ai conté ce souvenir, quelques années plus tard, à Eulémos devenu mon professeur de grec, il m'a dit en souriant qu'on n'apprend pas seulement dans les livres, que la vieille M'Barka ignorante de la science était une savante de la vie.

Avant d'avoir su écrire, j'avais dessiné des maisons, des personnages et des oiseaux, en les représentant toujours à l'envers, la tête en bas. C'est vers ma septième année que je les ai remis à l'endroit. Je n'ai jamais compris la raison de ces inversions ; je me demande aujourd'hui quel était le meilleur sens de mes dessins, le vrai, les enfants ayant très souvent une vision plus exacte des choses et des hommes que les grandes personnes quand ils s'expriment avec maladresse. Mes leçons d'écriture ne furent pas faciles ; je devais apprendre à reproduire des caractères grecs, araméens et latins d'une petite main tremblante que le vieux Syrien guidait en me soufflant au visage une insupportable haleine qui sentait les oignons rouges d'Antioche. Ce qui m'amusait, c'était couper les feuilles de papyrus, tailler des roseaux en pointe, faire fondre dans un godet des petites boules de gomme mélangées à du noir de fumée. J'ai conservé l'habitude de préparer moi-même mon encre et d'appointer mes calames en y apportant le plus grand soin, comme le peintre broie ses couleurs et le sculpteur dégrossit son bloc de marbre ; un artiste est d'abord un artisan, l'outil prolonge la main par où s'écoule la pensée.

Venus de Syrie ou d'Asie Mineure des petits grammairiens ont ouvert plusieurs écoles à Palmyre. Elles sont très fréquentées par les garçons et par les filles ; il est nécessaire de savoir lire, écrire et compter pour faire bonne figure dans une cité qui doit son opulence aux échanges commerciaux, où chaque habitant rêve de devenir un jour assez riche pour se faire bâtir un palais de marbre et se commander une statue. J'ai souvent regretté d'être obligée de subir, solitaire, les leçons du vieux Moulak, alors que les autres enfants de mon âge apprenaient ensemble le rudiment et chantaient en cadence, accompagnés d'un air de flûte, les noms des lettres, plus tard les cas des déclinaisons. Sans doute, ont-ils perdu beaucoup de temps et reçu de nombreux coups de baguette sur les doigts, mais en sortant de l'école les garçons et les filles jouaient à la marelle dans les rues, se poursuivaient en riant, couraient vers les portiques pour contempler les interminables parties de dés qui opposaient des Arabes rusés à des Grecs aux mains rapides. Jamais mon père n'aurait consenti à me confier à ces magisters dont la condition lui paraissait plus basse que celle de ses esclaves bien nourris, et sur les mœurs desquels il s'exprimait avec des hochements de tête qui en disaient long. La vérité, c'est que le sénateur Amrou avait les moyens d'offrir à sa fille Zénobie un précepteur particulier tout en la préservant des abominables entreprises d'un pédagogue anonyme et sans éclat. J'y ai gagné de connaître la lecture et l'écriture plus vite que les autres enfants de Palmyre ; j'y ai perdu les courses folles, les jeux et les rires dont les seuls échos me parvenaient. A dix ans, je n'en possédais pas moins un long répertoire de mots orduriers dont je connaissais parfaitement le sens et les équivalences en latin, en grec et en araméen. Je n'avais pas eu besoin de fréquenter les écoles publiques pour les apprendre, le vent s'en était chargé. Les parents ont de ces illusions dont la candeur et la superbe certitude font la joie secrète des enfants.

Le vieux Moulak, quand son rôle fut terminé, laissa la place à un professeur de latin, Cornélius, dont je fis mon souffre-douleur, et à un professeur de grec, le cher et subtil Eulémos. J'avais alors douze ans, l'âge où l'on s'identifie volontiers aux héros de la légende. Participant à leurs aventures, maudissant leurs ennemis et chérissant leurs amours, je tremblais pour leur vie bien que les sachant immortels : Adonis et Hercule n'étaient-ils pas des morts ressuscités ? Ulysse, Thésée, Enée, même Jésus, le dieu des Nazaréens, n'étaient-ils pas revenus sur la terre après un bref séjour aux enfers ? L'Illiade, l'Odyssée, les Métamorphoses, les tragédies grecques, les Evangiles nous racontent toujours les mêmes miracles.

De ces fables, je donnais la préférence à l'Enéide, non pas que je me sois beaucoup souciée des hexamètres virgiliens mais parce que le désespoir de Didon me faisait battre le cœur plus vite et que j'y trouvais l'occasion d'échauffer l'humeur de mon pédagogue Cornélius. L'image d'Enée portant son vieux père sur ses épaules et fuyant Troie dévastée m'enchantait, mon plaisir devenant très vif dès que le héros abordait Carthage où il était accueilli par la reine, l'ancienne impératrice de Tyr, une femme rude et belle qui avait connu l'expérience du malheur et dont je me sentais proche comme si un peu de sang phénicien eût coulé dans mes veines. Un soir de chasse, Didon étant tombée dans les bras d'Enée, les nouveaux amants croyaient aussitôt avoir découvert l'amour, échangeaient des serments et des cadeaux, buvaient des cratères de vin remplis à ras bord, proclamaient que leurs deux vies étaient désormais enchaînées. Pour l'avoir entendue ou lue plusieurs fois, je savais comment finirait cette banale histoire, mais je me prenais au jeu, feignais de croire que les oracles avaient menti lorsqu'ils avaient fixé en Italie le terme du long voyage entrepris par le Troyen, et je me plaisais à penser que Rome ne serait jamais fondée. Mon rêve éveillé s'évaporait soudain quand Enée, comblé de caresses et de présents, décidait de reprendre la mer ; sourd aux supplications de Didon, il faisait hisser les voiles. Les injures et la rage écumeuse de la reine de Carthage m'étonnaient toujours : je ne savais pas encore que les femmes, filles d'esclave ou filles de prince, deviennent vulgaires quand elles sont lâchées par leurs amants. J'écoutais avec délices mon professeur scander la colère de Didon prédisant que les dieux la vengeraient en massacrant la descendance du fuyard. Une joie noire m'inondait le ventre. Cependant, lorsque la reine infortunée s'avançait vers un bûcher où elle avait fait dresser le lit de ses noces manquées, j'espérais toujours qu'elle allait se ressaisir, je voulais effacer tout ce qu'avait écrit Virgile, rejeter les épisodes fabuleux, étouffer l'écho des oracles, donner un nouveau cours à l'histoire. Il n'y avait plus rien à faire. C'était écrit sur le livre. Elle montait sur le bûcher, l'allumait, se perçait le flanc au milieu des flammes rouges. Trop jeune pour savoir que les hommes sont habiles à s'abriter derrière ce qu'ils appellent gravement « le devoir », et à inventer des raisons héroïques pour rompre leurs amours fatiguées, j'admirais Enée autant que je le détestais mais, puisque c'était lui le vainqueur de cette aventure, je ne versais pas de larmes sur les cendres de la trop naïve Didon. Je préférais débarquer avec mon héros sur le rivage italien et l'accompagner dans sa descente aux enfers. Là, j'écoutais le vieil Anchise prophétiser à son fils une lointaine postérité qui allait terrifier le monde : des rois, des consuls, des généraux vainqueurs et triomphants, des Romulus et des Tarquins, César, Pompée, Auguste... visages que je haïssais parce qu'ils n'étaient que des masques d'or posés sur les pillages, les massacres, les vols, les crimes, toutes ces guerres voulues par ces hommes de proie qui s'étaient enrichis avec ce que les historiens appellent les dépouilles de l'Orient. Parvenue à ce chant de l'Enéide, je savais que mon regard allait se durcir, mes lèvres se serrer ; mon pédagogue n'y prendrait pas garde et déclarerait d'une voix vibrante : « Souviens-toi, Romain, que ton destin est de courber les peuples sous ta loi. » C'est ce que Cornélius avait retenu de plus clair dans l'Enéide. N'était-il pas payé par mon père pour m'apprendre les grandeurs et les vertus romaines, comme Virgile avait été gavé d'or par Octave Auguste pour inculquer aux Romains la conviction de leur supériorité ?

Arme légère et perfide dont la pointe n'avait pas sa pareille pour dégonfler les glorieuses certitudes dont je me défiais par une sorte de disposition naturelle, l'insolence de mon sourire interrompait les prosopopées où se délectait mon maître d'école. Pauvre Cornélius ! Descendant d'un troupeau d'esclaves ramenés naguère de Bithynie sur les trirèmes impériales, il se sentait plus romain qu'aucun héritier des plus anciens habitants du Latium. Tout un monde d'images et de mensonges tournoyaient pêle-mêle au fond de ses yeux humides de fierté : la louve, les oies du Capitole, l'enlèvement des Sabines, la roche Tarpéienne, la loi des Treize Tables, la charrue de Cincinnatus, les guerres puniques, Marius et Sylla, *quousque tandem Catilina,* la mère des Gracques, les galères de Cléopâtre désertant la bataille d'Actium, Trajan jetant ses cavaliers numides sur le Danube et sur l'Euphrate... Il lui importait peu que ses lointains parents, chargés de chaînes, aient subi le fouet ou tourné la meule ; leurs tourments ne le concernaient pas, la Bithynie n'évoquait pour lui que le souvenir d'un certain proconsul, homme raffiné qui aimait les jardins, le caviar, les livres et les jeunes garçons. Décrassé par un maître qui en avait fait son giton avant de l'envoyer à l'école, Cornélius savait par cœur quelques milliers de vers latins ou grecs ; il s'y complaisait sans même se douter qu'il est très facile d'imiter l'intelligence par la mémoire. Affranchi par son protecteur, il était devenu Cornélius et grammairien, vendant son savoir scolaire à de riches pères de famille, tenant pour vrai tout ce qu'on lui avait appris, professant une admiration sans fissure pour les hommes illustres. Ceux-ci étaient si nombreux que je soupçonne Cornélius d'avoir rêvé de découvrir son propre profil sur le bouclier où les Cyclopes ont forgé dans l'airain l'histoire de Rome. Bien que réduits à la condition d'esclaves, ses parents n'avaient-ils pas participé à des événements prodigieux en décorant le triomphe de quelque César ? Il n'en fallait pas davantage à mon professeur pour se proclamer citoyen romain et se faire une certaine idée de l'Empire. C'était son droit. La gloire du vainqueur n'avait marqué ni sa peau ni ses souvenirs. Pour moi, Rome, ça n'était ni l'enthousiasme bien rémunéré de Tite-Live ni le lyrisme organisé de Virgile, c'était l'ombre du légionnaire qui faisait les cent pas, la lance au poing, aux portes du camp installé derrière les remparts de Palmyre.

Ce sentiment de révolte, j'avais garde de le confier à mon père ; je le savais fier d'être membre de notre petite assemblée locale que nous nommions pompeusement Sénat, d'exercer dans la ville un commandement qui le flattait, d'être devenu un des collaborateurs du prince. Je l'aimais assez pour tolérer sa joie d'être invité à participer à des cérémonies célébrées à l'occasion d'anniversaires qui ne nous concernaient pas ; j'écoutais toujours avec un intérêt apparent les interminables récits qu'il en rapportait en ne manquant jamais de souligner la place de choix qui lui avait été réservée. Le seul fait de pardonner à mon père ses puériles vanités dont je savais qu'elles s'accordaient trop bien avec ses soucis de carrière et son goût de l'argent, écornait l'image du héros que mon besoin d'admirer redessinait tendrement chaque fois qu'il m'emmenait au désert sur le chemin des caravanes. Avec Cornélius, je n'avais à jouer ni la comédie de l'indulgence ni l'hypocrisie du respect. Je crois même que je me vengeais sur lui quand il me répétait, sans se lasser, que j'étais née romaine par la grâce du décret de Caracalla accordant le droit de citoyenneté à tous les habitants de l'Empire. Alors, accablant le grammairien de mes moqueries, je lui démontrais que la condition des esclaves, des affranchis, des étrangers, des colons, des soldats enrôlés de force dans les troupes auxiliaires, n'avait pas changé pour autant, sauf que les uns versaient maintenant au publicain des impôts supplémentaires destinés à payer le luxe du gouverneur d'Antioche, et que les autres avaient l'honneur de mourir désormais sous les aigles impériales. Tu étais devenu citoyen romain, Cornélius, mais tu demeurais un Bithynien ; moi, une Arabe. Aux yeux des centurions qui paradaient avec leurs longues épées sous nos portiques, malgré ton savoir et malgré les titres de mon père, nous étions toujours des barbares.

Cornélius était également chargé de m'apprendre l'histoire. Assez adroit pour comprendre que le passé n'a guère d'autre sens que celui que nous lui donnons, il s'efforçait de ne me montrer Rome que sous des images graves et héroïques : Horatius Cocles défendait seul l'entrée d'un pont que ses compagnons détruisaient derrière lui, Mucius Scaevola plaçait sa main sur des charbons ardents pour la punir d'avoir manqué un ennemi, Regulus retournait volontairement se faire supplicier à Carthage par respect à la parole donnée, Lucrèce se poignardait sous les yeux de son mari et de son père parce qu'elle avait été violée, la femme de Caton donnait le sein à un enfant d'esclave, Cornélie refusait le mariage proposé par le prince souverain de Libye parce qu'elle estimait plus glorieux d'être la veuve d'un Romain que l'épouse d'un roi. Pour mon pédagogue, les empereurs étaient toujours divins, les pères conscrits toujours loyaux, et les généraux toujours intelligents ; les patriciens ne briguaient la magistrature consulaire que pour défendre les intérêts supérieurs de la république, les femmes symbolisaient ce qu'il est convenu d'appeler sans rire les vertus romaines, tous les paysans de la Campanie buvaient du falerne à la santé des dieux.

Mes démons familiers m'interdisaient d'accorder confiance à ces fables. Parfois, je m'en voulais de critiquer tout ce qu'on voulait m'apprendre à respecter ; dès que j'entendais le pas cadencé d'une cohorte rentrant de quelque manœuvre et passant devant notre maison, la rage me sautait au cœur d'être romanisée et de devoir subir la présence d'une armée étrangère commandée par des chefs qui nous jouaient la comédie de l'ordre, de la justice et de la bienveillance pour mieux dissimuler le mépris dont ils nous accablaient du haut de la dérisoire supériorité conférée par un casque à plumet. L'histoire, même en la fardant, mon professeur m'en avait appris assez pour que je rende grâces aux Grecs qui étaient venus autrefois, après la mort du grand Alexandre, s'installer dans notre pays arabe et lui faire découvrir un monde nouveau. Ceux-ci ne s'étaient pas contentés de construire des cités nouvelles, des temples, des portiques et des théâtres, ils nous avaient appris la langue ailée des poètes et des marchands, grâce à laquelle nos coureurs de sable avaient pu atteindre l'Orient le plus lointain et communiquer avec le reste de la terre habitée. Les Romains n'étaient arrivés que trois siècles plus tard avec leurs légions et leurs machines de guerre, leurs proconsuls et leurs préfets, leurs publicains, leurs voleurs de trésor, leurs entrepreneurs de statues, et leur terreur — qui les mord encore au ventre — de voir les cavaliers parthes surgir à l'horizon du levant. Fallait-il leur être reconnaissant d'avoir multiplié au centre de notre ville des monuments gigantesques et d'avoir ouvert dans le désert des chantiers de pistes dirigées vers Damas, Emèse, Antioche et Doura-Europos ? Palmyre étant devenue une pièce maîtresse de leur système de défense, ces pistes ne servaient guère qu'aux charrois militaires destinés à ravitailler les postes échelonnés le long de la frontière de l'Euphrate. Sans doute, de nombreux empereurs avaient-ils fait venir de Rome, à grands frais, des architectes et des sculpteurs pour construire une longue colonnade, élever de nouveaux temples, décorer notre forum ? Ça n'était là que gestes de théâtre dont sont coutumiers les princes toujours soucieux de graver leur règne dans la pierre. Quand on me vantait les mérites d'Hadrien et de Marc Aurèle, je répliquais que leurs vertus ne leur avaient point interdit d'exiger le recrutement de quelques milliers de bédouins pour les envoyer mourir à bon compte sur les rives du Danube, aux confins de l'empire menacé. Quels services nous avaient-ils rendus, quelle générosité non calculée nous avaient-ils témoignée, sinon d'avoir enchaîné les meilleurs hommes de Palmyre à la vanité d'un titre nobiliaire, l'illusion d'un commandement, la niaiserie des honneurs municipaux ? La gratitude n'est souvent qu'une forme déguisée de la bassesse. Je la rejetai. Trop jeune pour connaître la valeur du silence et des patients affûts, assez solide pour maîtriser les violences qui me secouaient, je découvrais que l'irrespect demeure la meilleure arme des enfants devant le spectacle des échines courbées. Il m'arrivait cependant d'envier le sort des héros foudroyés et de vouloir guider les pas du vieil Œdipe vers le temple de Colone pour apaiser la destinée. C'eût été un beau rôle pour une petite Antigone arabe et noiraude. Si les dieux avaient englouti mon père dans les ténèbres, j'aurais eu le même courage tendre et fidèle, mais les dieux n'existaient même plus dans l'imagination des poètes ; mon père avait cessé d'être pour moi un personnage démesuré, à ce point que je ne pouvais plus guère dissimuler un triste sourire lorsque je le voyais se pavaner dans sa toge de sénateur : j'avais flairé les humiliations allégrement consenties pour la satisfaction d'arborer un laticlave pourpré sur un uniforme d'apparat.

Intelligent et subtil comme savent l'être les Grecs d'Asie, Eulémos m'avait devinée dès les premiers jours de son magistère. Avant d'arriver à Palmyre, il avait fréquenté les bonnes écoles et enseigné à Pergame, Ephèse, Alexandrie, Rome, enfin Antioche où l'écho de sa réputation était parvenue aux oreilles de mon père. Long et nerveux comme un de nos sloughis, le visage usé, le front dégarni où bouclaient encore quelques mèches qui avaient dû être blondes, il posait sur les êtres et les choses un regard bleu et rempli de petits cristaux en forme de points d'interrogation. A l'inverse de Cornélius qui savait tout et ne comprenait rien, Eulémos masquait sa science derrière un élégant scepticisme, comprenait tout, faisait tout comprendre et ne dédaignait ni la légèreté du ton ni l'impertinence de la forme quand il discourait sur les sujets les plus difficiles. A dire vrai, il ne le disputait pas à Cornélius sur le terrain de la rhétorique où il eût été battu, ne déclamait jamais, n'imitait pas les oracles, n'abusait pas des citations d'auteur, considérait que les proverbes sont la sagesse des imbéciles.

Comme tous les enfants, j'avais été une petite fille grave qui prend tout au sérieux, les dieux, son père, le soleil, les étoiles, ses jouets, les gens en uniforme, ce qui est écrit sur les livres, ce que disent les grandes personnes. Je dois à Eulémos d'avoir desserré les nœuds qui me ficelaient, de m'avoir appris à sourire ou à douter des dieux et des hommes qu'on m'avait appris à respecter, donc à craindre, ces deux verbes ayant eu pour moi le même sens jusqu'au moment où je fus pubère. Mon professeur de grec n'a pas éteint les étoiles dans le ciel, il m'a fait découvrir, avec un sourire complice, que nous faisons souvent les dieux à notre image et que l'Olympe a dû être inventé soit par les poètes pour enchanter les hommes, soit par les rois pour inspirer à leurs sujets une utile terreur. J'étais trop grande pour croire encore qu'il y eût quelque part un royaume souterrain traversé par une rivière où coassaient des grenouilles noires, et pour admettre que le vieux Charon puisse suffire avec sa perche à transborder sur une seule barque les milliers de morts de la terre féconde. Avec Eulémos, j'ai franchi sans désillusion la frontière difficile de l'enfance protégée ; un jour, j'ai relégué dans un coin les dieux et mes jouets. Je n'ai jamais rebercé mes poupées, ni fait tourner mes toupies, ni remodelé des boules d'argile, mais la nuit, les yeux fixés sur le ciel, j'imaginais des drames et des comédies jouées derrière les étoiles. Me rappelant la légèreté des propos de mon vieux maître, je riais toute seule à la pensée que Saturne coupait les génitoires de Cronos et les jetait à la mer d'où naissaient les Furies au milieu d'une écume sanglante. Avant de m'endormir, j'inventais les intrigues et les brouilles qui agitaient la vie de Zeus condamné à vivre sur une famille innombrable dont les membres passaient leur temps à se jalouser, se quereller, se trahir, se frapper, assurés de l'impunité des immortels. Tout lui était bon à ce Zeus, ses femmes, ses filles, ses sœurs, les déesses, les nymphes ou les simples mortelles qu'il surprenait en se déguisant en taureau, en cygne, en chèvre-pied ou en pluie d'or. Comme il aimait aussi les garçons, il lui était arrivé de prendre la forme d'un aigle pour emporter un jeune homme au creux du ciel et en faire son giton. Je revoyais Apollon traverser le ciel sur son char doré, Aphrodite pleurer la mort d'Adonis et transformer chacune de ses larmes en anémone, Dionysos courir après des filles demi-nues, Mercure truquer les poids d'une balance, Junon faire des scènes de jalousie au maître de l'Olympe, Mars se vanter de ses exploits, Héraclès nouveau-né mordre le sein de sa mère avec tant de passion qu'il en jaillissait dans le ciel un flot qui devenait la Voie lactée.

Puisque les hommes faisaient les dieux à leur image, je cherchais parmi les citoyens de Palmyre ceux qui auraient pu leur servir de modèles. Zeus ne pouvait être que le gouverneur romain devant lequel tout le monde se prosternait, Dionysos le Grec d'Antioche qui venait d'ouvrir une taverne dans un quartier où l'on me défendait d'aller rôder, Mars le beau centurion — les militaires sont toujours beaux, non ? — qui me regardait avec des yeux congestionnés, Mercure le Syrien qui prétendait avoir étudié la médecine et vendait à prix d'or des poudres pour faire avorter. Des Aphrodites et des Junons, il y en avait beaucoup à Palmyre. Je ne parvenais pas à poser un visage sur le nom de l'infortuné Cronos, mais je savais bien que cette mutilation avait été subie par de nombreux légionnaires romains, punis d'avoir voulu porter la guerre de l'autre côté de l'Euphrate.

Cette pensée m'amusait. Où était le réel, où était l'imaginaire ? Si les dieux n'étaient vraiment que ce que les hommes les font, ils avaient donc été inventés par les hommes, et alors les dieux n'existaient pas. Le ciel était-il vide ? Après m'être caressé les seins, lasse et troublée, je finissais par m'endormir en me disant, sans y croire, que derrière une petite étoile Minerve veillait sur moi avec son casque et sa lance d'or.

Eulémos me lisait des chants de l'Illiade et de l'Odyssée mais ne m'obligeait pas à les apprendre par cœur. Il n'insistait pas davantage sur les perfections de la prosodie homérique. Son expérience de vieux pédagogue lui avait appris à se méfier des bons élèves, toujours un peu tricheurs quand ils s'émerveillent sur les savantes combinaisons des dactyles et des spondées. Pour moi, rien ne différenciait les héros d'Homère des habitants de l'Olympe : ils n'avaient jamais existé que dans l'imagination d'un aède. Je leur accordais plus de vérité et plus de consistance qu'à la plupart des êtres qui vivaient autour de moi, sauf Eulémos dont la voix musicale et les mains précises recréaient dans l'espace les paroles et les gestes des personnages imaginés autrefois par le poète aveugle : Achille, Ajax, Hector, Pâris, Agamemnon, Patrocle... et la jolie Hélène qui n'avait pas voulu cela. Je m'aperçois aujourd'hui que je m'intéressais surtout aux impitoyables, aux violents, aux passionnés et aux malins. J'aimais les traîtrises de Calypso et les ruses d'Ulysse, je me moquais de la fidélité de Pénélope, de l'infortune de Ménélas, des leçons de Nestor, vieillard vaniteux et bavard ; je pensais que Nausicaa et Télémaque auraient dû se marier pour laisser aux jeunes gens l'exemple d'un gentil ménage cultivant la morale et les niaiseries dans l'étroit jardin d'une vie conjugale sans orage.

A quatorze ans, j'avais la poitrine d'une femme et je fus fatiguée des héros. Homère m'ennuyait autant que Virgile. Des filles de mon âge, tôt mariées, venaient me raconter ce que les hommes faisaient d'elles. Bien que ce soit encore la règle à Palmyre de copier servilement les coutumes de ce qu'il est convenu d'appeler la bonne société romaine, mes amies ne passaient pas leurs jours confinées dans leurs demeures, assises devant un métier à tisser, entourées de leurs servantes, attendant de mériter qu'on gravât un jour sur leur tombeau : « La femme qui repose ici n'a admiré ni les robes ni l'or. Elle a seulement aimé son mari et la vertu. » Dans tout l'Orient, les femmes ont toujours été des êtres libres ; elles sortent seules, s'habillent comme elles l'entendent, fréquentent les écoles, parlent aux garçons, partagent les soucis ou l'ambition de leur mari. Ça n'est qu'au désert, dans les tribus nomades, qu'elles sont condamnées à se voiler le visage, faire des enfants, moudre le grain. Pour une Sempronia qui a été l'âme de la conjuration de Catilina ou une Agrippine qui a fait manger à son vieil époux un plat de champignons vénéneux afin d'assurer plus sûrement la succession de l'empire à son fils, Rome n'a connu ni Sémiramis, ni Didon, ni Cléopâtre : les véritables chefs de la dynastie des Sévères furent des femmes d'Antioche. Mes amies n'avaient pas la prétention d'imiter ces princesses syriennes qui jouèrent le plus grand rôle dans la cité, mais le fait qu'elles étaient mariées les rangeait désormais dans un monde nouveau d'où j'étais exclue. Elles se lançaient de furtifs coups d'œil qui créaient entre elles une sorte de complicité et se chuchotaient des confidences qui les faisaient rire. Pour elles, je perdais mon temps entre mes deux pédagogues, qui n'étaient même pas jeunes, alors que beaucoup d'hommes n'auraient pas demandé mieux de me déflorer et de me confier le gouvernement de leur maison.

Mon père entendait que je me conforme aux usages des grandes familles romaines. Quatorze ans, c'était bon pour la fille d'un bédouin, pas pour celle d'un sénateur qui prenait ses fonctions au sérieux, souffrait de n'être pas né patricien, rêvait d'un gendre qui lui apporterait un jour les reflets du titre nobiliaire qui lui avait manqué. Personne n'est aussi impitoyable que les enfants à partir du moment où ils s'aperçoivent que leurs parents ne sont pas tout à fait les êtres irréprochables auxquels ils croyaient aveuglément. Un jour, le petit que je porte dans mon ventre me regardera peut-être, lui aussi, droit dans les yeux, d'abord avec surprise, plus tard avec colère, enfin avec indulgence. J'ai connu ces étapes. S'il les connaît à son tour, c'est que je n'aurai pas su garder intact le visage que je vais pencher sur lui pendant ses premières années. Malika, Arkia, Aïcha, tout ce qu'elles me racontaient en trempant dans un pot de miel leurs doigts teints au henné ne m'intéressait pas beaucoup. Ces épouses étaient demeurées des petites filles à peine moins innocentes qu'à l'âge où nous chantions ensemble, battant des mains, un refrain inlassablement repris sur le même ton : « Qu'on nous donne un mari, vite, vite, et qu'il ait une barbe comme un balai. » Moi, je n'avais pas encore de mari, mais c'était moi la grande personne. Les poètes m'avaient fait deviner des sentiments et des plaisirs qui n'apparaissaient jamais dans les bavardages de mes trois amies dont le corps demeurait aussi ignorant que leur esprit. Profitant d'une absence d'Eulémos, j'étais entrée dans sa chambre pour fouiller dans le coffre où je savais trouver des livres qu'il n'ouvrait jamais devant moi. D'un trait, j'avais lu quelques centaines de vers d'un certain Catulle qui racontait ses rencontres amoureuses avec une femme mariée : les premiers mois de bonheur gai où tout est prétexte à rire, puis les infidélités et la jalousie, les absences et les mensonges, les querelles et les larmes, les injures et ces merveilleux raccommodements qui m'apprenaient que les trahisons peuvent à la fois diminuer l'amour et redoubler le plaisir. Ce fut la découverte d'un monde nouveau. Les amours de Pâris et Hélène, d'Enée et Didon, auxquelles je ne m'intéressais plus, me semblèrent dès lors tout juste bonnes pour faire des chansons de nourrices. Confusément, n'ayant aucune expérience de ces choses, je sentais que ce Catulle disait vrai, je devinais qu'on peut insulter un homme parce qu'on l'aime encore. Je n'éprouvais aucune impatience à subir ces sortes d'esclavage, je ne croyais pas aux longs chagrins. Le temps où je me lamentais sur le sort de la reine de Carthage était bien fini. Sans rien connaître, je me promettais de ne pas faire de l'amour la grande affaire de ma vie.

Je n'étais pas si innocente. Je savais que j'étais jolie. La vieille M'Barka me le répétait tous les jours : elle m'avait bercée, nourrie, soignée, et multipliait pour moi depuis quatorze ans des complaisances de chienne. J'avais plus confiance dans le miroir d'argent que mon père avait fait venir d'Alexandrie le jour où il s'était aperçu que je devenais une jeune fille. Le métal poli me renvoyait une image qui ne me déplaisait pas, visage étroit aux lignes minces, nez droit — pourquoi était-il plus grec qu'arabe ? — menton solide, yeux bruns dont je m'exerçais à varier l'expression, cheveux noirs et bouclés que je laissais souvent flotter sur mes épaules. Je me regardais aussi dans les yeux des hommes, jouant à paraître plus âgée devant les plus jeunes, à prendre des mines de petite fille devant les plus vieux, vulgaire artifice qui touchait toujours sa cible. Les hommes sont vulnérables aux pièges les plus simples mais c'est encore la vanité des honneurs, le goût de l'argent et le contentement de soi qui orientent la vie des plus nombreux.

Cornélius, je ne l'avais jamais considéré comme un homme ; c'est pourtant devant lui que j'ai dansé mes premiers pas de séduction. Je manquais de pratique. En aurais-je eu que le résultat n'eût pas été différent, il était de ces êtres qui ne s'intéressent aux autres que dans la mesure où ceux-ci les écoutent avec une religieuse admiration. J'eus beau multiplier les occasions de porter des tuniques trop courtes et de me baisser sous son nez pour renouer les liens non défaits de mes sandales, il ne broncha pas. Je voulais bien lui montrer mes cuisses mais j'étais trop honnête pour simuler le moindre émerveillement devant un péroreur aussi ennuyeux. S'il avait osé le moindre geste, je l'eusse d'ailleurs dénoncé à mon père pour le faire fouetter et peut-être égorger, ce qui m'eût privé d'un vieux compagnon sur lequel mon enfance avait fait ses griffes. Je rangeai définitivement Cornélius parmi les hommes qui, faute d'auditoire, éprouvent encore quelque bonheur à se gargariser d'eux-mêmes. Avec Eulémos, ce fut autre chose. Son corps, aux muscles durs et souples qui révélaient sous une fragilité apparente la longue pratique de la palestre, demeuré beau malgré son âge, était semblable à ces statues de marbre que le temps polit et n'abîme pas. Son regard s'attardait volontiers sur mon visage ou mes longues jambes, mais il me traitait comme un jeune garçon et se montrait aussi soucieux de me faire parcourir quelques stades en courant que de me faire découvrir les tragédies d'Eschyle. Court-vêtue, nue sous un vêtement léger, combien de fois ne me suis-je pas précipitée dans ses bras avec un cœur qui battait fort et dont la violence avec laquelle j'avais lancé le disque n'était pas seule responsable ? Fier de moi, il me serrait sur sa poitrine. J'étais heureuse. J'aimais Eulémos sans savoir ce que cela signifiait mais sans ignorer que je ne l'aimais pas tout à fait comme on aime son père. Lorsque j'ai commencé à ressembler à une femme, j'ai senti que mon maître devenait moins tendre, moins complice, qu'il s'éloignait peut-être. C'est à ce moment de mon adolescence que, ne doutant pas de le ramener docilement, j'ai tenté de jeter sur lui des filets enfantins. Le connaissant trop sceptique et trop intelligent pour être séduit par la flatterie littéraire, je me fardai le visage, découvris mes épaules, le regardai fixement mais sans oser cependant jouer avec lui le jeu de la sandale défaite. Je lui demandai aussi de me lire des vers de Catulle. Allumer dans ses yeux pâles une petite flamme ironique et faire naître sur ses lèvres un léger sourire de dégoût furent les seuls résultats de mes manœuvres dérisoires. Avec mon teint brouillé, ma poitrine trop rapidement développée, mon haleine plus forte et mon esprit plus lent, je ne ressemblais plus à un éphèbe. Je savais qu'Eulémos était insensible à la louange, je n'avais pas compris qu'il détestait l'odeur des femmes.

Trois fois par an, mon père organisait les grandes caravanes qui relient Palmyre à Vologésiade, petite ville située sur l'Euphrate où les marchands de Palmyre étaient parvenus à garder des comptoirs malgré la guerre qui opposait les Romains au roi Sapor[1]. Depuis l'empereur Hadrien, nous étions englobés dans le système impérial ; les ennemis de nos protecteurs étaient donc devenus les nôtres, mais la guerre a-t-elle jamais interdit les affaires ? Croyant qu'il était habile d'abandonner la Mésopotamie et de se servir de nous pour maintenir un courant d'échanges avec l'Inde, le successeur de Trajan ne se doutait pas qu'il suffirait de trois générations pour que tout ce commerce tombe entre nos seules mains : moitié nomades moitié guerriers, notre main droite feignant toujours d'ignorer ce que reçoit notre main gauche, nous sommes devenus les arbitres de ce marché. Même s'il nous fallait engager des sommes considérables et verser de lourds tributs pour assurer le passage de nos caravanes à travers le désert, il se trouverait toujours assez d'acheteurs, de l'autre côté de la mer latine, qui nous payeraient au centuple des soieries et des perles pour leurs femmes, des porcelaines et des épices pour leurs tables, des résines odorantes pour leurs dieux.

Ça n'était pas une petite affaire que de conduire une caravane jusqu'au golfe Persique, ou même à Vologésiade sur les bords de l'Euphrate, et de la ramener à Palmyre avec sa cargaison de précieuses marchandises venues du plus lointain Orient. Dans sa jeunesse, mon père avait souvent accompli ce dur voyage. Devenu agoranome, il se contentait de financer et d'organiser ce genre d'entreprises qui ont fait la fortune de notre cité. Habituée à courir librement dans la maison et à me tenir auprès

1. Roi des Perses Sassanides.

de lui quand il recevait ses associés, j'écoutais ce qu'il disait, j'admirais l'autorité de sa voix rapide, j'étais heureuse de voir les autres hocher la tête en signe d'approbation à chacune de ses paroles. Les autres, c'étaient d'abord les gros marchands de Palmyre qui s'associaient avec lui pour acheter les marchandises, les transporter, les revendre à Antioche, Pergame, Byzance, Rome ou Marseille, et qui l'avaient pris pour chef. C'étaient aussi les représentants des comptoirs installés à Charax, Vologésiade, même à Alexandrie ou Ctésiphon, qui n'hésitaient pas à parcourir des milliers de stades [1], malgré la précarité de ce que mon père appelait gravement la « paix romaine », pour venir discuter d'intérêts que je devinais importants. Ces visites nourrissaient mon besoin d'admirer, renforçaient ma fierté, fortifiaient ma certitude d'avoir pour père le personnage le plus puissant, le plus brave, le plus riche de Palmyre. Ne comprenant pas tous les mots qu'ils disaient, crédit, échange, talents, dinars, drachmes, mines, j'étais émerveillée de voir les doigts de mon père faire glisser sur des tiges de métal des petites boules de couleur qui lui servaient à compter. Lorsque les marchands s'étaient mis d'accord sur la date du départ, à la suite de longues discussions dont le ton montait aussi haut que s'ils s'étaient querellés, ils se séparaient en faisant mine de porter religieusement la main droite à leurs lèvres avec un air mystérieux. Mon père faisait alors appeler le chef de caravane qu'ils avaient choisi. Il lui confiait le soin de rassembler quelque deux mille chameaux, leurs conducteurs, l'eau et les vivres nécessaires pour parcourir les grands plateaux désertiques qui séparent Palmyre de l'Euphrate. Le vent et les bavardages emportaient la nouvelle à travers la ville. Campés à deux ou trois jours de marche, les nomades l'apprenaient avec une telle rapidité qu'on aurait pu croire que Mercure aux talons ailés s'en était fait le messager.

Né sous une de ces grandes tentes noires qu'on déplace sans cesse pour rechercher les buissons épineux qui servent de pâture aux troupeaux, mon père n'avait plus rien de commun avec les bédouins de sa famille depuis qu'il était devenu sédentaire, riche, et sénateur de Palmyre. Il n'en appréciait pas moins leur courage, leur endurance, leur promptitude à prendre feu et à

1. Un stade = 185 mètres environ.

venger un affront. Il savait aussi que, sur le signe d'un petit cheik, quelques tribus pourraient se ruer sur la ville, en égorger joyeusement les marchands, vider leurs coffres, violer leurs femmes, brûler leurs temples. Mon père ne manquait donc pas de les enrôler pour escorter ses grandes caravanes. Un peu d'or, une arme neuve, le goût de l'aventure, le risque d'un combat, il n'en fallait pas davantage pour recruter plus de volontaires que la sécurité du voyage exigeait d'en rassembler.

Semblable à d'autres chefs bédouins qui étaient venus un jour s'installer à Palmyre et avaient fini par y obtenir des charges ou des titres honorifiques dont le gouvernement romain était peu avare, mon père avait conservé dans sa tribu d'origine, des hommes, des troupeaux, des palmiers, une innombrable famille de frères, sœurs, oncles, tantes et cousins qui se bousculaient pour l'accueillir quand il condescendait à leur rendre visite, mais qui s'empressaient de cracher à terre dès qu'il avait le dos tourné. Je l'ai accompagné souvent dans les pâturages où, rassemblés avant le départ pour Vologésiade, difformes, enchaînés par trois, la mâchoire nouée par des cordes et engluée de bave, chassant de leur lippe les mouches sur leurs dents jaunes, les chameaux tournaient en rond et poussaient des cris qui m'effrayaient. Mon père les examinait, vérifiait leur état, tâtait leurs jarrets d'un doigt précis, s'assurait de la rondeur de leur bosse, contemplait leur ossature, écartait les animaux qui accusaient la plus légère boiterie, désignait de son fouet la blessure qui ensanglantait un garrot, appelait le gardien coupable de quelque négligence pour le frapper au visage d'un geste dont la violence me ravissait : c'était un vrai chef. Je poussais des cris aigus comme seules savent le faire les petites filles, je serrais de toutes mes forces les jambes de mon père, sachant que pour me montrer son pouvoir et sa vigueur il frapperait encore le chamelier. Nous nous vengions peut-être tous les deux, à la manière des faibles, lui des humiliations subies dans l'antichambre du gouverneur romain pour accéder à la magistrature sénatoriale, moi de l'avoir vu témoigner à de vulgaires centurions des marques de respect qui m'avaient révoltée. Une tempête de sable ou un orage imprévu nous obligeaient parfois à prolonger notre séjour chez les bédouins. L'hospitalité qu'on nous offrait, comparée au luxe de notre table à Palmyre, était très modeste, mais nous autres les Arabes nous nous installons avec autant d'aisance dans la pauvreté que nous sommes prompts à étaler nos richesses. Ici, on devait se contenter de lait caillé, de beurre rance, de galettes d'orge, parfois d'une gazelle qu'on fait rôtir au-dessus de la braise jusqu'au moment où l'on peut détacher des morceaux de peau dorée qui se recroquevillent et, poudrés de sable, craquent sous la dent. La nuit venue, serrés l'un contre l'autre, enveloppés dans des manteaux tissés avec le poil des chameaux, nous nous endormions sous la grande tente noire que le vent secouait sans parvenir à chasser les odeurs aigres dont la laine était imprégnée. Le lendemain, réveillés à l'aube par le cri des bêtes, nous sortions dans l'air vif. On nous apportait le lait qu'on venait de tirer et quelques dattes dures comme des cailloux. Mon père en acceptait l'hommage avec un air volontiers hautain ; j'ai parfois pensé qu'il dissimulait un plaisir secret à tremper ses lèvres dans la mousse tiède et fétide où il retrouvait son enfance trahie. L'eau étant rare, nous nous contentions, pour notre toilette, de passer un peu de sable sur notre visage. C'est alors que la famille venait nous saluer, les uns avec une humilité feinte, les autres avec un air dont on ne savait s'il était arrogant ou dédaigneux : les Arabes sont habiles à jouer tous ces rôles.

Examinés et triés la veille, les chameaux avaient déjà pris le chemin de Palmyre où ils se joindraient à d'autres centaines de bêtes louées à d'autres tribus. Il fallait maintenant s'occuper des hommes proposés par le cheik pour assurer la sécurité de la caravane. A cette époque, les vétérans de la légion recrutant de nombreux volontaires destinés à former des corps auxiliaires commandés par des officiers romains, il n'était pas plus difficile à un bon chef de caravane de rassembler deux à trois cents coureurs de sable. Chaque marchand associé devait fournir une cinquantaine d'archers montés et mettait son point d'honneur à réunir les meilleurs. Encore qu'il apportât dans le choix des hommes moins de soins attentifs que dans celui des bêtes, mon père les dévisageait avec des yeux terribles, les faisait tirer à l'arc devant lui, désignait d'abord les vieux fennecs[1] qu'il avait

1. Renards des sables.

utilisés, ne choisissait les plus jeunes qu'après avoir soigneusement vérifié que quelque querelle familiale les opposait suffisamment les uns aux autres pour qu'ils ne risquent pas de s'entendre contre lui. C'est au cours d'un de ces voyages que je fus troublée la première fois par un homme. J'avais douze ans. Comme mon père refusait de me confier à la garde de ses sœurs depuis que l'une d'elles s'était avisée de me passer de la teinture de henné sur les cheveux, la paume des mains et les talons, il fallait bien que je le suive partout. J'assistai ainsi à l'engagement des archers.

Lorsque Zabbaïe vint se présenter, mon père le reconnaissant pour l'avoir déjà emmené sur le chemin de Vologésiade lui adressa un petit signe d'amitié. Vêtu d'une courte tunique de laine brune sanglée à la taille, et de jambières à la mode persane, il était coiffé d'une sorte de bonnet légèrement pointu. La corde d'un arc lui barrait la poitrine d'un trait rouge, deux poignards étaient passés à sa ceinture cloutée de grosses épines. Zabbaïe, fils de grande tente, accompagnait volontiers les caravanes parce que chaque voyage offrait le risque d'un combat contre les bandes de pillards surgies tout à coup en plein désert ; indépendant, il n'aurait jamais consenti à s'enrôler dans les rangs de l'armée romaine où cependant chacun pouvait prétendre à la pourpre impériale depuis qu'un des nôtres, Philippe l'Arabe, l'avait revêtue. Zabbaïe n'était né ni pour les corvées inutiles ni pour les servitudes de la condition militaire. Quand on le voyait lancer au galop son cheval syrien qu'il menait avec la seule pression des genoux, bander soudain son arc, lancer une flèche qui ne manquait jamais de se ficher sur le poteau d'exercice, parvenir au bout de la carrière, faire demi-tour et revenir vers nous, placer un autre trait dans la cible avec la même précision, disparaître sous le ventre de son cheval comme s'il eût été touché à mort par quelque adversaire et ne se redresser que pour décocher une troisième pointe qui venait vibrer contre les deux autres, on comprenait mieux qu'il était fait pour la guerre de course, le combat individuel, non pour les camps où, pour un seul jour de bataille dont ils parleront toute leur vie, les militaires traînent une existence de bavardage et de parade qu'ils sont seuls à prendre au sérieux. A douze ans, j'ai cru deviner tout cela qui s'est précisé depuis. Une image s'était déjà gravée au fond de mes yeux : celle d'un jeune archer, au visage étroit et basané qu'encadrait une fine barbe noire, cavalier au ventre plat, un vrai Arabe, maigre, aux mains adroites et rapides qui devaient être aussi bonnes pour le jeu que pour le meurtre. Zabbaïe ne prêta pas la moindre attention à mon regard émerveillé qui lui demandait de m'enlever sur son cheval et de m'emporter le plus loin possible en me serrant très fort contre lui. Quelle petite fille ne rêva pas de connaître un tel prodige ?

L'année suivante, lorsque mon père décida de reprendre le commandement d'une grande caravane, je le suppliai de m'emmener avec lui. Il fit mine de refuser pour me donner quelques jours plus tard le bonheur de son consentement. J'avais oublié Zabbaïe depuis longtemps, je ne me réjouissais que d'entreprendre une expédition au désert, vivre enfin les contes qui avaient enchanté l'imagination de ma petite enfance. Pour déterminer l'agoranome de Palmyre à abandonner sa belle demeure pendant trois mois et partager la rude existence des nomades, il fallait que des circonstances graves lui en fassent une obligation à laquelle il ne pouvait se soustraire. Depuis quelque temps, les conversations qui réunissaient les associés de mon père étaient devenues plus fréquentes et plus longues. Il arriva même que le prince de Palmyre, le représentant fiscal du légat d'Antioche et le préfet de la légion campée sous nos murs y participent. L'affaire était importante. Depuis que les Perses du roi Sapor avaient écrasé une armée romaine en Mésopotamie, leur audace ne connaissait plus de limites, à ce point qu'installés maintenant tout le long de l'Euphrate ils prétendaient s'approprier nos marchandises venues de Chine ou de l'Inde, et les revendre pour leur propre compte. Si dévoués que fussent les marchands de Palmyre aux agents supérieurs du gouvernement romain, ils n'entendaient pas pour autant sacrifier leurs intérêts à des protecteurs dont les aigles paraissaient de moins en moins invincibles. De leur côté, les représentants de l'empereur ne se faisaient guère à l'idée de voir brusquement se tarir une des meilleures sources de leurs revenus personnels. Il fut convenu que Palmyre devait ouvrir des négociations amicales avec les

Perses pour que la route des caravanes soit maintenue, quitte à payer aux ennemis de Rome de lourds tributs, leur vendre des armes ou des métaux pour en fabriquer.

Dès que la date du grand départ fut fixée, près de deux mille chameaux de bât, de méharis ou de chevaux furent rassemblés dans la palmeraie sous la surveillance des bergers. Les habitants de Palmyre venaient visiter ce campement où les criailleries, les couleurs, les gesticulations, les hennissements et les odeurs fortes se confondaient dans un désordre gai et sauvage. On chargea les vivres qui seraient consommés pendant le long parcours, ainsi que les marchandises destinées aux Perses. Chaque chamelier devait assurer sa propre nourriture et celle des animaux qui lui étaient confiés : le blé et l'orge, les dattes, les courges séchées, les lanières de viande fumée, l'eau, le fourrage. A part les pierres de sel, scintillantes et rougeâtres, découpées par les prisonniers condamnés aux mines, nous ne produisons rien qui puisse intéresser nos voisins de la Mésopotamie, mais les marchands de Palmyre s'étaient organisés depuis longtemps pour entasser dans leurs entrepôts les bois de charpente du Liban, le fer du Taurus, les vins d'Antioche ou les huiles parfumées du Yémen, en attendant de les acheminer vers le golfe Persique. Moi aussi, j'avais dû me préparer et ranger dans un coffre des manteaux, chitons, bonnets, sandales, colliers, bracelets, fibules, pour faire plaisir à ma vieille M'Barka qui m'accompagna pendant ce voyage. Elle voulait que j'emporte toutes mes robes pour être la reine de Saba de cette grande caravane ; je me serais contentée de quelques tuniques. J'aimais bien M'Barka, j'avais toujours connu son visage si semblable à une figue sèche, elle m'était très utile, mais à treize ans une fille ne peut plus guère supporter les émotions larmoyantes, les adorations sonores ou les reproches gourmés dont abusent les vieilles femmes qui vous sont dévouées. Je la faisais souffrir quelquefois.

Un après-midi, deux chameliers escortés de cavaliers vinrent nous chercher toutes les deux pour nous conduire à la palmeraie où mon père s'était rendu dès le matin. On nous installa dans une sorte de grand panier arrimé sur un méhari qu'on avait fait baraquer devant le portail de notre maison. Lorsque la bête se releva brusquement, M'Barka poussa un long hurlement qui déclencha les rires de nos esclaves sur lesquels elle prétendait régner. C'est un extraordinaire spectacle que le rassemblement de deux mille chameaux chargés d'énormes sacs, de paniers, de blocs de sel, de pièces de bois. Indifférents et comme résignés, les uns se contentaient de lever lentement leur cou interminable ou d'abaisser leurs lourdes paupières sur des yeux pleins de mouches, les autres, énervés par la foule qui tournait autour d'eux depuis plusieurs jours, poussaient d'horribles cris, ouvraient des gueules menaçantes, essayaient de se rouler à terre pour se débarrasser de leur chargement ; cinglés à grands coups de fouet par leurs conducteurs, ils se redressaient sur leurs jambes grêles. La pensée que j'allais vivre trois mois au milieu de ces monstres et de ces hommes me fit peur. Il me suffit cependant de regarder M'Barka pour raffermir mon courage : la lâcheté des autres m'a toujours durci le cœur. Pour dire vrai, je ne fus rassurée que lorsque je reconnus mon père au milieu des notables de Palmyre venus lui souhaiter bon voyage et bonnes affaires. C'était le maître, le chef incontesté, pour moi le héros, de la grande caravane. Il paraissait le plus grand, le plus fort, donnait des ordres, embrassait ses associés, montrait au peuple le visage résolu d'un général qui prend le commandement d'une armée, serrait dans sa main droite la garde d'une énorme épée qui lui semblait toutefois moins familière que les tiges de son boulier. Mon bonheur s'écroula brusquement lorsque je le vis écarter le cercle de ses familiers pour aller au-devant d'un préfet de cohorte qui s'avançait vers nous, précédé de quelques soldats porteurs de lance. L'officier romain venait annoncer que le peloton de méharistes mis à notre disposition pour éclairer la route de la caravane avait levé le camp ; il signifia que le moment était venu de donner le signal du départ sans plus tarder. Ce Romain, paré d'une cuirasse étincelante, qui donnait des ordres à mon père comme s'il parlait à un bas centurion, je l'aurais griffé au visage. Nous n'étions plus entre nous, entre Arabes, coureurs de sable habitués aux longues randonnées dont les départs doivent être réglés selon des rites interminables pour conjurer le mauvais sort. La présence de Rome nous enveloppait, invisible ou aveuglante, commandait tous les actes de notre vie. Elle nous poursuivrait au désert. Je crus qu'on me broyait la poitrine lorsque mon père s'inclina avec déférence devant le préfet de cohorte et se prit maladroitement les jambes dans sa grande épée. Trop jeune encore pour comprendre que la citoyenneté accordée par l'empereur à tous ses sujets coloniaux n'était qu'un mirage auquel nous nous laissions prendre, c'est à partir de ce moment que j'ai commencé à haïr les Romains.

Mon père fit un large geste du bras auquel répondit une longue clameur. Un groupe d'archers montés sur des méharis passa devant nous : c'étaient les guides, les hommes du désert qui savent redécouvrir les pistes effacées par le vent de sable et connaissent la course des étoiles. Etroitement encordées deux par deux arrivèrent alors les bêtes de charge, rivière ondulante et laineuse où flottaient des troncs d'arbre parmi d'énormes sacs et d'où émergeaient des cous étranges, bouclés, qui se déroulaient comme des serpents et se terminaient par une grosse tête de mouton. Les chameaux avançaient lourdement, d'un pas allongé, encore hésitant, précédés ou harcelés par leurs conducteurs qui marchaient à pied, fouet en main, poignard à la ceinture, portant sur le dos des pots de terre cuite, des cordes, des peaux de chèvre gonflées d'eau, des derboukas pour le tam-tam, et, parfois, de larges plateaux de cuivre que les rayons du couchant faisaient flamber comme des soleils rouges. Un millier d'animaux passèrent ainsi devant nous, puis une centaine de cavaliers d'escorte au milieu desquels on tira le méhari sur lequel j'étais juchée avec M'Barka, tandis que mon père poussait son cheval à nos côtés. Les autres chameaux de bât nous suivirent de près, talonnés par un troisième groupe d'archers qui fermaient la marche. Sur les remparts de Palmyre, à travers un nuage de poussière qui me séchait déjà la gorge, une multitude d'hommes et de femmes agitaient des étoffes blanches, vertes, rouges ou jaunes. Leur voix ne pouvait plus parvenir jusqu'à nous mais nous les entendions quand même nous crier : « Prenez le bon chemin ! » « Que la chance soit avec vous ! » « Que Celui qui est vous protège ! » La grande caravane était partie.

Au désert, on n'est plus tout à fait sur la terre, on est sous le ciel, un ciel qui n'en finit pas, étincelant comme une lame. Jusqu'alors je ne m'étais guère éloignée de Palmyre qu'à deux ou trois jours de marche ; j'avais toujours passé la nuit dans quelque campement de bédouins où nous étions accueillis par des visages familiers. C'est une autre aventure que celle de traverser jusqu'à l'Euphrate, pendant plus d'une demi-lune, un immense espace de sable criblé de petits cailloux tranchants dont la couleur verte ou rose accroche seule le regard. Sur plus de deux cents stades la caravane s'étirait sur un terrain dur, avançant d'une marche régulière jusqu'au moment où une corne d'alerte donnait l'ordre de ralentir le train. Ma vieille M'Barka, qui avait cependant enfoui dans nos bagages de nombreuses amulettes protectrices, croyait toujours que nous étions attaqués par des bandes de pillards surgis on ne sait d'où. La terreur bousculait son ventre ; la honte qui colorait alors ses joues n'était point la moindre manifestation de sa frayeur. J'en profitais pour l'insulter, l'accabler de ces mots orduriers qu'on sait toujours sans les avoir jamais appris. Il ne s'agissait que d'incidents mineurs tels que le passage difficile d'une étendue de sable pourri, le terrible fech-fech où les bêtes perdent la sûreté de leur assise, ou la fuite d'un chameau de bât qui, ayant rompu le lien qui l'enchaînait à son compagnon de route, avait fait demi-tour et courait droit devant lui, le cou tendu, vers les pâturages et les sources de Palmyre.

Nous ne nous arrêtions que lorsque le soleil descendait sur notre droite, de l'autre côté de la terre, et que le ciel rougeoyait comme si l'on avait répandu sur lui toute la pourpre de Tyr. Les hommes faisaient baraquer les bêtes, soulageaient les plus lourdement chargées, leur distribuait quelques poignées de fourrage. Mon père, qui avait passé une partie de la journée dans les différents groupes de la caravane, me rejoignait. Pour nous deux seuls, on dressait une tente devant laquelle un archer fichait en terre une lance surmontée d'une boule d'or d'où pendait une queue de cheval. C'était la marque du chef. Mon père savourait cet hommage avec un bonheur qu'il avait raison de ne pas dissimuler, l'humilité feinte, même bien jouée, n'ayant jamais été la vertu d'un vrai seigneur. Un soir, alors que les chameliers avaient déjà creusé les trous au fond desquels ils s'étendraient pour dormir, le centurion qui commandait le détachement de la Prima Ulpia arriva devant notre tente. Entouré d'une escorte bien armée, sans daigner descendre de son méhari blanc, le Romain dit à mon père de lever immédiatement le camp et de l'asseoir plus au sud, à deux heures de marche. Pendant quelques secondes les deux hommes se regardèrent sans prononcer un seul mot. Je les surveillais l'un et l'autre. Le centurion tenait dans sa main droite un petit fouet aux lanières plombées. Ses yeux vides, son front bas, son menton vulgaire disaient encore mieux que son uniforme les épisodes d'une carrière où le meilleur moyen d'affirmer son autorité demeure de ne jamais rater l'occasion de brimer les plus faibles et de donner à son tour les mêmes ordres et contrordres stupides reçus hier de ses supérieurs. S'efforçant de sourire, peut-être pour gagner du temps, peut-être pour engager la conversation dans les meilleures conditions possibles, car sur le terrain de la discussion il était le plus fort, mon père répondit enfin que, chef de la caravane, il avait jugé que les hommes et les bêtes étaient fatigués, et que le lieu choisi pour installer le campement lui paraissait convenir au repos. L'autre l'interrompit avec brutalité ; chargé d'assurer la sécurité de la caravane, c'est à lui seul qu'incombait la responsabilité des étapes : il exécutait les ordres de son préfet de cohorte. De nombreux chameliers mêlés à nos archers faisaient cercle autour de nous. Parmi eux, au premier rang, je reconnus Zabbaïe, défiant le centurion d'un regard qui me faisait chaud aux joues. Allait-il dire à nos bédouins de se jeter sur les Romains ? Nous étions plus nombreux, c'eût été un jeu de les massacrer et d'enfouir leurs corps dans le sable. Personne n'aurait jamais su ce qu'ils étaient devenus. Le centurion ne paraissait pas s'en soucier. Ce petit chef était brave, il nous méprisait trop pour nous craindre. Il savait qu'il représentait une parcelle du pouvoir qui faisait trembler la moitié du monde ; la pensée que des Arabes eussent pu le frapper ne paraissait pas l'émouvoir. Immobile, dédaigneux, il maîtrisait cependant son impatience. Sa main trembla sur sa cravache. Qui l'emporterait ? Le marchand rusé et rompu aux longues palabres ou le militaire borné dont c'était le métier d'avoir raison ? Tremblant de l'avoir deviné, je me raccrochais encore à un espoir qui fut vite saccagé. Mon père donna l'ordre de lever le camp. Le centurion se mit à rire, montra de la main la direction du sud, s'éloigna suivi de son escorte de méharistes. Pour ne pas perdre la face devant les Bédouins rassemblés autour de lui et qui baissaient les yeux, mon père dit alors :

« Je suis responsable de toutes les marchandises que transporte la caravane. Le pays n'est pas sûr. Il faut que nous atteignions le fleuve. Qui nous défendrait si nous étions attaqués par des pillards ?

— Moi », répondit Zabbaïe.

Il était bien temps de jouer au héros. On rechargeait déjà les chameaux, notre tente avait été repliée. Seule restait encore fichée en terre la lance à queue de cheval, symbole ridicule d'un commandement dérisoire. Cette nuit-là, chagrin ou rage, j'ai pleuré. Mon père ronflait.

Le sable gris s'étalait jusqu'à l'horizon, mais l'horizon reculait chaque jour un peu plus. Çà et là, des blocs de rochers noirs, cuirassés de soleil, découpaient sur le ciel une silhouette décharnée. La chaleur dansait au ras du sol, la lumière brûlait mes yeux, le vent gerçait mes lèvres. De mon visage craquelé j'arrachais des petits morceaux de peau qui s'enroulaient comme des bouts de ruban. Je ne me plaignais pas et je refusais de m'envelopper la tête comme le faisait M'Barka, paquet de linge d'où sortaient des lamentations et des invocations à de mystérieux génies. Il nous arrivait d'apercevoir le squelette, poli comme une énorme pièce d'ivoire, d'un chameau qui, s'étant échappé d'une caravane semblable à la nôtre, avait fini par s'écrouler, le cœur éclaté. Les conducteurs resserraient aussitôt les cordes des chargements, harcelaient les bêtes de la voix, frappaient les traînards qui s'étaient blessés sur le tranchant des silex.

Mon père paraissait avoir oublié l'incident qui l'avait opposé au centurion. Sans doute, son humiliation avait été moins profonde que je l'avais imaginée. Bien qu'il endurât mal le soleil qui lui donnait des coups d'épée au fond des yeux et le frappait sur la nuque, il faisait bonne figure. Seule, ma curiosité à la fois impitoyable et inquiète pouvait soupçonner qu'il souffrait et deviner sous sa peau cuivrée la couleur de la fièvre. J'eus préféré de le voir moins torturé par la soif et plus tourmenté par le souvenir du centurion. S'il avait demandé une outre d'eau, personne n'aurait murmuré en voyant le grand chef de la caravane boire davantage que les autres, mais il n'ignorait pas que la vie au désert exige qu'une même loi soit appliquée à tous. Malgré les éblouissements qui le contraignaient parfois à s'accrocher aux franges de son tapis de selle, le sénateur de Palmyre partagerait le sort des autres chameliers. Je redevins fière de lui, m'aperçus qu'il avait soudain pris le visage d'un vieillard aux yeux écarquillés ; je le regardai tendrement en comprenant davantage la gravité de la mission qui lui avait été confiée. S'il menait la caravane à Vologésiade et rentrait à Palmyre avec un chargement précieux, on lui élèverait sans doute une statue sur notre agora comme on l'avait fait naguère pour d'autres grands marchands qui avaient accepté de prendre eux-mêmes la direction d'une telle expédition vers le golfe Persique. C'était là une fortune possible qui valait bien pour mon père l'humiliation de se conformer aux ordres d'un petit officier romain dont l'expérience du désert dépassait d'ailleurs la nôtre. Plus tard, il demanda toujours l'avis du chef du détachement de la Prima Ulpia avant de donner le signal de nos haltes nocturnes. Cette halte, c'était le meilleur moment de la journée. Un soir, on s'arrêta à proximité de quelques oglats qui sont des trous d'eau recouverts d'une mince couche de sable et repérés par les caravaniers. Chacun s'y précipita en hurlant la bonne nouvelle, « el maa [1] ! » Après que les guerbas furent remplies, les bêtes piétinèrent longtemps le sable boueux. Avec des racines d'épineux ramassées au cours de la journée, on alluma les feux pour cuire d'énormes morceaux de viande découpés dans les cadavres de deux chameaux pris par le tournis qu'il avait fallu aussitôt abattre avant que le mauvais sort ne frappât la caravane tout entière. Les hommes mangèrent en silence. Repus, ils s'allongèrent dans leur trou de sable. Brusquement, le campement ne fut plus qu'un immense tam-tam dont les cadences grondaient avec un bruit d'orage dans une lourde odeur de graisse et de fumée. Nos guides venaient de faire connaître que nous arriverions le lendemain à Hit, gîte d'étape situé sur les bords de l'Euphrate que nous longerions alors jusqu'à Vologésiade. Ce fut la fête.

Les nuits sont souvent froides au désert. Dès que le soleil a disparu, le vent souffle plus fort, tourbillonne, frotte le sable et le

1. L'eau

ciel, mord vos gerçures. Ce soir-là, l'air était si tiède que je ne voulus pas me reposer sous notre tente. Etendue sur le sol, j'attendis le sommeil. M'Barka avait caressé mon visage avec une crème de lait de chamelle parfumée d'essence de rose. Le vacarme des tambourins s'apaisa. Les étoiles poudraient le ciel. J'ignorais tout de l'astronomie mais je savais que certains astres portent les noms des dieux de l'Olympe et, lorsque j'étais une toute petite fille, M'Barka m'avait assuré que ces innombrables lumières sont des fenêtres par lesquelles les immortels surveillent les enfants. Je fus prise soudain d'une sorte de vertige qui m'entraînait au fond d'un puits immense, bleu, criblé de petites lumières. Pendant quelques instants j'ai cru que j'allais tomber, m'engouffrer dans le ciel. Je dus m'agripper au sol. Chargés d'assurer notre garde, les méharistes de la Prima Ulpia lançaient à intervalles réguliers une clameur qui, reprise par chaque sentinelle, s'enroulait autour du campement endormi. Il faisait doux comme si le dieu du fleuve nous eût envoyé ses souhaits de bienvenue.

Lorsque je suis devenue l'épouse d'Odénath, sa descendance était déjà assurée depuis une trentaine d'années par le fils d'un premier lit, cet Hérodien qui me hait ; parce que je suis plus jeune que lui, il croit que je vais dérober son héritage et prendre la plus grande part de l'admiration que lui voue son père. Moi seule peux savoir pourquoi j'ai consenti à ce mariage avec un homme dont la famille s'est ruée à la servitude, et qui, s'étant lui-même courbé aux ordres du légat d'Antioche, aida les légions à contenir les assauts des Perses Sassanides. Déjà gorgé d'or et comblé d'honneurs, Odénath a vu son zèle récompensé par Rome quand il obtint l'autorisation de se décorer prince de Palmyre. Plus Septimius que ne l'avait jamais été son père, mon mari représente tout ce que je déteste le plus au monde ; je lui en veux d'avoir, par son exemple, entraîné tant des nôtres vers la pire des soumissions, celle qui accepte les apparences du pouvoir et le miroitement des titres nobiliaires. Notre famille, d'origine plus obscure, errait encore à la recherche des pâturages pour y planter ses tentes, que le grand-père d'Odénath avait déjà fait bâtir le palais de marbre dont je suis aujourd'hui la maîtresse. La guerre et la chasse, seuls travaux dont il se sentît digne, le tenaient le plus souvent éloigné de Palmyre où il ne résidait que lorsque l'agitation des Perses lui accordait quelque répit ou quand la fatigue d'une course aux grands fauves lui imposait le repos. De si nobles occupations ne le détournaient pas des intérêts commerciaux qui font la fortune de notre cité, il veillait à l'organisation des grandes caravanes dirigées vers le golfe Persique et ne manquait pas, soit de convoquer mon père pour s'en entretenir avec lui, soit de venir dans notre propre maison. On le recevait avec éclat. Semblable à tous les chefs arabes, le prince de Palmyre couchait volontiers sur le sol quand il poursuivait des léopards, mais il appréciait tout autant les fines étoffes, les tapis, les porcelaines, les vases d'or et les plats d'argent, toutes choses luxueuses qu'il savait trouver chez un hôte qui aurait préféré se ruiner plutôt que lésiner sur le faste de son accueil.

Les histoires de chasse sont comme les histoires de guerre. Elles se ressemblent toutes par leur aspect enfantin et n'intéressent jamais d'autres personnes que celles qui les racontent. Je ne prêtais guère attention aux récits de ce héros qui nous faisait l'aumône de sa présence en accordant à mon père le privilège de lui offrir de coûteux festins ; je préférais encore les fables de Virgile déclamées par Cornélius. Ma réserve n'empêchait pas Odénath de me cajoler avec cette horrible tendresse de bon géant qu'affectent volontiers les vieux hommes qui tournent autour des petites filles. Illettré comme savent l'être les grands chasseurs, rusé comme le gibier qu'il aimait traquer, Odénath feignait de s'intéresser à mes études, s'émerveillait de me voir si savante, en faisait compliment à mon père qui se rengorgeait et exagérait mes mérites. Ses cadeaux, je les dédaignais et parfois les jetais à terre ; je ne suis pas si sûre que je n'étais pas secrètement flattée de l'attention qu'il me témoignait : à douze ans on est encore une petite fille mais on est une petite femme depuis longtemps. Au bout de quelques semaines passées à Palmyre, il disparaissait soudain : ou bien le légat d'Antioche l'avait appelé à la rescousse pour prendre le commandement personnel des auxiliaires qui se battaient en Mésopotamie contre les Perses toujours plus menaçants, ou bien on lui avait signalé la piste de quelque monstre. L'administration du pays n'en était pas modifiée pour autant, Rome en ayant confié la gestion aux mains avides d'un gouverneur assez adroit pour ne jamais signer ses décrets qu'au nom d'Odénath et ne rassembler les sénateurs que pour les consulter sur des affaires sans importance politique. Lorsque le prince de Palmyre revenait, glorieux et fourbu de massacres, mon père dépensait une nouvelle fortune pour offrir une autre fête en son honneur. Pour sa part, Odénath distribuait de somptueuses peaux de bêtes qui seraient vendues à prix d'or ; il me donnait quelques poignées de fibules, bracelets et autres colliers que j'acceptais avec un air maussade dont le plus clair résultat était de le faire rire aux éclats.

Je n'ai pas mis longtemps à comprendre le sort qui m'était réservé par ces deux complices. A dire vrai, je pense que mon père préférait ne pas trop se poser de questions sur les déplaisants aspects d'une union qu'il espérait en secret. S'il avait été tenté de balancer entre le cynisme de céder sa fille à un homme plus vieux que lui-même et l'orgueil de m'entendre appeler un jour Septimia Zénobie, il se serait heurté aux récentes lois romaines qui ont eu au moins le mérite de détruire une puissance paternelle insupportable. Finalement, les bons usages autant que le droit me protégèrent pendant quelques années. Devenir l'épouse d'Odénath, de nombreuses filles auraient envié un tel destin, leurs pères les y eussent volontiers précipitées. Ma nourrice me soufflait aux oreilles que si les vieux hommes sont plus méfiants que les jeunes, ils sont aussi plus généreux, plus indulgents, souvent plus riches, ne parviennent pas longtemps au bout de leur besogne, retournent jouer aux osselets, et font bientôt de vous de jeunes veuves, heureuses de vivre comme elles l'entendent, mieux préparées que d'autres aux découvertes de l'amour. Où avait-elle appris cela, cette M'Barka ? J'avais toujours pensé qu'elle était née vieille, lucide et destinée à mon service. Je ne pouvais l'imaginer jeune, peut-être belle, poursuivie par un regard d'homme. Sa vision élémentaire de la vie quotidienne n'était ni originale, ni neuve, ni fausse. On avait toujours pratiqué ces coutumes à Thadmor, à Antioche, à Séleucie, à Babylone, dans tout l'immense pays d'Orient où chacun connaît encore l'histoire de l'ancêtre Abraham ragaillardi par la jeune Agar. Croyant y retrouver quelque verdeur, les maris ne se plaignent pas de ces sortes d'union, et les femmes ne sont pas maladroites à en tirer profit. Si Odénath n'avait été qu'un notable riche et chenu, de grande allure, passionné de chasse, ardent aux combats singuliers, j'aurais peut-être fini par écouter M'Barka. Il valait mieux être déflorée par le prince de Palmyre que d'être violée par un esclave nubien. Sous sa tunique de général romain, je soupçonnais Odénath de cacher un cœur puéril que rien ne pouvait fixer : il était d'abord l'homme du légat d'Antioche auquel il devait ses trésors, ses palais, ses dignités, ses charges, son nom, tout cela acquis et conservé âprement par sa famille en échange de notre liberté. Mon père lui-même ne s'était-il pas laissé enchaîner en acceptant de devenir membre de notre petit Sénat ? Odénath n'aurait jamais assez d'or, de colliers et de bracelets pour faire de moi la compagne d'un prince servile à la solde d'un empire menacé sur toutes ses frontières.

Une dizaine d'années avant ma naissance, les Perses étaient parvenus à refouler les Parthes vers le nord, sur les plateaux dont ceux-ci étaient originaires. Débarrassés de leurs vieux ennemis, les Romains n'y avaient rien gagné, les nouveaux venus ayant revendiqué aussitôt tous les territoires occupés jadis par leurs grands rois. Le *limes* d'Asie avait été submergé, la Mésopotamie envahie, Ctésiphon assiégée. Allumé en Orient, le feu de la rébellion s'était bientôt propagé à d'autres provinces de l'Empire au point de compromettre la fameuse paix romaine dont chacun se faisait gloire à Palmyre et tirait profit. Les chefs militaires parvenaient à rétablir ici et là leurs positions entamées ; il leur fallait sans cesse colmater les brèches qui s'ouvraient tantôt sur le Danube ou sur le Rhin, tantôt sur l'Euphrate et sur l'Oronte, et y engouffrer des légions soutenues par les troupes supplétives prélevées en Gaule, en Espagne, en Maurétanie, en Syrie et dans notre pays arabe. D'année en année, cette situation s'était détériorée. Les Perses avaient fini par s'installer tout le long du fleuve jusqu'au golfe Persique ; il avait fallu négocier avec leur roi Sapor l'autorisation de poursuivre le commerce caravanier qui faisait la fortune de Palmyre. Leur audace ne connaissant plus de bornes, ils avaient même franchi l'Oronte, atteint Antioche, étaient parvenus dans ses faubourgs d'où ils n'avaient été refoulés que par l'intervention de nos archers.

Odénath, la guerre l'occupait maintenant plus que la chasse ; son humeur paraissait plus sombre chaque fois qu'il revenait à Palmyre. A mon père, il confiait, au cours d'interminables conciliabules, les inquiétudes que lui causait le spectacle des légions romaines débordées par les cataphractes, ces terribles cavaliers bardés de fer hérités des Parthes et passés dans les rangs de l'armée perse. Hommes de poursuite, nos archers plus habitués aux manœuvres rapides que les troupes régulières parvenaient à rompre le combat pour se reformer plus loin sans trop de dommages, mais les lourdes cohortes subissaient des pertes de plus en plus sévères et regagnaient de moins en moins le terrain perdu ; quand il leur fallait plier sous les orages soudain déchaînés par la grosse cavalerie du roi Sapor, les légionnaires ne trouvaient maintenant le salut que dans la fuite. D'un autre ordre, les inquiétudes des marchands de Palmyre n'étaient pas moins graves : le roi Sapor avait soudain fait connaître à notre Sénat qu'il interdirait désormais la route de l'Euphrate à nos caravanes tant qu'Odénath demeurerait l'allié de Rome. Depuis qu'ils occupaient toute la Mésopotamie, les Perses nous avaient souvent menacé de s'emparer de nos entrepôts ; nous avions toujours réussi à nous entendre avec eux pour maintenir nos relations commerciales avec le golfe Persique : l'or que nous laissions entre leurs mains était finalement regagné sur nos clients. Ces affaires de négoce m'intéressaient maintenant autant que la philosophie, la poésie ou l'histoire. J'avais atteint l'âge de dix-huit ans. Mes leçons de rhétorique m'avaient au moins appris qu'on peut discourir aisément sur n'importe quel sujet en les ignorant à peu près tous.

Mon exécration de tout ce qui est romain m'aida à acquérir une certaine connaissance des choses publiques. La haine n'est pas aveugle, elle entretient la vigilance et aiguise l'esprit pour mieux découvrir les points faibles où il faut frapper fort. Familiarisée de bonne heure avec ces hautes combinaisons à la fois commerciales et politiques dont dépendait notre vie quotidienne, je demeurais saisie d'une certaine admiration pour mon père depuis que j'avais deviné les problèmes qu'il lui fallait résoudre pour calculer le coût final d'une marchandise débarquée dans un port du golfe Persique : subsides versés aux tribus guerrières, frais du transport caravanier, cadeaux offerts au roi Sapor et à ses ministres, courtages distribués aux négociants perses, prébendes réclamées par les fonctionnaires romains, procurateurs, préfets de légion, gouverneurs ou même légats. Finalement, tout le monde y trouvait son compte. Chaque caravane tournait à la façon de ces norias où le murmure de l'eau se confond avec les grincements de la machine pour apporter la richesse et la vie aux jardins de Palmyre. Cette fois, il ne s'agissait plus d'une menace mais d'une mise en demeure dont la brutalité pouvait faire redouter le pire : elle nous disait que le temps était fini de ces sortes d'accommodements auxquels nous sommes si habiles.

Odénath hésitait toujours, balançant entre les deux partis, conservant sa confiance dans la gloire romaine à laquelle il était plus asservi qu'attaché, redoutant plus encore que l'empereur Valérien trop occupé sur le Rhin et le Danube ne renonce un jour à ses provinces d'Orient et l'abandonne lui, Odénath, face au torrent perse qu'il ne pourrait contenir avec ses seuls archers. S'il passait dans le camp de Sapor et que Rome triomphe encore une fois, c'en était fait des titres, des dignités, des honneurs, sans doute de sa vie. S'il demeurait fidèle à l'empereur et que Sapor l'emporte, son sort connaîtrait une issue non moins cruelle. Pour les marchands, il ne paraissait pas possible d'organiser des caravanes ni même d'envoyer un des leurs à Vologésiade dans le but de négocier à nouveau la sécurité d'un convoi : Sapor n'avait que faire de nos présents et pouvait se payer directement en faisant main basse sur nos entrepôts en attendant le jour où ses satrapes s'empareraient des trésors amassés dans notre cité. Moi, Zineb fille d'Amrou, je pensais que le destin de Palmyre ne devait pas dépendre du sort réservé à l'un des deux plateaux d'une balance fatale ; le moment était venu de ne compter que sur nous-mêmes pour tenter de chasser les Romains, au moins de nous débarrasser de leur tutelle, en attendant d'imposer à d'autres peuples des méthodes comparables à celles que nous avions subies. Par tout ce qu'ils disaient et par tout ce qu'ils avaient tu, les historiens grecs et latins m'avaient fait comprendre comment naissent les empires et pourquoi ils meurent, comment on érige des statues aux citoyens illustres et pourquoi on les jette à terre, comment les divinités se multiplient dans les temples et pourquoi les mythes disparaissent soudain. Au lieu de nous enfermer dans un faux dilemme et de nous contraindre à un choix qui ne satisfaisait personne, Rome ou Ctésiphon, pourquoi nous ne choisirions pas Palmyre et Odénath ? Je m'en ouvris à mon père.

A la seule pensée d'une éventualité de rébellion, le souffle lui manqua. Il se voyait déjà exclu des privilèges sénatoriaux, privé de ses biens, ruiné, placé dans l'impossibilité de relancer les deux mobiles qui l'avaient conduit au seuil d'une vieillesse dorée, le goût avoué des honneurs et celui plus secret de l'argent. Sa bile en fut remuée. Avait-il donc renoncé à se remarier et supporté un dur veuvage afin de mieux élever son enfant comme une fille romaine de grande famille, pour l'entendre proférer de tels propos ? Un jour ou l'autre, tous les parents battent le rappel de leurs sacrifices et se plaignent de l'ingratitude de leurs enfants comme si ceux-ci leur devaient quelque reconnaissance de leur avoir donné la vie. Je n'y échappai pas. Pendant plusieurs jours mon père ne m'adressa pas la parole, mais son silence envahit bientôt nos deux cœurs comme un flot de chagrin mêlé d'inquiétude ; il finit par me demander de lui expliquer ce que j'avais exprimé en disant « Odénath et Palmyre ». Cela seul le tourmentait. Des événements imprévus, non imprévisibles, facilitèrent le développement de mon discours. Un messager du légat venait d'arriver dans la ville pour faire connaître au gouverneur que les Perses avaient franchi une fois de plus l'Oronte et marchaient sur Antioche : toutes les troupes romaines disponibles à Palmyre devaient lever le camp et se diriger sans délai vers la capitale syrienne. Mon père qui n'avait jamais pu dissimuler ses angoisses m'annonça cette nouvelle avec une voix sans timbre. Méchamment, je me moquai de son air déconfit et l'entraînai sur la grande terrasse de notre maison qui domine les remparts et d'où l'on découvre les installations militaires de la XVIe Flavia Firma. Une grande agitation y régnait : soldats en armes courant ici et se rassemblant là, chariots qu'on chargeait, mulets qu'on attelait à des machines de guerre. On entendit l'éclat aigre d'une trompette. Précédée de son enseigne écarlate, une première cohorte franchit bientôt la porte du camp. Casqués et bardés de cuir, pique sur l'épaule, épée à la ceinture, les légionnaires disparurent dans un nuage de poussière d'où nous parvinrent le roulement assourdi de leur pas cadencé et les aboiements des décurions. Deux heures plus tard, le camp était vide. Il ne restait plus dans la ville que quelques soldats pour assurer la garde du gouverneur. Comme je criais ma joie, mon père voulut calmer mon exaltation, il me dit gravement que Palmyre se trouvait désormais à la merci des Perses. Je haussai les épaules. « En quittant leur garnison, les Romains ne venaient-ils pas de donner à Odénath l'occasion inespérée de se rallier au roi Sapor en l'aidant à s'emparer d'Antioche, et de permettre ainsi à nos caravanes de reprendre le chemin du golfe Persique ? Tout n'est pas toujours possible mais il arrive toujours dans la vie d'un homme ou dans l'histoire d'un peuple un moment où tout est possible. Quel devin, au temps de la splendeur de Trajan ou d'Hadrien aurait pu prédire que le gouvernement romain allait bientôt tomber dans les mains d'un Africain [1] auquel succéderaient des Syriens [2], et qu'un petit sous-officier arabe de Pétra [3] célébrerait le millénaire de la fondation de Rome après avoir revêtu la pourpre impériale ? » J'ajoutai que « le destin n'est qu'un concours de circonstances qu'il faut saisir ou subir. Odénath, j'en étais sûre, refuserait cette fois de prêter ses archers au légat et comprendrait qu'un protecteur sans forces militaires n'est plus qu'un chien qui a perdu ses crocs, bon à tuer. Il proclamerait l'indépendance de Palmyre : à nous deux, moi et lui, nous pourrions créer un Etat nouveau sur les ruines de l'empire romain écroulé. »

Interdit, mon père me regardait sans me reconnaître. Il n'avait jamais compris les colères, les dédains, les désillusions, les rages de mon enfance, lorsque je le voyais trop souvent prosterné devant des hommes plus médiocres que lui qui incarnaient le pouvoir romain. Ce fut à mon tour de vouloir l'apaiser. Inclinant ma tête dans un sourire que je déguisai enfantin, je lui dis alors que je consentirais volontiers à devenir la femme d'Odénath si, par hasard, celui-ci songeait à m'épouser. Rouge et redevenu soudain joyeux mon père m'ouvrit les bras. Je m'y précipitai ainsi qu'il convient d'agir dans ces sortes de comédies familiales. Il me serra contre lui. Au lieu de prononcer les quelques mots de tendresse dont j'avais besoin, que j'espérais, il murmura les deux noms que je porte aujourd'hui, « Septimia Zénobie » : ils l'enorgueillissaient déjà.

1. Septime Sévère.
2. Caracalla, Géta, Elagabal, Alexandre Sévère.
3. Philippe l'Arabe.

Assistant au départ précipité de la XVIe Légion, Odénath n'avait pas répondu à l'appel du légat lui demandant d'envoyer ses cavaliers défendre Antioche investie une nouvelle fois par les Perses. Assiégé lui-même par nos marchands qui le pressaient de demeurer neutre jusqu'au moment où l'on pourrait, sans risque, voler au secours du vainqueur désigné par le sort des armes, il vint confier à mon père ses ultimes hésitations et chercher sans doute, auprès d'un homme réputé plus prudent que téméraire, quelque justification d'un silence qui n'osait pas encore être un refus. Franchissant le seuil de notre maison, il ignorait ce que son hôte brûlait de lui apprendre ; les bons usages exigeant pour l'un et l'autre de prendre mille détours avant de s'engager sur la voie qui conduit au but d'une négociation, leur conversation fut assez longue pour me permettre, isolée dans ma chambre, de raffermir mon projet sinon ma résolution, imaginer des attitudes, préparer les arguments que je me promettais de développer. Lorsque mon père m'eut enfin appelée, j'étais parvenue à me composer un visage de destin digne des personnages des tragédies grecques.

A peine avais-je salué Odénath que mon père me fit connaître la nouvelle dont je ne doutais pas : le prince de Palmyre daignait faire l'honneur à l'obscure famille du marchand Amrou de demander Zénobie en mariage. Baissant la tête, rouge de confusion, jouant la modestie autant que la surprise, je tendis à mon père mon front à baiser en murmurant que j'étais prête à obéir à sa volonté comme au désir exprimé par notre seigneur Odénath. Celui-ci m'avait connue lorsque j'étais encore dans les bras de ma nourrice et m'avait fait souvent sauter sur ses genoux avant de m'observer avec des yeux d'homme ; il me regarda avec une sorte de gêne et de timidité troubles tandis qu'on apportait un cratère rempli de vin et des coupes d'argent. Il m'embrassa à son tour mais d'une bouche si peu victorieuse que mes épaules se raidirent à peine. J'aime le vin d'Antioche, ce liquide rouge, épais et fruité, moins brutal et plus parfumé que notre vin de palme. Comme un soldat, j'en bus plusieurs coupes, sous les yeux inquiets, émerveillés et attendris de ces deux vieillards occupés de s'entendre sur le montant de la dot et la date des noces. Seule, la première partie de mon affaire était gagnée ; il me fallait engager la plus difficile. Je me doutais bien que mon père n'avait rien révélé à Odénath des propos que je lui avais tenus. Je devais maintenant fixer les conditions de mon mariage sans avoir l'air de les imposer.

Comme une de nos caravanes était immobilisée en Characène depuis que le roi Sapor avait fait connaître sa volonté de nous interdire la route du désert, je dis à mi-voix que le jour de nos noces devrait coïncider avec le retour des absents pour que le mariage du prince de Palmyre donne lieu à de grandes réjouissances joyeusement partagées par tous ses sujets. Odénath était accoutumé à déjouer les pièges ; une ride méfiante creusa aussitôt son front. Le retour de notre caravane supposait en effet sinon la rupture des liens qui enchaînaient Palmyre à Rome, au moins l'observation de notre neutralité dans la nouvelle guerre déclenchée par le roi Sapor sur les provinces orientales de l'Empire. Comme disent les vieux militaires, le moment était venu de découvrir mon aile de cavalerie et de la lancer au galop de charge. Je déclarai à Odénath qu'il ne trouverait jamais une aussi bonne occasion de sauver à la fois la liberté commerciale et la souveraineté de Palmyre, parce que Rome venait de recevoir un nouveau coup, celui-là terrible, porté par ces Perses Sassanides qui relançaient sans repos leurs chevaux sur la trace des cavaliers parthes. « Ce que Mithridate, naguère, avait manqué, Sapor pouvait le réussir pour peu que les peuples soumis par les proconsuls, les banquiers et les publicains, refusent de se courber devant les poignées d'or et de décorations que ceux-ci leur jetaient à la face pour prix de leur servitude. Sans doute, Rome avait-elle subi dans son histoire des défaites plus graves que celle éprouvée hier sur l'Oronte ; si sa course n'en avait point été arrêtée, c'est qu'elle croyait alors aux dieux qui guidaient son destin, c'est que l'Empire ne dépendait pas de l'audace d'un soldat de fortune, c'est que le *limes* ne craquait pas de toutes parts. Il fallait se hâter de précipiter la chute de tous ces empereurs qui avec leurs consuls, leurs généraux et leurs sénateurs décidaient, à eux seuls, depuis plus de mille ans, du sort des autres mortels, taxaient la peine des hommes et leur imposaient des frontières, volaient les produits de la terre et pillaient les temples, faisaient des héros avec des égorgeurs, et promenaient Rome à travers le monde dans un cliquetis d'épées et de propos édifiants. Pourquoi le prince de Palmyre refuserait-il d'aider le roi Sapor ? Nos archers, que les Romains trouvaient bons pour frotter leurs cuirasses ou défendre les plus dangereux avant-postes, n'avaient-ils pas maintes fois prouvé qu'ils étaient de meilleurs vétérans que leurs légionnaires ? Nos marchands ne valaient-ils pas les meilleurs négociants grecs, n'avaient-ils pas supplanté ceux de Pétra et inquiété ceux d'Alexandrie ? Que nous importait de perdre le marché romain ou marseillais alors que Ctésiphon et Antioche allaient devenir les grandes capitales du monde ? Alexandre disposait-il d'un trésor de guerre lorsqu'il avait entrepris la conquête d'un immense empire avec ses seuls trente mille soldats ? Après avoir combattu aux côtés du roi Sapor nous serions un jour assez forts pour parler au Sassanide d'égal à égal ; rien ne nous empêcherait alors de nous jeter sur ses garnisons et le contraindre à unir ses forces aux nôtres pour marcher sur Rome. » J'ajoutai que les traités d'alliance sont toujours provisoires, qu'il n'y a ni amis ni ennemis éternels, qu'une bataille remportée en commun ne doit finalement profiter qu'à un seul vainqueur parce que la victoire n'est pas divisible. Odénath attendait-il que les meilleurs fils de Palmyre se soient fait tuer sur le Rhin et sur le Danube ? L'Africain Septime Sévère n'avait-il pas fondé une dynastie qui avait compté quatre empereurs ? Palmyre valait bien Leptis Magna ; la chance n'avait jamais souri qu'à ceux qui savent la bousculer ; ne pas tenter cette entreprise, c'était nous condamner tous à la servitude, qu'elle soit imposée par les Romains ou par les Perses. »

Si mon professeur de latin, le pédagogue Cornélius, avait entendu ce discours, il en eût été foudroyé. Scipion, Marius et César m'avaient toujours moins intéressée que Jugurtha, Hannibal ou Vercingétorix, ces vrais héros de l'histoire romaine. Des leçons dont on m'avait rassasiée j'avais au moins retenu un certain sens de la déclamation ; cela me faisait rire tout bas mais je n'ignorais pas que la violence du langage mêlée au balancement des périodes exerce un pouvoir magique sur les hommes de nos pays. L'effet passa mon espoir. Dès le lendemain, Odénath fit porter au roi Sapor un message dans lequel il prenait les dieux à témoin que les troupes de Palmyre et lui-même ne prendraient jamais plus les armes contre les Perses. La caravane immobilisée en Characène put reprendre la route du désert, et la date de notre mariage fut fixée.

Quelques jours avant l'arrivée du convoi chamelier dont l'approche avait été signalée par les méharistes, nos fiançailles furent célébrées selon la tradition romaine. A Odénath qui lui demandait s'il s'engageait à lui donner sa fille en mariage, mon père répondit, comme l'exigeaient les coutumes qu'ils entendaient l'un et l'autre respecter : « Je t'accorde ma chère fille, et puisse cela être heureux pour moi, pour toi et pour elle. » Odénath me passa une bague d'or à ce doigt de la main gauche que nous nommons annulaire et qu'un petit nerf très fin relie au cœur d'après ce que disent les chirurgiens grecs ; il m'offrit un collier d'émeraudes et de diamants. J'étais devenue la fiancée du prince de Palmyre.

Deux semaines me séparaient encore du jour de mon mariage. Je les employai à passer de longues heures dans les souks installés sous les portiques où les marchands achevaient l'étalage des merveilles qu'ils venaient de recevoir. J'ai toujours aimé me promener, seule et libre, dans cette ville étincelante de marbre et de porphyre, aux colonnades de pourpre et d'or, aux temples ornés de bronze, aux larges avenues qui se prolongent jusqu'à la palmeraie, vers les petits jardins où l'on va chaque soir faire ses provisions de pêches et d'abricots, d'aubergines et de courgettes, et se rafraîchir auprès des fontaines en contemplant les montagnes bleues qui ferment l'horizon au-dessus des remparts. Depuis longtemps, je ne regardais plus les statues, bustes et bas-reliefs qui encombrent nos carrefours. Commandées et payées tantôt par des flagorneurs, tantôt par ceux-là mêmes qu'elles prétendent honorer, ces mauvaises effigies disent trop aux voyageurs que nous avons copié Rome au point de l'imiter dans ses pires ostentations et son culte pour les faux héros : sénateurs, militaires, chefs de caravane, magistrats, banquiers, marchands, tout a été bon aux sculpteurs sans génie qui se sont abattus sur Palmyre. Oubliant mes discours à Odénath, je plongeais mes mains dans les soies de Chine, les parures perses, les cotonnades indiennes et les toiles d'Alexandrie ; je m'attardais dans les magasins où étaient exposés des bijoux babyloniens, des colliers de perles, des coupes ciselées, des fibules, des vases aux couleurs d'arc-en-ciel ; j'entrais dans les boutiques coptes où l'on vendait des boîtes d'onguent, des scarabées aux formules magiques, des billes d'agathe, des pépites d'or, des aromates. J'aurais voulu tout acheter, tout emporter, tout dérober peut-être. Autant que les livres, les robes, les voiles, les sandales, les ceintures me trouvent sans défense. Ces marchands, la plupart me connaissaient depuis mon plus jeune âge, mais je n'étais plus pour eux la fille de leur agoranome : j'étais la future princesse de Palmyre. Ils me comblèrent de cadeaux.

J'allais me promener aussi dans des quartiers plus populaires, là où les corbeilles de piments, de courges, de figues et de dattes s'enveloppent de la fumée bleue qu'exhalent les brochettes de viande grillée dans une odeur de cumin, où rôde le parfum sucré des gros beignets tout poisseux d'huile chaude. J'y croisais des porteurs d'eau aux jambes minces et ruisselantes, des nègres de la mer Rouge poussant devant eux des autruches entravées, des juifs changeurs de monnaie, des Egyptiens habiles aux tours de magie, des bédouins dédaigneux, des jeunes gens épilés qui se faisaient tatouer des dessins obscènes sur le ventre, des conteurs, des charmeurs de serpents, des prostituées aux yeux ourlés de khol et, monté sur une mule au poil luisant, quelque notable à la barbe soignée qui, d'abord surpris de me reconnaître, me souriait goulûment et m'appelait « gazelle ». Plus loin, je m'attardais devant les échoppes des potiers aux mains caresseuses, des dinandiers occupés à la longue patience d'une lanterne de cuivre ajourée, des forgerons dont les bras velus jouaient avec le feu et trempaient des fers rougis dans l'eau sifflante d'un baquet. J'ai passé tout un après-midi dans le quartier des laveurs de toisons, des tanneurs et des teinturiers où les laines et les peaux, à peine sorties des cuves, dégorgent leurs couleurs mouillées sur les terrasses. Avant de rentrer dans notre maison, pour me mêler une dernière fois aux chalands de la grande avenue, il me fallait traverser des ruelles capricieuses, entre de longs murs blancs, hantées de passants muets ou de gamins affairés qui portaient sur leur tête le pain de la maison, bordées de demeures dont les seuls yeux sont les têtes de clous de leurs portes massives. C'était l'heure de la promenade, la chaleur lourde s'apaisait, toute la ville devenait sonore des commérages, des discours, des rires et des querelles vite apaisées d'un peuple qui connaît le plaisir de la rue, goûte celui de la discussion, où chacun de nous a hérité des premiers Séleucides un don oratoire qui lui permet de contester le prix d'un navet du même ton qu'il prendrait pour défendre l'honneur de sa mère. Les races, les couleurs, les langues se confondaient ; les Hellènes de Grèce et d'Asie se mêlaient aux Arabes du Nedj et du Hauran, les Arméniens aux Perses, les Abyssins aux Egyptiens ou aux plus lointains habitants de la Scythie. C'était Palmyre sans centurions et sans légionnaires, ma ville telle que je l'avais imaginée dans mes révoltes d'enfant.

Pressée de tous les côtés, Antioche n'en résistait pas moins aux assauts perses ; on pouvait craindre que les légions rameutées par le légat ne parviennent finalement à dégager la ville. Dans cette éventualité, Odénath perdrait ses fonctions, sinon la vie, le roi Sapor n'ayant pas manqué d'utiliser des voies détournées pour faire connaître aux Romains que leur allié était prêt à les trahir. Pour sauver sa tête, il ne restait plus à Odénath qu'à jeter dans la bataille ce supplément de troupes qui engagées au bon moment font si souvent d'un général vaincu un soldat glorieux. Il s'y décida. Trente mille archers montés dont il prendrait le commandement après notre mariage reçurent l'ordre de rallier l'armée perse. Ce fut le plus beau cadeau de noces que pouvait m'offrir mon fiancé. Je ne doutais pas que nous entrerions à Antioche et que les Romains seraient jetés à la mer. Il serait toujours temps de régler nos comptes avec Sapor.

Livré aux architectes, aux peintres et aux tapissiers, notre atrium avait été décoré de lourdes tentures rouge et or et d'images de cire censées représenter nos ancêtres ; le jardin s'ornait de grosses jarres de bronze où flambaient des grappes de géraniums autour d'un jet d'eau ; des tapis persans embellissaient les murs du triclinium. Affairé et attendrissant, frappant dans ses mains, donnant des ordres, contemplant son buste de porphyre à peine achevé, s'informant auprès des jardiniers et des cuisiniers, mon père ne devait pas être loin de s'identifier à quelque Lucullus mariant sa fille. Si indiscrète que pouvait être sa fierté de devenir le beau-père du prince de Palmyre, une certaine inquiétude crispait cependant son visage ; il eût été certainement moins agité si tous ces préparatifs avaient été protégés par la présence, même invisible, de la XVIe Flavia Firma. Je pense que mon père regrettait secrètement de ne pouvoir compter au nombre de nos invités ni le préfet de la légion, ni le gouverneur, ni les chefs de cohorte dont les uniformes auraient donné plus d'éclat à la cérémonie. Il lui fallait subir la présence de tous les frères, oncles, neveux et cousins, tous les bédouins qui, venus camper aux environs de la ville pour la circonstance, se promenaient déjà sous son péristyle, faisaient les importants, accueillaient les visiteurs comme s'ils avaient été les maîtres, attendaient avec une impatiente humeur les générosités de l'heureux père de famille. Impécunieux ou de bonne condition, les parents sont toujours les clients de celui auquel la fortune adresse ses sourires ; ils lui en gardent une exigeante et sourde rancune.

La veille du jour fixé pour la célébration de mon mariage, j'ai brûlé tous mes jouets selon une vieille tradition qui impose aux jeunes filles de dire un adieu sans retour à leur enfance. Depuis plusieurs années, je ne touchais plus à mes poupées et à leur vaisselle, mon cerceau, mes échasses, mes pâtes à modeler, mes petites constructions. Je les avais plus ou moins cassés ou désarticulés dès que j'avais compris qu'il est plus intéressant de tyranniser les grandes personnes : c'est là qu'est le véritable jeu. Le lendemain, ma nourrice me réveilla à l'aube et m'annonça que les oiseaux s'étaient envolés dans la bonne direction. Mes trois amies Malika, Arkia, Aïcha, arrivèrent bientôt pour m'entourer de leurs soins et veiller aux détails de ma toilette, graves comme des matrones parce qu'elles étaient mariées depuis quelques années. Ma vieille M'Barka exigea qu'on nous laissât seules pour le bain rituel, mais lorsque l'ornatrix survint à son tour avec ses pots, ses flacons et ses pinceaux elle s'effaça devant celle qui s'était fait une renommée en rajeunissant les vieux visages de Palmyre avec des masques d'argile à la céruse et en fardant les joues des jeunes mariées. On ne m'épargna ni la craie sur le front, ni l'ocre sur les joues, ni le fucus sur les lèvres, ni les cris d'admiration. Mes amies me passèrent une longue tunique blanche laissant mes bras et ma gorge nus et au bas de laquelle s'enroulait un galon brodé d'or. Je fixai moi-même le collier d'émeraudes et de diamants qu'Odénath m'avait offert le jour de nos fiançailles, tandis que M'Barka s'agenouillait pour lacer mes sandales. L'ornatrix ayant ajusté sur mes cheveux un voile écarlate retenu par deux petites fibules d'or y posa une couronne de fleurs d'oranger. Parée pour le sacrifice, je ne me comparais pas à Iphigénie : Odénath n'était pas plus Achille que mon père Agamemnon. Le temps des héros était bien mort, celui des princesses arabes n'était pas fini.

Dans l'atrium où la foule de nos invités se pressait, je fus accueillie par Odénath. Il avait revêtu une sorte de vêtement militaire, mi-romain mi-perse, pour paraître plus jeune : cet accoutrement accusait son âge. Nous prîmes place dans deux fauteuils, côte à côte ; il nous fallut assister à l'égorgement d'un agneau pour qu'un augure cherche dans les entrailles dégoûtantes de la victime la certitude de notre bonheur. Personne n'avait envie de rire, le prêtre lui-même officiant avec le plus grand sérieux, tant les vieilles superstitions sont demeurées solides dans notre pays où les dieux sont encore plus nombreux que les races. Prenant ma main et me regardant droit dans les yeux, Odénath posa la question rituelle : « Qui es-tu ? » et je lui répondis par la phrase solennelle qui, depuis des siècles, unit tous les époux de l'Empire et proclame que leurs existences sont désormais confondues : « Où tu seras Gaïus, je serai Gaïa. » Nous étions mariés. Les parents et les amis crièrent aussitôt : *Feliciter ! Feliciter !* nous entourant, nous pressant et s'évertuant à m'appeler Domina Septimia.

Ils festoyèrent jusqu'à la nuit tombante. Le moment étant arrivé de me rendre au palais d'Odénath, mon père me serra très fort dans ses bras ; le vin d'Antioche qui le disputait à l'orgueil d'être désormais le beau-père d'un prince illuminait son visage. Précédé de joueurs de flûte et de porteurs de torches, un cortège nous accompagna à travers la ville pleine de chansons et de tambourins. Sur notre passage, la foule applaudissait. On jetait des pièces de monnaie et des amandes aux enfants. J'entendais au milieu des rires les plaisanteries d'usage ; j'en souriais ; j'en avais lu bien d'autres dans les petits livres de Catulle et d'Ovide, dérobés à mes professeurs. Tout aurait été plus facile pour moi si Odénath avait eu l'intelligence d'Eulémos, ou les yeux de cet archer qui avait accompagné une de nos caravanes jusqu'aux rives de l'Euphrate et dont le regard m'avait troublée lorsque j'avais douze ans...

De nombreux serviteurs nous attendaient, eux aussi joueurs de flûte et porteurs de torches. Mon mari me fit franchir le seuil de sa maison en prenant grand soin que mes pieds ne touchent pas terre ; il me tendit un plateau d'argent ciselé à la mode arabe où se trouvaient placées une clef, quelques pièces d'or, une petite lampe allumée, et une coupe d'eau lustrale que je versai aussitôt dans le vestibule pour éloigner les mauvais génies, ces djinns auxquels je crois peu mais qu'il est plus prudent de ne pas provoquer. Malika, Arkia et Aïcha me suivirent dans la chambre nuptiale pour ôter mon voile et dénouer ma ceinture. Elles me souhaitèrent une bonne nuit en gloussant.

La besogne d'Odénath ne fut pas facile. Quand il y fut parvenu, il poussa un grognement, se redressa, arracha ma tunique ensanglantée, ouvrit les volets, et la jeta sur la foule impatiente qui attendait sa pâture. Des rires, des exclamations, des applaudissements se déchaînèrent dans le grondement des tambourins que perçait le son aigu des flûtes. Titubant, sentant le vin, à moitié ivre, mon mari s'en alla dormir dans une autre chambre. J'avais mal au ventre et envie de vomir, mais j'étais princesse de Palmyre. La porte s'ouvrit, M'Barka entra doucement et, s'asseyant sur le lit, prit ma tête dans ses mains et l'appuya sur son épaule. Pour elle, bien qu'elle en fût encore plus fière que mon père, je n'étais à ce moment-là ni princesse de Palmyre, ni Septimia Zénobie ; elle murmura le petit nom qu'elle me donne toujours quand elle veut me témoigner sa vieille tendresse, « Zoubida », et comme toutes les nourrices de la terre habitée elle chanta une berceuse qui remontait du fond des rêves : « Sommeil, viens, viens, viens ; le petit sommeil viendra et Zoubida dormira. » Huit jours plus tard, Odénath partit rejoindre ses archers qui l'attendaient au camp du roi Sapor.

2.

Odénath

Elle ne s'était pas trompée, M'Barka, quand elle assurait que je mettrais au monde un garçon. Dirigeant les femmes qui m'entouraient et ne savaient guère que mêler leurs gémissements à mes plaintes, me tendant sa main où j'enfonçais mes ongles, essuyant la sueur qui inondait mon visage, elle m'encourageait à crier ainsi qu'on en use avec les esclaves pour rythmer leur effort quand ils halent de lourdes charges. J'en profitai pour maudire le nom d'Odénath. Quand tout fut fini, les femmes se sont répandues à travers le palais en poussant des hurlements, et M'Barka m'a montré en riant une petite boule de chair sanglante qui était mon fils : elle l'emporta dans des linges. Epuisée, je ne pensais qu'à dormir ; un concert de flûtes et de tambourins m'en empêcha. Abandonnée dans ma chambre sur un lit saccagé, on ne s'occupait plus de moi. J'avais accompli mon devoir, un petit prince de Palmyre était né. Qui peut deviner que ma tâche commence à peine ?

Prévenu par un messager méhariste, Odénath est arrivé à Palmyre quelques jours plus tard ; il a pris son fils dans ses bras, l'a élevé au-dessus de sa tête afin d'affirmer, selon la coutume, qu'il le reconnaissait pour tel ; il a décidé que le nouveau-né s'appellerait Waballaht, un nom arabe qui veut dire : accordé par Allaht. Allaht, c'est la plus vieille déesse palmyrénienne, elle est notre Athénée, comme le dieu Bêl est notre Zeus : elle représente le principe de la vie pour les tribus bédouines qui adorent en elle la puissance protectrice. C'est une curieuse habitude qu'ont les hommes de vouloir mêler les dieux à des actes qu'ils s'accordent à trouver naturels quand il s'agit des autres animaux. Odénath n'avait pas eu besoin de faire appel à quelque dieu secourable pour me forcer le soir de nos noces, et moi, Zénobie, je ne parviens pas encore à croire, six mois après sa naissance, que Waballaht soit mon fils. M'Barka me dit que je suis une mauvaise mère parce que, ne tremblant pas d'inquiétude au moindre de ses vagissements, je témoigne ma mauvaise humeur en l'entendant pleurer. Je ne pense pas qu'il soit nécessaire d'être un monstre pour être exaspérée par les cris d'un nourrisson querelleur. Il y a toujours dans les familles, assez de grand-mères, tantes ou esclaves pour s'apitoyer sur ces gloutons hurleurs, les apaiser, les bercer ou changer leurs langes. Une mère n'aime pas son enfant parce qu'elle l'a porté neuf mois dans son ventre mais parce qu'elle lui donne le sein toutes les heures. Aujourd'hui, la véritable mère de Waballaht c'est sa nourrice, la bédouine aux pieds larges qui traîne derrière elle une odeur d'aisselles chaudes et de lait caillé. Ma poitrine est demeurée celle d'une jeune fille, ferme et souple ; j'aime la regarder et la caresser, mais elle est vide de pâture.

Des femmes viennent souvent me rendre visite, Aïcha, Malika, Arkia, d'autres encore. Elles croient qu'il est de bon ton de tromper leurs maris, de mourir de chagrin quand elles sont délaissées par leurs amants, de reprendre goût à la vie dès qu'un nouveau venu leur témoigne le moindre intérêt. Rusées mais simulatrices maladroites elles voudraient savoir si Odénath me donne du plaisir ; elles me posent toujours les mêmes questions avec une curiosité qui exige des détails. Les poètes viennent à mon secours pour leur raconter des joies amoureuses que je sais par cœur sans les avoir éprouvées : ces inventeurs de l'amour permettent à ceux qui les lisent de trouver des accents qu'ils n'auraient jamais imaginés d'eux-mêmes. Si mes amies ne sont pas toujours dupes, elles feignent de se reconnaître dans mes contes pour ne pas me montrer qu'elles sont des jouets déguisés en femmes. Ignorantes, elles me jalousent parce qu'elles m'admirent, multipliant leurs éloges sur ma maison et mes jardins, le nombre de mes serviteurs, le luxe de mes bijoux ou de mes robes, la précocité de mon fils ou l'éclat de mes yeux, mêlant sans même s'en douter leur stupide émerveillement à leur envie. Je les gave de pâtisseries et de sirop jusqu'au moment où, lasse de leurs piailleries, je leur donne à boire quelques coupes de vin qui les rend ivres et je les renvoie aussitôt chez leurs maris où elles sont battues comme de l'orge mûre.

Accablées sous le nombre, fuyant vers la Palestine ou cherchant le salut sur la mer Intérieure, les légions romaines ont enfin abandonné Antioche où le roi sassanide est entré vainqueur et règne aujourd'hui en maître. Quand Odénath est revenu à Palmyre, je l'ai écouté sans impatience me conter ses exploits car il sied aux épouses d'honorer leurs maîtres qui ont combattu avec le fer. De son état, un soldat est toujours un héros, il le sait, le proclame, aime qu'on le lui dise encore ; quand il lui arrive d'être victorieux, sa superbe perdant toute mesure, le souvenir de ses défaites disparaît aussitôt sous le bruit de sa nouvelle gloire ; sa faculté d'oubli passe alors la rapidité avec laquelle les femmes infidèles perdent la mémoire de leur dernier amant dès qu'elles s'installent dans le lit d'un autre.

Pour avoir livré naguère des combats sur l'Euphrate, ou pour avoir tué de sa main quelques bêtes sauvages, Odénath a acquis la réputation d'être un chef invincible et protégé. A l'en croire, il aurait massacré cette fois une telle multitude de Romains que le mérite de la victoire d'Antioche reviendrait d'abord à sa valeur personnelle. Au nom du Sénat de Palmyre, mon père a célébré les hauts faits du vainqueur en un long discours rédigé par Cornélius, mon ancien maître de latin, qui, oubliant que le moment était mal venu d'exalter la grandeur romaine, n'a pas manqué l'occasion de comparer les vertus militaires et civiques du prince à celles des Scipions. Odénath désirait en secret qu'on lui décernât les honneurs du triomphe ainsi qu'on le pratique à Rome pour récompenser les chefs victorieux. Son nom, il n'a pas renoncé à s'appeler Septimius, s'accordait à cette cérémonie autant que nos longues avenues bordées de portiques, nos colonnades, nos temples et nos arcs monumentaux. Mais Odénath est revenu à Palmyre avec des troupes à peu près intactes, un mince butin et quelques seuls prisonniers. Il a dû se contenter d'une nouvelle statue. Quelles que soient sa vaillance et sa gloire, un général victorieux qui ne peut s'enorgueillir de cadavres, de captifs ou de butin n'est pas un vrai général.

Je sais aujourd'hui comment s'est conduit Odénath dans l'affaire d'Antioche. Plus homme de rezzou que chef de guerre, il n'a pas voulu lancer ses archers dans la bataille avant que la fortune eût désigné le vainqueur, espérant sans doute préserver ses troupes pour mieux peser sur celles de son allié, devenues plus vulnérables, quand le moment serait venu de désigner à chacune d'elles les quartiers bons à piller. Mais comprenant le jeu d'Odénath et contrariant ses projets, Sapor est parvenu à acheter, dans le plus grand secret, la trahison d'un important citoyen d'Antioche, nommé Mariadès, qui lui a ouvert une porte de la ville par laquelle ses soldats se sont rués à l'aube, sans même que les nôtres en eussent le moindre soupçon. Arrivé trop tard sur les lieux du festin, mon vieux coureur de sables n'a pu en ramasser que les os.

Je devrai donc me contenter du départ des légions. Il me faudra aussi consoler mon père de la mort du légat impérial, ce Flavius Pomponius, insolent sous la cuirasse et grave sous la toge, qui savait donner avec arrogance et prendre sans dignité. Pour prix d'une charge sénatoriale longtemps convoitée et attendue sans quiétude, mon père lui avait témoigné une reconnaissance dont le poids d'or avait été assez lourd pour que les deux parties fussent satisfaites l'une de l'autre. Ce Pomponius, tombé sous le fer d'un soldat perse, que son corps pourrisse sans sépulture, les dieux infernaux se chargeront de lui s'il est vrai que l'esprit des morts demeure vivant, mais la fureur m'étouffe à la pensée que les lingots paternels sont allés grossir le butin du Sassanide. Mon père, son inquiétude l'emporte sur sa rage au point d'effacer sa joie d'être devenu le grand-père du petit prince de Palmyre. Hier, ses fonctions le décoraient de rayons assez brillants pour lui faire oublier qu'il les avait payées avec des bassesses. La fuite des légions romaines en a fait aujourd'hui un magistrat incapable de gérer seul les affaires publiques et juste bon à regarder dans ses mains les anneaux brisés de la servitude qui avaient fait de lui un homme riche et puissant. La liberté l'a réduit à sa propre dimension, l'ombre de César le grandissait.

Sapor n'a pas renié sa promesse de ne plus nous interdire la route de Characène. Nos caravanes ont repris le chemin du golfe Persique sans craindre d'autres dangers que d'être attaquées par les nomades demeurés fidèles au désert qui effrayaient tant M'Barka lorsque nous partions pour Vologésiade. Tout ce que produit l'Orient lointain est revenu à Palmyre qui regorge à présent d'épices, de pierres précieuses, de mousselines, d'étoffes, de soieries, de perles, d'aromates mais ces marchandises s'entassent dans des magasins au lieu de reprendre la route d'Antioche pour être revendues dans les cités de la mer Intérieure. Sapor prétend que nos accords de libre passage ne tiennent que pour le parcours entre le golfe Persique et Palmyre, non au-delà. Furieux, nos marchands, impatients de retrouver leurs courtiers, sont semblables à ces Hébreux tirés par Moïse de l'esclavage qui, errant dans le Sinaï comme des fennecs affamés, oubliaient le bâton du scribe pour ne se souvenir que des oignons égyptiens. Ils regrettent déjà la paix romaine qui courbait leur échine mais protégeait leur négoce et proclamait que la richesse qui ne circule pas fuit comme le sable à travers les doigts. Plus rusés que téméraires, ils n'osent pas encore élever la voix et reprocher à Odénath d'avoir porté les armes contre l'empereur. Je les devine prêts à toutes les trahisons. Ça n'est pas à Palmyre qu'il nous faudra recruter une armée, mais au désert, chez les nomades pillards ; ceux-là seuls n'ont pas été corrompus.

A Antioche, les Perses dépouillent les palais de tous leurs objets précieux, arrachent les plaques d'or qui ornaient la porte des temples, vident les villas, descellent les tombeaux.

Venus se réfugier à Palmyre, les Grecs de la cité profanée arrivent le visage défait et la bouche tremblante de ces choses qu'ils racontent avec le plus grand trouble comme si la frayeur qui avait saisi leurs ancêtres au temps des guerres médiques remontait pour les étouffer. Que les hommes et les femmes soient violés tour à tour, les gens d'Antioche savent que c'est la rituelle récompense d'un soldat vainqueur. Le pillage ne les surprend pas davantage, c'est le juste prix d'une bataille perdue. Ils ne parviennent pas à comprendre que ces affaires soient exécutées sans passion, avec discipline et exactitude, temple après temple, palais après palais, tombeau après tombeau, fille après fille, garçon après garçon. Eulémos, qui a étudié l'histoire comme un philosophe, m'a dit un jour que les peuples conquérants venus des pays où le soleil disparaît ne le cèdent en rien à ceux de l'Orient, mais que les razzias des premiers sont plus invisibles et que celles des seconds deviennent plus méthodiques et plus brutales lorsque le point de départ de ces peuples est situé plus à l'est. Il ajoutait qu'ici comme ailleurs les vérités apparentes sont les plus trompeuses.

Les grands chasseurs sont comme les cavaliers : privés de leur gibier ou de leurs chevaux, ils deviennent stupides. Odénath s'ennuie. Trop prudent pour repartir sur la piste de quelque fauve en laissant derrière lui des sénateurs inquiets et des marchands prêts à se vendre à Sapor pour écouler leurs marchandises, il demeure à Palmyre, tourne dans le palais et de temps à autre, rassasie brusquement sur mon ventre son besoin d'agir. Je connais maintenant avec sûreté les moments où il convient de mêler quelques râles à ses grognements pour accroître le plaisir qu'il se donne ; je joue si bien mon rôle qu'il m'a dit en riant que je lui faisais l'amour comme une putain d'Antioche.

Notre Waballaht est devenu un petit enfant rieur auquel je commence à m'intéresser. Il écoute les oiseaux qui tournent autour de son berceau installé sur une terrasse, joue avec la boule d'or suspendue à son cou, sourit lorsque je me penche sur son visage. Souvent affamé, il s'agite, pleure et pousse des hurlements de colère qui s'apaisent dès que sa nourrice lui met dans la bouche un sein qu'il mord furieusement. Moi, quand j'écoute couler le lait dans la gorge de mon fils qui s'étouffe, j'insulte cette bédouine aux mamelles gonflées comme si elle me volait mon enfant, je ne retrouve le calme qu'en voyant M'Barka prendre dans ses bras Waballaht repu, déjà endormi, pour l'emporter dans sa chambre et veiller sur son sommeil en invoquant des divinités mystérieuses de petite condition.

Si mes entreprises réussissent, si je parviens à raffermir le courage d'Odénath, nous monterons ensemble au Capitole comme l'ont fait avant nous les Syriens. La terre habitée se transforme, déjà les Parthes ont été refoulés par les Perses sassanides, les Goths ont fait leur apparition en Cappadoce, le monde de Cornélius s'écroule, les légions égorgent leurs empereurs, les frontières de l'Empire sont assaillies de toutes parts. Il n'est pas besoin de consulter les oracles ou les devins menteurs pour connaître les événements qui vont bouleverser l'ordre romain. Odénath, trop vieux, les subira sans avoir le temps d'en profiter. Moi, Zénobie, j'ai vingt et un ans. Il faudra cependant craindre et surveiller Hérodien, ce premier fils du prince de Palmyre qui n'est guère âgé que d'une trentaine d'années, me hait et passe sa vie dans les bordels. M'Barka assure qu'il a le mauvais œil quand il regarde Waballaht dans son berceau.

Eulémos est mort ce matin. Il est tombé sur la palestre, subitement foudroyé ; malgré son âge, il entraînait à la course ses élèves. Je lui avais donné une petite maison située au nord de la ville, à l'abri des palmiers qui la préservaient des vents de sable. C'est une villa modeste dont les salles fraîches s'ouvrent sur un péristyle aux minces colonnes cannelées que le soleil dore jour après jour. Mon vieux maître s'y était installé dès le lendemain de mon mariage ; son magistère étant terminé, il ne convenait pas qu'il vînt habiter dans le palais d'Odénath. Il y avait ouvert une école pour jeunes garçons connaissant déjà l'écriture et la lecture auxquels il enseignait la grammaire, la poésie, la géographie, la musique, la marche des étoiles. Il leur faisait dessiner sur le sol des cercles et des courbes. Sa renommée était déjà grande avant que mon père lui confie mon éducation ; les années passées auprès de Zénobie lui avaient conféré une notoriété dont chaque famille noble de Palmyre voulait profiter, à ce point qu'il avait dû demander à quelques pédagogues réfugiés d'Antioche de venir l'aider. Il préférait le stade à l'académie, les pugilistes aux philosophes, il éprouvait plus de joie à faire courir de jeunes garçons sur une piste sablée que de les faire discourir sur Achille exhalant sa fureur contre Agamemnon. La jeunesse lui était aussi nécessaire que le ciel pour les oiseaux, l'eau pour les poissons ; il s'ennuyait avec les adultes, bâillait avec les gens sérieux, se méfiait des héros, fuyait les bavards. Par réaction contre les certitudes de Cornélius, il professait qu'il convient d'être indulgent aux hommes parce que rien n'est en soi noble ou honteux, juste ou injuste, mais tantôt l'un et tantôt l'autre et que rien ne vaut la paix de l'esprit. Les logiciens, les professeurs de rhétorique et les moralistes ne l'aimaient pas ; acceptant la vie comme elle est et les êtres comme ils sont, il se contentait d'en sourire avec cette légère et moqueuse crispation au coin de la lèvre gauche qui m'a parfois fait mal et que j'ai reconnue tout à l'heure, imperceptible, sur son beau visage de marbre que la mort n'a pas eu besoin de fixer pour l'éternité ; il était sculpté avant qu'elle ne l'immobilise.

La tendresse émerveillée qu'il professait pour la perfection du corps humain s'opposait à ce que son cadavre pût pourrir dans la terre. Cette pensée l'assombrissait au point que, bien qu'il n'ignorât pas que les morts de Palmyre sont toujours ensevelis le visage découvert dans les coffres de pierre exposés dans les hautes tours qui cernent la ville, il m'avait fait promettre de lui dresser un bûcher si j'étais présente quand surviendrait le jour fatal. La volonté d'Eulémos a été respectée. Mon vieux maître qui avait soufflé sur ma jeunesse l'esprit de l'Hellade et qui m'a fait comprendre qu'on peut être jeté en prison et demeurer un être libre, n'est plus ce soir qu'un tas de cendres au fond d'une urne funéraire. Le néant, hier simple mot prononcé par un philosophe sceptique, prend soudain pour moi la forme d'une idée. Ce que nous appelons l'immortalité de l'âme, c'est peut-être seulement la durée du souvenir de ceux qu'on a aimés. Après, tout est fini. Il ne reste plus rien.

Deux semaines se sont à peine écoulées depuis sa mort et déjà, comme il arrive aux images peintes que le temps décolore, quelques détails du visage d'Eulémos s'effacent. Je vais faire bâtir un athénée où l'on apprendra aux jeunes hommes non seulement les belles-lettres, mais les sciences, l'architecture, le métier de la guerre et les lois indispensables à l'administration de la cité. Sur son fronton, on y lira en lettres d'or le nom de mon vieux maître.

Cette école est nécessaire à mes projets. Si nous surgissions demain du désert avec nos seuls archers bédouins pour dompter les peuples qui nous ont asservis, nos victoires seraient sans lendemain ; le sable aurait vite recouvert la civilisation qu'ils nous ont apportée en même temps qu'ils nous retiraient la liberté. Pour reprendre celle-ci et garder celle-là, nous aurons besoin de soldats, de poètes, de jurisconsultes et de publicains. Les uns combattront, les autres chanteront leurs exploits, ceux-ci rédigeront nos décrets, ceux-là calculeront le montant des impôts. Plus tard, il se trouvera bien quelque nomade pour inventer une religion du désert et imaginer un nouvel Olympe à l'ombre de nos épées. Le commandement de l'athénée de Palmyre, je l'eusse confié sans doute à Eulémos parce qu'il aurait su réunir autour de lui de nombreux maîtres capables d'enseigner à leurs élèves les meilleures disciplines d'Athènes et de Rome tout en préservant l'intégrité de notre caractère arabe. Il eût deviné ce que j'attendais de lui, encore qu'il connût trop la vanité de ce qu'on apprend dans les livres pour exercer un tel magistère avec efficacité. Les Romains ont au moins compris que pour faire de bons citoyens, honorant les dieux, pratiquant les vertus domestiques et partageant le goût des honneurs avec celui de l'argent, il est nécessaire d'avoir pour pédagogues des imbéciles sûrs d'eux-mêmes.

Odénath porte sur ses larges épaules une tête mieux faite que je ne l'avais imaginé. Plus rusé qu'intelligent, la convoitise le dirige plus que l'ambition, ses oreilles savent écouter tout ce qui se chuchote à Palmyre et entendre tout ce qu'on y tait ; il sait se faire craindre des grands, admirer des humbles, nouer des intrigues avec ses ennemis dans le même temps qu'il les combat. Son peu d'empressement à jeter ses archers aux côtés des soldats du roi Sapor, s'il nous a empêchés d'écraser les légions, nous aura au moins gardé l'amitié des citoyens d'Antioche et peut nous permettre de renouer une alliance provisoire avec Rome si, par quelque retour de la fortune, les légions se rétablissaient en un dernier sursaut avant de s'effondrer. Je ne dois pas me leurrer. Odénath s'accommodait de la présence du légat impérial qui lui témoignait les égards dus à un prince, Sapor ne cesse de l'humilier, le traite tel un chef de tribu, le mande à Antioche comme un préfet de cohorte convoque un bas centurion.

Quel Arabe supporterait une telle injure ? Tandis que la colère gronde chez les marchands, Odénath demeure muet et sombre, laisse pousser sa barbe, remâche son propre courroux, n'ose même pas rencontrer mon père, ce complice d'hier qui n'est plus le confident d'aujourd'hui. Moi seule, dérobant mes pensées mieux que lui, j'ai deviné les chemins compliqués dans lesquels il s'engage pour se rapprocher de César. La bouche des femmes ne livre pas si facilement leur secret alors que les hommes sont condamnés à se trahir dès qu'ils nous ont jetées dans leur lit; la connaissance de ces choses vient vite aux filles. Parvenu à un âge où une fois satisfait le désir est long à renaître, Odénath, malgré le sommeil qui l'alourdit, demeure éveillé; forçant la timidité qu'il éprouve souvent à s'exprimer devant moi trop savante, il me raconte enfin son amertume et ses soucis tandis que ma main repose sur sa vigueur défaite. Lui, le chasseur et le chef de bande qui a passé sa vie au désert, dans les montagnes ou les forêts, en Mésopotamie, en Arménie, jusque dans la Scythie lointaine, laissant aux fonctionnaires romains le soin de la cité pour mieux se consacrer à des tâches jugées plus nobles, s'entourant toujours de compagnons intrépides au cœur sans détours, voici qu'il découvre tout à coup la solitude des princes et les difficultés du pouvoir. Odénath, semblable à tous les Arabes, autant il est loquace et rapide quand ses discours sont vains, autant il économise les mots et multiplie les longs silences quand il s'inquiète d'affaires importantes. Comme d'autres prennent garde de ne pas faire tinter leur or pour ne pas attirer les voleurs, il baisse la voix par crainte qu'on ne vienne dérober ses paroles; son mouvement oratoire se lie à la gravité de son propos. Je ne le questionne pas, il se méfierait de ma curiosité, étant de ces hommes qui dorment la main sur le poignard. Moi aussi, en grandissant, j'ai appris à me taire mais nos silences n'ont pas le même sens. Un homme qui se tait dit non. Une femme ne dit pas toujours oui.

Des Grecs d'Antioche ou d'Emèse, négociants dont les magasins ont été pillés, grammairiens et rhéteurs qui ont perdu leurs élèves et fermé leurs écoles, entrent chaque jour à Palmyre. Ils arrivent les mains vides mais la tête pleine de projets et d'idées qui finiront bien par nous enrichir un jour, encore que nos marchands soient peu disposés à accorder une hospitalité qui ne paye pas comptant. J'ai décidé Odénath à ouvrir les portes du palais aux pédagogues et aux écrivains.

L'un d'eux, Cassius Longin, a rencontré autrefois Eulémos dans une école d'Athènes où celui-ci enseignait la philosophie.

Plus jeune que mon vieux maître, je sais déjà qu'il me charmera moins parce que je ne suis plus la petite fille prête à aimer ou à haïr, parce qu'il est à la fois moins subtil à entendre et moins beau à regarder. Ce Longin a parcouru tous les pays qui bordent la mer Intérieure ; il en a rapporté des observations nombreuses qui lui permettent de mêler l'histoire à la géographie et les belles-lettres aux affaires publiques. Trop intelligent pour décider, Eulémos méprisait trop les hommes pour les commander : il n'eût point fait un bon ministre ; ce Grec d'Antioche peut devenir le secrétaire qui nous fait défaut pour nouer des intelligences avec les autres peuples de l'Orient quand le moment sera venu de les entraîner dans une synarchie simulée dont nous devrons être les maîtres. Interrogé sur les événements dont il fut le témoin, Longin répond qu'Antioche a été si souvent outragée, tantôt par les Romains ou les Parthes, tantôt par des usurpateurs heureux, des troupes insubordonnées, voire des émeutiers professionnels, que sa population considère que des envahisseurs, quels qu'ils soient, vous délivrent toujours des derniers occupants. Il dit encore que les habitants de cette cité à la fois violente et passive, marchands et cochers, pédagogues et déserteurs, avocats et artisans, ne s'émeuvent plus d'être pillés, non seulement parce qu'ils regagnent rapidement leurs biens perdus, mais aussi parce que ceux qui les ont dépouillés finissent toujours par faire prendre à l'argent volé le chemin des bordels où tout est récupéré. Semblables aux humains, les cités elles aussi ont leurs maladies, les désordres et les émeutes : elles ne subissent pas toujours le même sort, la mort étant inéluctable pour ceux-là tandis que celles-ci gardent parfois la possibilité de ressusciter. Qu'une autre armée, conclut Longin, se présente sous les murs d'Antioche, les citoyens ne participeront pas plus à leur défense qu'ils n'ont aidé hier les légions romaines ; il se trouvera toujours quelque Mariadès pour indiquer le meilleur moyen de les franchir. Eulémos eût été ravi de cette opinion située à égale distance du blâme souriant et de la louange empoisonnée ; il n'en eût pas tiré un argument pratique alors que Longin assure que la ville a déjà refermé son piège sur les soldats perses et qu'elle est prête à se livrer à un nouveau venu pour peu qu'il sache organiser avec quelque éclat des courses de quadriges sur l'hippodrome d'Agrippa.

Affirmant que Sapor, partout où il passe, installe des satrapes dont la rapacité fait regretter la vénalité des proconsuls, Longin pense que la puissance de César n'est pas éteinte et conseille de maintenir un certain équilibre, difficile mais profitable, entre le Perse et le Romain. Ces avertissements sont tombés dans les oreilles d'autant plus ouvertes d'Odénath que des rumeurs parvenues ces jours derniers à Palmyre, révèlent qu'un général nommé Valérien a revêtu récemment la pourpre et a décidé de venir lui-même rétablir l'ordre romain en Orient. On dit aussi qu'il aurait réuni à Byzance tous les gouverneurs exerçant une fonction en Asie Mineure, et donné l'ordre aux légions campées dans ces régions de marcher vers les passes du Taurus. Hier j'ai appris que les troupes romaines défaites à Antioche se reformaient en Palestine après avoir reçu des renforts d'Egypte.

Ces nouvelles sont graves. Pressé par un besoin soudain de parler, Odénath m'a confié la nuit dernière ce que j'avais déjà deviné : il a dépêché un émissaire auprès du préfet de la XVIe Flavia Firma pour renouer la vieille alliance romaine. Comme il est bon que les forgerons tiennent toujours plusieurs fers au feu, j'ai, à mon tour et non moins secrètement, fait parvenir un message au roi Sapor pour l'assurer de notre fidélité. A vouloir trop ruser, Odénath a mal joué sa partie avec Sapor, mais les princes qui se portent les coups les plus inexpiables sont aussi les plus prompts aux éclatantes réconciliations. Moi, Zénobie, il faut que j'apprenne à mon tueur de léopards jusqu'où il est permis à un Arabe de tricher sans cesser de demeurer l'allié d'un Perse ou d'un Romain.

Plus rapides que je ne pouvais l'imaginer, les événements se sont précipités. Avant qu'il ait pu répondre à mon message qui l'assurait de notre fidélité, Sapor a dû évacuer Antioche. Menacé à la fois par une armée romaine parvenue à marches forcées aux passes du Taurus et par les légions qui remontaient la vallée de l'Oronte, le Sassanide a préféré refuser le combat, abandonner la Syrie, repasser l'Euphrate. Dès que la nouvelle parvint à Palmyre, Odénath ne balança pas un instant et rassembla deux mille cavaliers dans le but de les mener à Antioche afin de s'y trouver pour fêter le retour des aigles romaines. En paraissant ne plus se rappeler le rôle équivoque joué l'année précédente tant vis-à-vis du légat impérial que du roi des Perses, je ne sais si Odénath témoigne de la plus grande inconscience ou de la plus grande duplicité ; sans doute, gardons-nous moins longtemps le souvenir de nos propres perfidies que celui des trahisons qui nous ont frappés. Cette décision le délivrait du tourment dont je le croyais accablé depuis plusieurs mois, lui redonnait meilleur visage, plus noble stature. Je ne demeurai pas moins inquiète de ce départ d'Odénath car je n'ignore pas quel sort Rome réserve aux princes qui lui ont fait défaut. En allant à la rencontre de ce général illyrien qui vient de revêtir la pourpre, le chasseur des grands fauves n'avait-il pas commis l'imprudence d'aller mettre sa tête dans la gueule d'un vieux lion aux dents demeurées terribles ? J'étais alors loin de me douter que la hâte d'Odénath à quitter Palmyre avec deux mille cavaliers était née d'un souci plus immédiat que celui de faire allégeance au nouveau maître de l'Empire.

Pressé de mettre entre lui et les légions la plus grande distance possible, Sapor était bien passé de l'autre côté de l'Euphrate avec le plus gros de son armée, mais il avait été contraint de laisser à la traîne l'immense butin raflé à Antioche. On ne se déplace pas secrètement dans le désert. Des méharistes de Palmyre qui patrouillaient le long du fleuve ayant découvert une longue file de chariots et de chameaux qui attendaient leur tour de passer à gué, ils n'avaient pas manqué d'en informer Odénath. Celui-ci s'était bien gardé de me le faire savoir, mais sa décision avait été prise aussitôt de jeter ses archers sur les lourds convois de Sapor au lieu de les conduire à Antioche. Surpris sur leur flanc droit par la soudaineté de l'attaque, les soldats perses avaient été massacrés ; quant aux conducteurs et aux chameliers, dont la plupart avaient été recrutés de force parmi les citoyens d'Antioche, ils avaient eu vite fait de remettre entre les mains du prince de Palmyre les trésors qu'ils avaient mission de convoyer jusqu'à Ctésiphon, au palais du roi des rois.

Cette nouvelle, quand je l'ai apprise par un messager envoyé par Odénath, je ne sais si ma fureur l'emporta sur mon désespoir. Je crus que les murs de la maison s'écroulaient sur ma tête. Mon époux, ce chien plus bête qu'un sloughi, avait ruiné de ses propres mains toutes nos possibilités d'alliance avec les Perses, une première fois par sa passivité que j'avais eu la faiblesse de prendre pour une ruse, la seconde fois par cette action stupide qui allait faire de Sapor notre ennemi irréductible. J'ai essayé alors de mieux comprendre, sinon d'expliquer, tous les silences et les mensonges d'Odénath. Sans doute, redoutant de se présenter devant Valérien avec, pour seule arme, un serment d'allégeance dont Rome connaissait depuis longtemps le juste poids, il avait saisi l'occasion de se faire valoir aux yeux du nouvel empereur pour apaiser son courroux. Plus sûrement, Odénath n'avait pas pu résister à ce besoin impérieux qu'éprouvent un jour ou l'autre tous les hommes du désert de piller une caravane, même si elle appartient à un ami. Pour effacer l'injure ressentie l'an dernier quand il était rentré à Palmyre les mains vides, il s'apprêtait maintenant à faire le glorieux et à défiler sous nos portiques devant un long convoi de chameaux ployant sous les trésors d'Antioche, vaniteux d'une précaire victoire, sans même se soucier que sa razzia le ramenait au niveau d'un petit chef de tribu sur lequel pèserait la haine du Sassanide, le ressentiment des citoyens d'Antioche, et une plus grande méfiance des Romains. Si je n'interviens pas à mon tour avec la même rapidité, tous mes plans s'effondreront. Personne ne peut m'aider ; quand je lui demande de s'opposer à son gendre, celui-ci eût-il commis la pire des sottises ou le plus grand crime, mon père se retranche toujours derrière ces sortes de lâchetés qu'on appelle les convenances. J'agirai seule. Moi, Zénobie, il faut que je conseille à Odénath de courber la tête devant l'empereur Valérien et de rendre à Antioche le butin enlevé à Sapor par traîtrise. A aucun prix, il ne doit rentrer à Palmyre avant de s'être soumis à César ; les alliances ne durent pas si longtemps pour qu'il soit interdit d'en promettre quelques-unes en prenant les dieux à témoin de ses serments. Semblable aux dés d'un adroit pipeur, la fortune a souvent besoin d'un coup de pouce pour tourner du bon côté. J'irai à la rencontre d'Odénath.

Avec une petite escorte de méharistes nous avons galopé pendant deux jours et deux nuits, forçant nos bêtes jusqu'à la limite de leur souffle et nous arrêtant seulement pour les faire boire aux puits reconnus par les éclaireurs. Depuis mon mariage, c'était la première fois que je remontais Beïda, un bel animal de course, tout blanc, aux longues pattes nerveuses, à la fois fragile et solide dont je savais qu'il me porterait sans faiblir quitte à s'écrouler en arrivant au but. Je retrouvais avec une joie secrète le goût de mon enfance, l'odeur du sable, la rumeur du vent, les mots qu'il convient de dire pour précipiter le bruit des onglons frappant le sol et faire gicler sur les regs les cailloux verts et noirs. La fatigue qui creusait les yeux de mes compagnons aiguisait la violence de mon plaisir, provoquait mon rire que je leur jetais au visage. Sous l'insulte, ils fouettaient leurs méharis, me dépassaient, décochant au passage des regards d'hommes ; une légère pression de mon orteil suffisait à enlever Beïda et à lui faire reprendre la tête du peloton.

Lorsque j'ai rejoint Odénath sur la piste qui relie Palmyre à Chalcis et se dirige vers l'Euphrate, sa troupe s'apprêtait à lever le camp. On avait fait ripaille ; cuvant leur vin, des archers dormaient autour des braises chaudes et des quartiers de moutons rongés à l'os, les autres tournaient autour des chameaux de bât et tentaient d'y recharger les caisses mises au sol pour permettre aux bêtes de se reposer, d'autres encore dénouaient les liens qui avaient entravé les chevaux pendant la nuit. Personne n'avait pris garde à mon arrivée. Bien qu'il eût revêtu, à la mode persane, une longue robe de soie verte brodée de fils d'or et se fût coiffé d'un casque pointu incrusté de pierreries, je reconnus sous ce déguisement ridicule mon beau-fils Hérodien, celui qui me hait et dont M'Barka assure qu'il rôde autour du berceau de Waballaht avec des yeux mauvais. Il allait et venait à travers le tapage des bêtes et des hommes, important, plus soucieux d'être admiré par cette horde où chacun agissait à sa guise que de la commander. Etaient-ce là les guerriers du désert sur lesquels j'avais bâti mes songes, ces ivrognes tout juste bons au pillage, parés par leur chef de colliers et de bracelets et qui, saisis par la fraîcheur du petit matin, vomissaient le trop-plein de leur saoulerie ? Je les ai regardés avec plus de tristesse que de dégoût. Lorsque mon père conduisait ses grandes caravanes sur la route qui descend vers le golfe Persique, il n'imposait pas à ses hommes de dures disciplines, un certain désordre demeurant le propre de notre race, mais le plus humble de ses chameliers, si déguenillé fût-il, érigeait une fierté d'allure qu'eût pu envier n'importe quel préfet de légion né romain à Rome.

Hérodien m'ayant aperçue, avertit son père de mon arrivée. Semblable à tous les vieux hommes qui tirent vanité à montrer publiquement leurs jeunes femmes, Odénath ne m'aime pas avec discrétion ; il ne manque jamais d'en donner témoignage devant ses soldats. Alourdi par la fatigue et le vin, il vint vers moi, visiblement plus heureux que surpris de ma présence et ne doutant pas que je fusse venue à sa rencontre dans le seul dessein de le féliciter pour avoir osé entreprendre, et réussi, une affaire aussi audacieuse. Sous les acclamations des archers qui nous entouraient, il me prit dans ses bras, baisa longuement mes yeux et m'entraîna sous sa tente. Habituée à nos abris tissés de laine grossière, je fus saisie par le luxe de cette demeure volante ornée de tapis précieux où était installé un lit aux montures d'ivoire étoilées de nacre. Il me sautait au visage qu'en dépit de nos efforts à vouloir imiter les opulences romaines et à remplir nos maisons des merveilles parvenues de l'Orient lointain, nous sommes demeurés des êtres sans invention et sans goût. La tente royale dérobée à Sapor me disait tout ce qui sépare les Arabes des Perses : ceux-ci sont des artistes, imaginatifs autant qu'habiles, tandis que nous parvenons rarement à nous évader des quelques graphismes qui nous retiennent prisonniers dans leurs réseaux toujours recommencés. Cette pauvreté d'imagination fera peut-être notre force. Eulémos aimait à répéter qu'on trouve souvent une idée simple à la base des belles constructions de l'esprit : le temple d'Artémis, le théorème de Pythagore, la bataille de Cannes, la découverte de la mousson ou une épithète homérique.

L'heure était mal choisie pour imaginer l'avenir ; il était urgent d'organiser le présent et de lui imprimer une direction nouvelle, au moment même qu'il se nouait, sans me soucier de savoir si moi, Zénobie, je serais l'instrument du hasard, du destin ou de la providence. Il faut jouer la faiblesse avec les hommes parce que le spectacle de notre fragilité redouble la certitude de leur puissance et leur fait finalement accomplir les gestes qui les conduisent à la ruine. Pour Odénath, si je demeure une petite fille, je suis aussi une savante qui flatte son ignorance. Trop conscient d'avoir fait de Zénobie une princesse pour ne pas être convaincu de ma gratitude, il n'est jamais parvenu à se sentir tout à fait à l'aise avec moi ; à la fois paternel et puéril, il craint que je ne le prenne en faute, recherche et redoute mes conseils, se défie de moi, ne me fait vraiment confiance que lorsque je lui joue la comédie de l'amour dans notre lit conjugal où il ne doute plus de sa supériorité alors qu'il y est berné. Prétextant que la fatigue de la course m'avait brisé les os et exprimant le désir de me reposer dans ses bras après qu'il m'eut montré les plus belles pièces de son butin, j'ai demandé à Odénath de remettre au lendemain la levée du camp. Il n'y résista point, donna les ordres utiles et n'eut de cesse de faire ouvrir les coffres où Sapor avait fait entasser tout ce que les Perses avaient pillé dans Antioche : plaques d'or descellées dans les temples ou les tombeaux, cuvettes d'argent lourd, cratères de bronze ouvragés, amphores décorées, peignes, bracelets, chaînes, miroirs, chandeliers, fibules, ceintures, harpes et cithares, diadèmes, boucliers, épées, sacs d'où ruisselaient des monnaies d'or, cassettes remplies de béryls, de perles, d'émeraudes et d'opales. Chacun des archers avait déjà reçu sa part mais les regards n'en brillaient pas moins devant cet étalage propre à charmer les yeux autant que les oreilles.

Pressée moi-même de choisir un bijou parmi ces joyaux qui depuis des siècles vont et viennent du Nil à l'Oronte et de l'Oronte à l'Euphrate, ornant tour à tour les bras et les cheveux des princesses, des prostituées ou des femmes de proconsuls, selon la fortune des combats, j'ai simulé l'indécision et prétexté ma lassitude. Je me retirai sous la tente du prince de Palmyre tandis que nos cavaliers, fiers de leur vieux chef, riaient d'un air entendu en nous voyant disparaître tous les deux derrière la toile.

J'étais épuisée de fatigue. Odénath s'en aperçut et me laissa dormir sans me toucher. A mon réveil, il me regardait avec un air ravi qu'ombrait cependant une légère inquiétude que j'étais bien seule à pouvoir déceler. Depuis le long discours que je lui avais tenu sur la nécessité de rompre avec les Romains et de se rapprocher des Perses, le jour où il était venu dans la maison de mon père me demander timidement en mariage, il nous était arrivé d'échanger tous les deux quelques propos politiques ; j'avais toujours procédé par légères insinuations, non pas tant pour ne pas avoir l'air de dicter la conduite des affaires à ce mâle ombrageux que pour le conforter dans la certitude qu'il avait imaginé lui-même la manière de les diriger. J'avais gagné la première partie, j'avais perdu les autres ; il me fallait maintenant renouer les mailles de mon filet troué d'où s'était échappé un vieux fauve dont je ne suis pas encore parvenue à balancer la part de ruse et de stupidité. Pour être moins neuves mes armes n'en étaient que plus aiguisées ; les deux années qui s'étaient écoulées depuis notre mariage m'avaient permis, retrouvant instinctivement les gestes qui assurent la fortune des professionnelles de l'amour, de redoubler le plaisir du prince. Toutefois, je ne pouvais plus prétendre, comme au moment de mes fiançailles, mener Odénath par le bout de la barbe en provoquant son désir de me jeter sur un lit : ce qui avait été la convoitise d'un vieil homme était devenu le droit d'un époux.

Pendant que je menais la course de Beïda, j'avais eu le temps d'apaiser mon courroux et d'évaluer les moyens dont je disposais pour livrer un combat décisif. Pesant ceux-ci sans complaisance, j'étais parvenue à la conclusion qu'il serait plus adroit de négliger ces sortes d'arguments appelés féminins que nous croyons irrésistibles et qui nous laissent finalement les mains vides si nous ne prenons pas la précaution, selon la vieille sagesse des avocats et des putains, de nous faire payer avant d'accorder l'essentiel. Depuis longtemps je savais que prompts à répondre à nos plus élémentaires séductions, les hommes résistent encore moins à l'admiration qu'on leur témoigne et ne perçoivent même pas les farces dont nous les mystifions tant ils sont convaincus de la primauté de leur esprit et de leur savoir, même s'ils quêtent dans nos regards un supplément d'émerveillement, comme les femmes cherchent dans leur miroir plus de louanges que de vérités. Avec Odénath, je n'avais pas eu à tendre des pièges compliqués, les plaisirs qui le contentaient étant moins ceux d'un pédant satisfait que ceux d'un coureur des sables qui passe sa vie à forcer les grosses bêtes, rentre au foyer fourbu de poursuites, fait l'amour à sa femme, dort bruyamment et repart sur quelque piste. Malgré lui, quel que demeurât son goût pour la chasse et la besogne, il venait de s'engager sur des chemins autrement dangereux que ceux qui mènent aux repaires des grands fauves. Son refus d'envoyer ses archers au secours d'Antioche attaquée par les Perses, son pacte noué avec le roi Sapor suivi de son peu d'empressement à aider celui-ci pour prendre d'assaut la ville assiégée, même le coup de main entrepris contre l'arrière-garde de son allié, sont autant d'actions politiques dont il ne me déplaît pas de savoir que Zénobie a tissé les premiers fils ; contradictoires ou stupides, elles font d'Odénath un nouveau chef avec lequel les deux empereurs, le romain comme le perse, devront désormais compter.

Tandis que je dormais, Odénath avait passé un bracelet à mon poignet. C'était un lourd cercle d'or, étincelant de pierres précieuses, dans l'épaisseur duquel un orfèvre avait gravé des scènes de la mythologie évoquant les travaux d'Hercule et dont la facture symbolisait à elle seule le merveilleux accord gréco-oriental réalisé jadis par les Séleucides. Je fis remarquer à Odénath que ce bijou n'était ni perse ni mésopotamien. Il me répondit qu'il se souciait peu de connaître son origine, l'important demeurant de s'être emparé du trésor de guerre de ce Sapor pour le châtier de son insolence. Je répondis qu'il avait bien agi, l'en félicitai et ajoutai que le mépris manifesté par le Perse m'avait moi-même couverte d'une telle honte qu'il m'était arrivé de souhaiter le retour des légions. Disant ces derniers mots, ma langue se desséchait. Odénath ne broncha pas. Il me fallut parler encore, redire plusieurs fois que Sapor, devenu un ennemi inexorable, n'aurait de cesse qu'il ne se fût vengé ; enfin conclure que l'alliance romaine était devenue pour Palmyre la condition du salut. Odénath faisait mine d'être distrait et jouait avec un collier fait de gros grains d'ambre mêlés à des boules d'or ; je savais qu'il prêtait une oreille d'autant plus attentive à mon discours qu'il n'ignorait rien de ma haine des Romains. Un sourire éclairant son visage, il m'avoua avoir craint qu'une discorde ne rompît notre bonne entente le soir où il m'avait révélé l'envoi de son message au préfet de la XVIe Flavia Firma ; maintenant il ne doutait plus que ma tête fût assez solide pour comprendre les raisons qui lui avaient dicté cette démarche. Je m'inquiétai alors de connaître la réponse faite à ce message : elle n'était point parvenue. Manifestant ma surprise, l'exagérant à dessein, je dis qu'il fallait craindre le pire de ce silence et que chaque jour risquait d'aggraver le sort promis à Odénath. Sans doute, le préfet de la XVIe Flavia connaissait bien les nœuds compliqués que Palmyre devait sans cesse nouer et dénouer avec la partie perse pour assurer la sécurité de ses caravanes, mais ne fallait-il pas redouter la rigueur de ce Valérien qui, ne comprenant rien à nos querelles et à nos difficlutés, devait se draper dans la loi écrite, proclamer le droit inflexible, prendre les jurisconsultes et les dieux à témoin de la parole donnée pour mieux faire égorger dans les prisons romaines ceux qui y avaient manqué ?

Nés du mensonge, mes propos exprimaient la vérité. Je le savais. Je savais aussi qu'ils s'infiltraient dans les veines d'Odénath à la façon de ces poisons syriens dont nous connaissons les recettes et qui ne laissent aucune trace apparente. La fixité de ses yeux, un très léger tremblement de ses doigts sur les grains du collier d'ambre, trahissaient cependant son inquiétude sinon sa peur ; il est de ces hommes pour lesquels le combat rapproché, fer en main, demeure la condition nécessaire du courage. Quand je lui eus dit que Valérien et Sapor, dès qu'ils apprendraient la razzia opérée sur les rives de l'Euphrate, voudraient l'un comme l'autre reconquérir par les armes le trésor d'Antioche et s'y emploieraient aussitôt, son premier mouvement fut de vouloir regagner immédiatement Palmyre, de s'y enfermer, d'attendre derrière les remparts l'arrivée de tous ceux qui seraient tentés de lui prendre ce qu'il estimait être devenu sa propriété par droit de conquête.

Je suis parvenue à faire comprendre à Odénath qu'il était prince de Palmyre, non chef de bande, et que, dans certaines circonstances, les accommodements valent mieux que les guerres qu'on est sûr de perdre. Dans l'impossibilité de combattre à la fois deux ennemis si puissants, il nous fallait choisir entre Valérien et Sapor. L'un et l'autre nourrissant dans leur cœur une noire rancune, la blessure faite à Sapor me paraissait plus grave parce que plus fraîche. Tout ne commandait-il pas de se rapprocher de Valérien ? Ce vieux soldat pris aux pièges de l'Orient difficile serait trop heureux de s'appuyer sur le prince de Palmyre pour faire régner l'ordre romain dans toute la Syrie, tandis qu'il entreprendrait lui-même de mener ses légions contre les Perses. Si Odénath voulait sauver sa tête, il devait dépêcher un courrier à César pour l'informer qu'il se dirigeait sur Antioche afin de rendre à l'empereur les richesses volées aux habitants de la ville par le roi Sapor mais récupérées par lui, Odénath, sur les bords de l'Euphrate au cours d'un combat victorieux.

Pour un homme de rezzou, lâcher sa proie c'est d'abord perdre la face. Je levai les derniers doutes du prince de Palmyre en l'assurant qu'il n'était pas nécessaire de reprendre à ses cavaliers les parts de butin déjà distribuées. Odénath crut me remercier en témoignant une virilité qui m'étonna assez pour me faire éprouver un frisson encore inconnu. J'avais trop souvent simulé des plaisirs que je ne ressentais pas ; je ne lui révélai pas un trouble qui me surprenait pour la première fois et que je voulais garder pour moi seule. Odénath a dû être déçu de mon silence immobile. Ce qui était important, c'était son départ immédiat pour le camp de Valérien, à Antioche.

Lorsque j'ai entrepris d'écrire ces feuillets, j'ai songé surtout aux recommandations du médecin qui avait ordonné un repos absolu tant que durerait ma grossesse. Jeune fille, les longues heures consacrées à la lecture ou à ma toilette ne m'avaient pas interdit les longues promenades à cheval, les lointaines méharées ou les violents exercices de la palestre ; ai-je jamais su où je trouvais mon meilleur plaisir ? Condamnée à demeurer couchée pendant de longs mois je n'allais pas m'ensevelir dans les livres pour risquer de ne plus regarder le monde qu'à travers ce qui a été écrit, m'enliser dans le passé, y perdre mon jugement, devenir une sorte de Cornélius revêtu d'un chiton. Le conseil d'Eulémos, je l'ai suivi autant pour meubler mes jours devenus vides que pour continuer les premiers essais que j'avais consacrés à l'histoire grecque. Quand on entreprend de remplir d'encre quelques feuilles quotidiennes en se refusant d'en imposer la lecture à ses familiers, l'écriture est une bonne discipline. Des nombreuses pages ainsi écrites depuis les premières semaines de réclusion imposées par le médecin Thaletas, il ne reste que quelques dizaines de feuillets. J'ai déchiré les autres. Terrorisée à la pensée que je pouvais mourir en mettant au monde l'enfant que j'attendais, je craignais que mon père ou Odénath en prennent connaissance avec cette diligente curiosité qui pousse les autres à fouiller les vêtements et les meubles des cadavres encore chauds. Morte, j'avais plus peur qu'on me découvrît toute nue, que vivante. Commencées pour tromper mon ennui, ces pages sont devenues bientôt la caverne où j'ai enfoui mes colères, mes rancunes, mes larmes de rage. J'y ai raconté tout ce qu'on ne peut pas dire tout haut, m'efforçant de farder mes plus affreuses pensées d'une certaine couleur littéraire à laquelle je ne demeurais point insensible. A la naissance de Waballaht, prenant soudain conscience dans le bruit des tambourins et le son des flûtes que j'étais bien vivante, je décidai d'en poursuivre la rédaction non plus pour raconter mes souvenirs d'enfance mais pour m'aider à réfléchir, à fixer quelques points de repère sur les chemins par lesquels il me faudra désormais guider mon fils vers le but que je me suis promis d'atteindre. Est-on jamais sûr de connaître les autres et soi-même ? Si ce manuscrit tombe un jour sous les yeux de quelque historien, qu'il soit un flagorneur comme Salluste ou un amateur de ragots comme Suétone, alors apparaîtra une Zénobie que personne n'a devinée, sauf ma vieille M'Barka avec sa tendresse à la fois implacable et intuitive, peut-être Eulémos avec ses imperceptibles sourires. Semblable aux marais qui s'étalent tout le long de l'Euphrate, mon enfance n'a paru paisible qu'à ceux qui me regardaient vivre sans se douter que sa clarté recouvrait des abîmes d'où montaient des bulles dont l'odeur m'empoisonnait tout en me comblant de délices. Ne les aidant ni les contrariant, encore qu'il ne m'eût pas refusé ses applaudissements pour peu que je lui eusse offert un bon spectacle, Eulémos aurait deviné mes desseins. Mais il est mort. Comme ces chevaux de course qui, parvenus au terme de leur service et inaptes au cirque, galopent dans l'enclos de leur retraite jusqu'au moment où ils tombent foudroyés, il avait échappé à la déchéance de la vieillesse. Indifférente aux années et aux événements, sans âge, éternelle et ridée, Minerve radoteuse et bougonne, ignorant tout et comprenant beaucoup, M'Barka accomplit toujours ses besognes fidèles dans l'attente de quelque tragédie dont je serais l'héroïne pour qu'elle puisse enfin y jouer le personnage de la nourrice.

Elle n'aura pas beaucoup d'années à attendre, ma vieille M'Barka. La tragédie est en route ; je l'ai entendue dans le bruit des sabots de Beïda qui me ramenait vers Palmyre tandis qu'Odénath se dirigeait lui-même vers Antioche avec le convoi de son butin. Elle ne manquera ni de funestes présages, ni de lamentations, ni de cadavres ; à l'inverse des tragédies antiques où le destin des héros est scellé dès la première apparition du chœur, celle que j'imagine aujourd'hui ne se dirige pas vers un dénouement fatidique fixé par les dieux. Les hommes, depuis qu'ils connaissent l'inutilité de s'en remettre aux volontés fatales, sont devenus libres sinon de choisir le point de départ de leur route au moins d'en inventer les détours ; ils peuvent tout tenter, tout risquer, changer de camp, remailler les filets détruits, relancer leurs nasses, dissimuler ou avouer des défaites en préparant de secrètes revanches. A ces jeux que les Romains nous ont appris en proclamant que la mauvaise foi ne saurait être que punique, les Arabes deviendront plus adroits que leurs maîtres. Pompée foulant pour la première fois le sol de l'Orient, le profil des futurs Césars nés de ce côté-ci de la mer Intérieure se dessinait déjà dans l'histoire de l'Empire sans qu'on eût besoin d'interroger les haruspices.

Odénath a dû arriver à Antioche. Est-il encore vivant ? Maintenant qu'il m'a fait un enfant, l'ordre de la nature voudrait qu'il disparût, mais sa mort, Hérodien ne résistant pas au plaisir d'une vengeance longtemps attendue, entraînerait aussitôt la mienne avec celle de mon fils, et M'Barka viendrait se poignarder sur nos cadavres. Personne n'ayant eu le temps de jouer son rôle, sauf la nourrice inévitable, la tragédie à peine commencée serait déjà terminée. J'ai besoin d'Odénath ; sa puissance autant que la faiblesse de son caractère sont les meilleurs auxiliaires de mes entreprises. Il me faut devenir sa confidente et son associée ; bien qu'épouse et mère, je ne suis encore que sa femme de lit.

Pour préparer le retour du prince à Palmyre, j'ai fait connaître qu'un escadron perse ayant attaqué nos archers par traîtrise, Odénath, relevant aussitôt l'injure, a regroupé ses forces qu'il a jetées sur l'arrière-garde du roi Sapor ; l'immense butin tombé entre nos mains sera rendu à leurs légitimes propriétaires, les citoyens d'Antioche. Je ne sais d'où nous vient cette merveilleuse disposition à transformer en victoires éclatantes nos combats les moins glorieux. Le bruit de ces nouvelles s'amplifia dans le moment que je les rendais publiques, courut autour des remparts avec la rapidité d'un prodige, pénétrant dans les maisons, forçant la porte des temples, soufflant sur les terrasses, s'engouffrant sous les portiques avant de s'élancer hors des murs pour proclamer l'écrasement de l'armée perse et glorifier le prince de Palmyre. Si Odénath revient ici, il sera acclamé par tous ceux qui font peu mystère d'espérer le retour des légions pour protéger la route des caravanes. Si Valérien lui a fait trancher le cou, sa mémoire sera honorée ainsi qu'il convient à celle d'un héros.

Odénath a sauvé sa tête. A peine rentré à Palmyre, plus glorieux qu'il ne le fut jamais, il s'est rendu au Sénat pour recevoir des pères de la cité l'hommage dû à celui qui avait lavé leur honneur souillé par le roi des Perses. Lui seul connaît la vérité. De son entrevue avec l'empereur Valérien, il rapporta un récit coloré qui fut longuement applaudi ; quand il fit connaître qu'il avait spontanément rendu leurs biens aux citoyens d'Antioche parce que l'amitié de nos voisins était nécessaire aux banquiers de Palmyre, nos sénateurs se sont précipités vers lui pour baiser ses épaules, ses mains, même ses sandales, avec cette promptitude de nos marchands à manifester leur servilité, leur arrogance ou leur colère. Mon père voyait déjà les caisses qui encombrent nos fondouks reprendre le chemin de l'Oronte ; il reçut avec une simplicité affectée la part de louanges qui lui paraissaient devoir être adressée au beau-père du prince de Palmyre comme s'il eût été le véritable inspirateur sinon l'exécuteur de ces manœuvres aux imprévus retours : en moins de trois années, elles nous ont fait rompre l'alliance romaine au profit d'un pacte éternel avec les Perses pour nous ruer à nouveau vers le camp des Romains.

Je suis seule à connaître la trame de ce tissu compliqué ; les points que j'ai noués, je les ai vus se défaire et je les ai renoués. Personne ne se doute que moi, Zénobie, je viens de sauver Palmyre en décidant Odénath à replacer la cité sous la protection des aigles romaines ; chacun trouve naturel que la XVIe Flavia Firma ait déjà regagné ses anciens cantonnements. Odénath lui-même a oublié qu'il avait refusé au légat d'Antioche le secours de ses archers ; promu consulaire par Valérien pour mieux être attaché à la fortune de l'Empire, il se prend maintenant pour un consul authentique, revêt une cuirasse dorée, s'assoit sur une chaise curule, ne se déplace plus qu'il ne soit précédé de douze licteurs. Il croit porter sur ses épaules le destin de Rome et me fait mieux comprendre que les apparences du pouvoir l'emportent sur la réalité du commandement quand elles flattent l'orgueil et la puérilité des hommes. Accordant à Odénath, qu'en d'autres temps les vieux empereurs eussent fait égorger, les insignes consulaires, Valérien pense avoir retrouvé et consolidé une alliance devenue nécessaire ; cette clémence porte en elle le déclin d'un militaire consciencieux parvenu aux grades élevés grâce à des vertus de second plan. Je n'ignore pas que nous appelons faiblesse ce que d'autres peuples nomment générosité ou mansuétude, mais les Romains se sont-ils jamais montrés généreux ou miséricordieux ?

Malika, Aïcha et Arkia, les trois compagnes de mon enfance dont il est convenu qu'elles sont mes amies, sont venues me voir. Toujours sottes et bavardes, elles demeurent, sans qu'elles s'en doutent, d'incomparables agents de renseignements lorsque je veux savoir ce que pensent les riches familles de Palmyre qui tirent leurs revenus du négoce et s'enorgueillissent de plusieurs statues élevées sous les portiques. La joie qu'elles ont éprouvée au retour de leurs officiers préférés s'accorde à celle de leurs maris : la présence de la légion ne fait pas seulement battre plus fort le cœur de mes trois amies qui ont du goût pour l'uniforme, elle protège leur sommeil, provoque leurs rêves imbéciles et remplit les coffres de Palmyre. Sur les pas des soldats, est arrivé un nouveau procurateur dont le premier geste fut de venir saluer Odénath et le cajoler avec d'autant plus de soin qu'il n'ignorait pas la brutalité avec laquelle en usait le roi Sapor quand celui-ci s'adressait au prince de Palmyre. S'inclinant devant moi, ce Brutus Vidalus a cru bon de m'assurer que l'empereur Valérien ne l'avait envoyé ici que pour nous aider à régler nos problèmes municipaux et seconder mon père dans sa mission de veiller à la sécurité de la ville, l'approvisionnement et la police des marchés. Odénath n'en attendait pas tant. Ses vœux se trouvent ainsi comblés : il a retrouvé du même coup la sécurité d'une gestion qu'il était incapable de contrôler, la possibilité de repartir courir les sables en se reposant sur une administration dont il apprécie l'efficacité sans se soucier de ses concussionnaires, et une déférence dont les simulacres le contentent. Tandis qu'il me témoignait des marques de respect auxquelles je n'attachais pas plus d'importance que lui-même, j'ai regardé Brutus Vidalus sans sourire en retrouvant mes yeux de petite fille qui savaient naguère tout deviner ; je l'ai vu tel qu'il est, un personnage gras aux jambes courtes et aux joues pâles dont les manières courtoises et le regard honnête cachent mal une dureté d'homme cupide et bien élevé. Odénath, une fois encore, sera pris dans les rets de la politique impériale, il en tirera honneurs et profits sans même rougir de poser sa signature au bas des décrets fiscaux que ne manquera pas de lui proposer le nouveau procurateur. Otage consentant du préfet de la légion, du représentant de l'empereur et du publicain, que pourra faire le prince de Palmyre, même décoré des insignes consulaires, sinon s'accommoder de leur présence et prélever sa part sur les taxes que César fait peser sur l'huile, la graisse, la viande, les peaux, le sel et les prostituées ? Attirés par les hautes payes et les prébendes, un certain goût de la parade, de l'organisation, et d'une autorité plus facile à contenter ici qu'à Rome, une nuée de percepteurs, contrôleurs, secrétaires, magistrats, édiles et syndics se sont déjà abattus sur Palmyre où des bras ouverts les ont accueillis. Prompts au désordre, nous aimons curieusement tout ce qui représente la force, qu'elle soit militaire ou civile.

Ce soir, parce qu'il est agoranome, mon père offre un banquet au préfet et aux six tribuns de la XVIe Flavia Firma pour fêter leur retour à Palmyre. En ce moment même, tous les membres de notre Sénat doivent entourer le nouveau consulaire et fraterniser avec ces mêmes chefs de cohorte qui n'avaient pu être présents le jour de mon mariage. Ils sont tous revenus avec leurs mines satisfaites de héros empanachés, la poitrine ornée de décorations nouvelles. Les légionnaires ont quartier libre. Dans la nuit chaude qui sent la graisse et la fumée des viandes grillées, j'entends les cris aigus des putains arabes, les clameurs des soldats ivres, le tam-tam des derboukas. On se bat chez les gargotiers, on se bouscule à la porte des bordels, nos marchands se disputent l'honneur d'ouvrir leurs maisons à des centurions glorieux qui tout à l'heure, sur les remparts ou dans la palmeraie, culbuteront les filles de leurs hôtes. La cité dont j'ai voulu être la princesse est redevenue une ville de garnison. Si c'est là son vrai visage, n'ai-je pas fait un marché de dupes en me jetant sur le lit d'Odénath comme Palmyre se roule cette nuit dans les bras des légionnaires ?

Je ne dois pas oublier que mon chemin sera toujours bordé de gouffres où seront tentés de me précipiter demain ceux qui étaient hier les plus empressés à me servir. Il convient d'agir avec une prudente dissimulation et de poser sur mes projets quelque masque de faiblesse ; personne ne doit soupçonner que la fille du marchand Amrou, devenue l'épouse du prince de Palmyre, rêve d'égaler la fortune des princesses syriennes [1] qui furent les mères de trois empereurs. Septime Sévère, quand il n'était encore que le préfet d'une légion campée à Antioche, Julia Domna n'était-elle pas visitée par les mêmes songes ? Sans elle, cet Africain aurait terminé sa carrière sous l'uniforme d'un général obscur occupé à construire des fortifications quelque part en Pannonie ; Julia Domna l'a encouragé à briguer l'Empire et à marcher sur Rome, l'aidant à déjouer les complots, armant le bras de son époux contre ceux qui avaient juré de l'assassiner sur les marches du Capitole. Ce que cette fille d'Antioche est parvenue à réaliser, pourquoi une fille de Palmyre ne le tenterait pas ? La maison des Sévères fut-elle jamais dirigée autrement que par des femmes ?

Les temps présents ne sont aujourd'hui pas moins favorables à de semblables desseins qu'ils ne l'étaient hier : entré à Antioche sans coup férir, le vieux Valérien s'imagine avoir remporté une victoire et rétabli l'ordre romain alors que les forces de Sapor demeurées intactes font peser sur toute la Syrie une menace permanente ; la Gaule se révolte, les Daces se sont soulevés à l'arrivée des Goths ; plus turbulents qu'ils ne furent jamais, les Numides s'agitent ; les Burgondes descendent vers le Rhin et les Marcomans vers le Danube ; l'Empire qui reposait autrefois sur le consentement des citoyens et le respect des lois ne dépend plus que de la seule force des légions. Le moment est arrivé où, fût-il gaulois, espagnol, illyrien, africain, syrien ou arabe, n'importe quel chef militaire sorti du rang peut prétendre à la pourpre de César s'il est décidé à risquer son commandement et sa vie.

Odénath ne peut ni entreprendre ni réussir une telle affaire

1. Julia Domna, mère de Caracalla ; Julia Saemias, mère d'Héliogabale ; Julia Mammaea, mère d'Alexandre Sévère.

parce que plus rusé que téméraire, plus vaniteux qu'ambitieux, il n'a jamais connu la discipline des camps et ignore les traditions militaires ; ce fils de grande tente n'a pas conquis ses grades dans l'armée romaine où son nom n'évoque guère qu'un de ces nombreux petits chefs, alliés à l'Empire, auxquels les soldats doivent le salut mais que les officiers méprisent. Né et ayant vécu en dehors des légions, Odénath ne pourrait entraîner aucun de ces centurions qui, dans les rencontres périlleuses, demeurent fidèles aux chefs qui ont favorisés leur carrière : l'or enfermé dans les coffres de Palmyre n'y suffirait pas. Si Philippe l'Arabe a pu réussir son entreprise et écarter les généraux qui s'étaient dressés contre lui avec une jalousie haineuse, c'est parce qu'il avait été nommé auparavant préfet du prétoire. Il me faut donc conforter Odénath et prendre au sérieux, encore plus qu'il ne le fait lui-même, les licteurs qui le précèdent ; consulaire, c'est peut-être un honneur dérisoire mais les faisceaux étonnent toujours les foules. Moi, Zénobie, je dois paraître plus romaine que ne le fut jamais la mère des Gracques, et apaiser mon courroux ; les patiences d'Ulysse sont plus profitables que les colères d'Achille.

La magistrature détenue naguère par Odénath était mince si je la compare à celle qu'il exerce aujourd'hui. Plus rapidement que je ne m'en serais jamais avisée, ses faiblesses et ses détours ont disparu sous l'uniforme du consul romain pour faire apparaître les vertus d'un chef qui s'intéresse soudain à la chose publique, donne des ordres, abandonne ses compagnons de chasse, n'entend plus confier au seul procurateur le gouvernement de Palmyre. Arabe, je le savais aussi prompt à la guerre qu'adroit aux affaires, maniant le sabre et le boulier d'un égal poignet ; sa métamorphose ne m'étonne pas moins. Ou bien ce fils de grande tente aura attendu, avec la patience de l'affût, l'occasion de montrer ses mérites, ou bien le prestige de Rome et la pourpre consulaire auront accompli ce prodige. Brutus Vidalus ne s'y est pas trompé lorsque, voulant soumettre à la signature du prince un décret frappant d'une nouvelle taxe le commerce des huiles, il s'est vu opposer un brusque refus par Odénath au nom du respect dû à la loi fiscale rédigée autrefois par Hadrien. Tel autre n'en aurait pas tenu compte et se serait amusé du spectacle d'un barbare inculte se faire le zélé protecteur des volontés du plus lettré des maîtres romains. Le cupide Vidalus s'est empressé d'annuler son décret, regrettant sans doute les profits personnels qu'il n'eût pas manqué d'en tirer mais témoignant d'une bonne connaissance de notre race : humbles sous les coups de l'adversité nous savons prendre de terribles revanches pour peu que le destin nous soit favorable.

La faveur de Valérien, je crains qu'Odénath n'ait pas compris qu'elle n'est qu'une feinte inventée pour mieux dissimuler la faiblesse d'un vieil empereur aux abois : plus fourbes, les hommes d'Occident savent mieux que nous mettre sur leurs mensonges les masques de la générosité et du pardon derrière lesquels se dissimulent leurs visages impitoyables. Devenu allié privilégié, le prince de Palmyre risque de se conduire comme un loyal soutien d'une politique détestable, non seulement parce qu'elle le couvre de titres dont la valeur se mesure au poids de l'or qu'ils lui rapportent, mais parce que lui-même pense être protégé de la vengeance perse par la présence de l'armée romaine d'Orient. Dans le moment qu'il devrait déployer la plus grande prudence et la plus grande inquiétude, il ne s'oppose à Vidalus que pour mieux se persuader que sa dignité consulaire le situe au-dessus du commandement exercé par le procurateur ; le soin de sa préséance l'emporte sur la défense des intérêts de Palmyre qu'il confond désormais avec la fortune de César. Moi, Zénobie, j'avais pesé les meilleures chances d'assurer sa tête sur ses épaules, mais l'expédient provisoire que je lui suggérai hier est devenu aujourd'hui un but à atteindre, la fin suprême de ses désirs. A partir du moment que l'empereur entouré de ses généraux lui est apparu dans l'éclat d'un cérémonial militaire, Odénath a oublié que les aigles, inclinées devant lui, avaient fui honteusement devant les Perses du roi Sapor. Quelle fascination Rome exerce-t-elle donc sur ceux qu'on aurait pu croire les plus fiers d'entre nous ? Cassius Longin ne se trompait pas quand il disait que le pas des légions retentit toujours avec un bruit immense dans le cœur des peuples soumis ; j'entends encore le cher Eulémos dire au naïf Cornélius, avec un sourire où le mépris valait la moquerie, qu'après avoir abandonné sur le champ de bataille leurs armes et leur courage, les vaincus aiment se mirer dans le bouclier des vainqueurs comme s'ils y trouvaient une justification de leur défaite. Ami de la victoire, quelle que soit la rive où le destin la fit naître, Odénath eût pu préférer Sapor à Valérien, leurs chances étant égales. Il n'a pas longtemps balancé. Lorsque son goût l'incline vers le désordre et la sédition, une force mystérieuse l'entraîne aussitôt vers la discipline, comme il arrive que nous recherchions chez les autres les dispositions naturelles qui nous font le plus défaut. Sans se soucier de savoir si le droit écrit des jurisconsultes correspond à nos coutumes, semblable à ces espèces animales dont on dit qu'elles prennent les couleurs des plantes auprès desquelles elles vivent, le prince de Palmyre légifère au nom du Sénat et du peuple romain ; il devient plus Septimius qu'Odénath parce que la présence de Rome, insidieuse ou brutale, tantôt invisible, tantôt orgueilleuse, est écrite partout, sur les routes et dans les camps, sur les monnaies et dans les temples, sur la hache des licteurs et dans les yeux des légionnaires, sur les portiques et dans les égouts. Nos retours demeurant aussi imprévisibles que nos loyautés sont temporaires, Valérien saura bientôt que permettre l'ascension d'un autre c'est se ruiner soi-même. Odénath, si le seul souci de sa vanité l'a opposé à Vidalus, il n'en a pas moins écarté le procurateur d'un pouvoir exercé jusqu'ici sans contrôle. Déjà, parce que des faisceaux le précèdent, il voit grandir son prestige auprès des marchands ; le populaire le redoute et l'admire davantage. Que les légions subissent demain d'autres revers, quelque part au-delà de l'Euphrate sur les chemins de leurs vieux désastres, il se tournera vers le camp du plus fort et lui apportera le poids des archers de Palmyre recrutés dans les tribus bédouines. Personne, ni Sapor, ni César, n'en voudra à Odénath d'avoir utilisé l'événement à son profit pour peu que son affaire soit réussie et bien racontée : connaissant l'histoire des royaumes et des républiques j'ai appris que les raisons d'un prince sont toujours légitimes.

La semaine dernière, une de nos lourdes caravanes a été enlevée sur la route d'Antioche par un parti perse surgi tout à coup du désert. C'était la première riposte de Sapor, le premier affront infligé au nouveau consul. Bien qu'on eût pris le soin de doubler sa protection, un autre chargement a été attaqué et pillé hier, comme si le Sassanide voulait démontrer à ceux de Palmyre qu'il pouvait interdire à tout convoi de sortir de la ville. Ces sortes d'incidents nous sont familiers ; sachant qu'il est préférable de les régler par des subsides que par les armes, nous avions veillé à que soit toujours huilé le système de norias établi entre la mer Erythrée et la grande Verte. Le fait nouveau, c'est que la route d'Antioche, jalonnée de bornes milliaires et surveillée par des patrouilles depuis qu'elle fut ouverte par l'empereur Hadrien, n'avait jamais été violée. L'affaire dépasse ici l'injure personnelle faite à Odénath : si la voie qui nous relie au monde extérieur n'est plus praticable, non seulement la ruine de Palmyre sera rapidement consommée mais une des mailles essentielles du réseau des communications impériales en Orient aura disparu.

Inquiet de ces nouveaux périls, Odénath a réuni les représentants des marchands, le procurateur et le légat de la XVIe Flavia Firma. Je dois sans doute à ma réserve la confiance qu'il vient de me témoigner en me priant d'assister à cette réunion, renouant ainsi avec nos plus vieilles traditions arabes qui veulent que les femmes soient honorées et consultées.

Une dizaine d'hommes entouraient Odénath. Je les connaissais tous, leur barbe avait un peu blanchi, leur ventre s'était arrondi avec leur prospérité, leurs doigts étaient demeurés agiles, leurs gestes rapides ; ils savaient toujours rire avec leurs seuls yeux en conservant le visage immobile qui convient à des notables, et leur verbe passionné s'éteignait soudain dans des silences à la fois prudents et cérémonieux. Ils n'avaient cependant aucune envie de rire ; visiblement ils avaient peur, l'inquiétude secouait leur bouche ; rien n'est plus drôle que la frayeur d'un vieil homme qui tremble pour son argent. Odénath ayant déclaré que Sapor devait disposer de troupes considérables pour pouvoir se permettre des entreprises si audacieuses dans les environs d'Antioche, les marchands se contentèrent de hocher la tête avec épouvante et de tourner leurs regards, en quête d'aumônes, vers le tribun qui proposa de faire élever par ses légionnaires une muraille de protection tout le long de l'Euphrate. J'ai dit que si les attaques dirigées contre nos caravanes prouvaient que le soi Sapor disposait de soldats nombreux et entraînés à ce genre d'affaires, elles prouvaient surtout que les légions n'étaient plus capables aujourd'hui d'assurer la protection de nos commerces, soit parce qu'elles étaient trop dispersées, soit parce que leurs hommes et leurs chefs étaient devenus incapables de déjouer les ruses de l'ennemi aussi bien que de contenir ses assauts. Puisqu'il en était ainsi, il ne restait plus à Palmyre que d'organiser sa propre armée et ne plus se contenter de rassembler quelques archers ; Rome ayant recruté de gré ou de force un grand nombre d'auxiliaires dans nos régions, il nous était aisé d'apprécier les immenses réserves que représentait la jeunesse des tribus sarracènes. J'ajoutai que nos escadrons plus rapides que les légionnaires, connaissant mieux le terrain, n'auraient besoin que de quelques dattes pour subsister sans s'embarrasser des impedimenta qui ralentissent toujours les mouvements d'une troupe en campagne. Impatient, le préfet de la XVIe Flavia m'interrompit et, s'adressant à Odénath sans daigner me regarder, dit que Palmyre devait lui faire confiance pour assurer la protection de ses caravanes : de nouvelles dispositions venaient d'être prises par son état-major. Il ajouta que les femmes connaissaient trop peu de choses sur ces sujets pour oser en parler. Un mince sourire glissa sur les lèvres d'Odénath et éclaira un instant ses yeux. Je compris qu'il m'approuvait mais qu'il convenait de ne pas développer mon idée devant le préfet. Je dois à la vérité que cette sorte de complicité établie entre nous deux ne me déplut pas. Gardant désormais le silence, je me contentai d'écouter et de penser tout bas que l'intelligence des armes n'est compliquée et difficile que pour les seuls militaires qui, semblables aux prêtres, prétendent que personne d'autres qu'eux-mêmes ne sauraient comprendre les mystères du métier dont ils vivent. Plus tard, le préfet m'a demandé sur un ton à la fois protecteur et perfide à qui serait confié le commandement de la future armée de Palmyre surgie des sables ? Je lui ai répondu qu'il fallait moins de temps pour faire un bon chef de guerre que pour promouvoir un médiocre général.

Waballaht a quatre ans. La bédouine qui l'a nourri fait partie désormais des choses de la maison ; elle pourra y demeurer jusqu'à sa mort si elle le désire et si M'Barka consent à ne pas lui chercher des querelles quotidiennes. Mon petit garçon tyrannise ces deux femmes, refuse de leur donner la main, s'échappe tout nu dans le jardin après leur avoir lancé des coups de pied, se précipite dans le bassin qu'alimente une fontaine ornée d'un jeune dieu aux boucles de bronze. Waballaht est le plus bavard, le plus fort, le plus batailleur de tous ; je ne puis me défendre d'un vif plaisir lorsque je le vois commander ses compagnons de jeu, les jeter à terre et les rosser. Le laissant le plus souvent aux mains de M'Barka et de sa nourrice, je ne m'occupe pas beaucoup de lui ; avec cette sûreté mystérieuse qui conduit les chevaux et les chiens vers leur seul maître, il se précipite vers moi dès que j'apparais et ne veut plus connaître les deux bédouines qui cependant lui passent tous ses caprices. Les enfants de notre peuple sont fins, rapides, tôt éveillés ; déjà rusés, ils l'emportent sur les petits Perses, Syriens ou Mésopotamiens qui courent dans les rues de Palmyre avec des jambes trop courtes. Le mien est beau, il me ressemble par la forme de son front, de son nez, de sa bouche. Quand il m'arrive de regarder l'image de la reine Cléopâtre gravée dans la coupe d'or que me donna mon père la veille de mon mariage, j'y retrouve mon visage et celui de Waballaht. Dû à l'habileté de quelque orfèvre alexandrin, cet objet précieux a passé sans doute de main en main, pillardes ou voleuses, avant de parvenir dans les miennes : les bijoux finissent tôt ou tard à la casse, à la fonte, dans le coffre des usuriers ou les comptoirs des marchands, après avoir paré les reines, les matrones et les putains. Bien que je croie peu aux prodiges, aux miracles, aux signes, cette coupe d'or exerce sur moi une sorte d'attrait inexplicable et je m'attarde à contempler l'image de la reine d'Egypte. Belle, savante, douée pour l'administration des affaires publiques, elle n'a jamais partagé la couche de deux empereurs romains que dans le seul but de poursuivre un grand dessein. Le fils qu'elle eut de César, je sais qu'Octave s'est empressé de le faire égorger afin de demeurer seul dans les avenues du pouvoir ; aucun livre ne nous dit ce que sont devenus les enfants de Marc Antoine emmenés à Rome après la mort de leur mère. Si je croyais aux fables qui enchantent la plupart des hommes, j'inclinerais à rêver que je suis une lointaine descendante de Cléopâtre et que sa vie et sa mort préfigurent mon propre destin. Mais ce que nous appelons le destin ne s'invente qu'après coup, ruse d'historiens habiles à prédire le passé.

Quelle mère n'a pas été tentée d'imaginer ce que deviendra un jour son enfant ? Pour moi, je ne sais si l'ambition ne le cède pas à l'inquiétude. Tirée soudain de mon sommeil, il m'arrive de me lever et de courir vers le lit de mon fils, comme s'il était menacé de quelque péril dont, seule, j'aurais été avertie. J'entre dans sa chambre et j'approche une lampe du voile léger autour duquel dansent les moustiques de la nuit. Souffle régulier, sourcils froncés, cheveux frisés sur un front de taurillon, mon fils dort. Penchée sur son lit si semblable à un minuscule navire glissant vers des rivages inconnus, je regarde Waballaht. Le temps passe. Tout est calme, mon cœur bat moins fort. La voix des gardes qui entourent le palais et se transmettent le mot de passe à intervalles réguliers est rassurante. Apaisée, je vais me retirer lorsque je m'avise soudain que je suis entrée dans la chambre de mon fils après avoir enjambé le corps d'un esclave endormi en travers de la porte. Il ronfle. La nourrice ronfle aussi. A quelle chiennerie se sont-ils livrés tous les deux ? Je les réveille en écrasant mon pied sur leur figure. Si j'ai pu parvenir si facilement auprès de Waballaht, un autre peut en faire autant, enlever mon fils, le tuer peut-être. Ces choses-là n'existent pas que dans les contes. Frappée de terreur, je reviens sur mes pas, j'emporte Waballaht dans mon lit. Le lendemain matin, Odénath rit de mes frayeurs mais il va fouetter aussitôt les coupables pour me faire admirer l'adresse et la vigueur avec lesquelles il fait cingler sa cravache. J'aime ce spectacle. Petite fille, j'aimais déjà regarder mon père quand il lui arrivait de frapper au visage, avec une lanière de cuir, quelque chamelier pris en faute ; ça n'est que plus tard que je commençai à l'observer avec l'intransigeance et l'injustice qui sont les boucliers de la jeunesse.

Odénath, je ne suis pas sûre qu'il se soucie de protéger Waballaht. Autant il regardait avec orgueil mon gros ventre qu'il avait fécondé, autant il considère aujourd'hui cet enfant comme une sorte de chiot venu grossir la meute des garçons et des filles d'esclaves, de serviteurs et autres clients qui encombrent le palais. Son vrai fils, c'est Hérodien, homme de rezzou et de plaisirs vulgaires dont l'ignorance, les brutalités et les vices sont comme des miroirs où il se voit revivre avec une complaisance sénile. Ce vieil homme, je ne l'aime pas, on n'aime pas un homme parce qu'il est le père de votre enfant, mais je ne le méprise pas, tandis que j'ai peur d'Hérodien. Quand Odénath m'a épousée, son fils a craint d'être un jour la victime de ma jeunesse. Pour l'apaiser, passé le temps des premières saccades, le prince de Palmyre a bientôt comblé Hérodien de présents et d'honneurs, le proclamant son héritier, lui faisant bâtir la somptueuse villa où il mène une vie de débauche au milieu des filles et des gitons. Odénath admet ces désordres ; il affecte de sourire lorsque mon père se permet de craintives allusions aux doléances des marchands qui se plaignent d'avoir été contraints de verser à Hérodien des commissions imprévues sur la vente des huiles, des dattes ou le commerce des putains. Si je commettais l'erreur d'évoquer moi-même un tel sujet devant mon époux, les liens qui unissent le père au fils s'en trouveraient aussitôt plus resserrés ; je serais la première victime de leur alliance. Hérodien n'ignore pas qu'il est à la fois méprisé et haï par certains. Le sachant, il peut craindre qu'à la mort de son père un parti risque de se former autour de Waballaht : dans nos pays d'Orient, où l'on admet si facilement que les princes accordent leur faveur aux concussionnaires, un justicier au poignard prompt finit toujours par surgir derrière quelque colonnade. Si fragile que soit encore mon enfant, il représente un danger assez grave pour que l'héritier actuel de Palmyre soit tenté de commettre le crime fratricide qui le libérerait ; c'est ce que lut ma vieille M'Barka dans les yeux d'Hérodien posés sur le berceau de Waballaht. Mon fils ayant subi le sort funeste de Césarion, qu'arriverait-il de Zénobie ? Le cadavre d'Odénath encore chaud, je serais renvoyée dans quelque tribu sarracène, au fond du désert, là où les femmes sont condamnées à se voiler le visage et à tirer l'eau des puits.

Il me faut gagner du temps et protéger mon fils. Dans deux ans, je le détacherai des femmes pour le confier à des pédagogues dont je surveillerai moi-même les méthodes et les exercices. Je dois trouver des maîtres sûrs et capables de savoir mesurer ce qu'il convient à un prince de Palmyre de connaître : le langage et l'écriture des peuples voisins, le métier des armes, le commerce, deux ou trois idées simples avec lesquelles on assume le commandement d'une armée ou d'une cité ; un militaire qui apprend la philosophie n'est ni un bon militaire ni un bon philosophe. Pour ce qui est de la ruse et du courage, Waballaht n'aura point besoin de maîtres, ces vertus étant naturelles aux Arabes. Mon fils devra m'admirer sans réserves, il faut qu'il attende tout de moi, qu'il me regarde toujours avec les yeux émerveillés qui illuminent son visage lorsqu'il me voit monter mon méhari de course et que je m'élance sur la piste. Hier, cédant à ses larmes, je l'ai juché sur Beïda, attaché derrière mon dos par une large bande de tissu, un chèche, qui nous enroulait l'un contre l'autre, et nous sommes partis tous les deux. Je ne le voyais pas mais je l'entendais rire, battre des mains, et je savais sa fierté. Nous avons traversé la ville en suivant la longue avenue bordée de colonnes où se pressait, déambulant sous les portiques, la foule affairée des chalands et des flâneurs venus là pour boire et vendre des rêves. On nous reconnut vite. Quelques jeunes gens coururent devant nous en criant : « Place pour Zénobie ! Place pour notre petit prince ! » Bientôt énervé, tant par ces cris que par les mouches qui lui emplissaient les yeux, Beïda donna des signes d'impatience ; je le mis au trot. Les garçons nous firent escorte jusqu'aux portes de la ville. Waballaht hurlait de joie et me demanda d'aller plus vite. Ayant franchi les murailles, je poussai ma bête qui s'élança vers les pâturages au-delà de la palmeraie. Surpris par l'allure rapide de Beïda, peut-être un peu inquiet, mon fils s'était tu. Moi je sentais, tout contre mes reins, son petit corps chaud et raidi par la peur. Je pressai davantage Beïda. Nous volâmes dans un nuage de sable gris et or. Si le temps ne m'est pas accordé d'en faire un homme, c'est moi, Zénobie, qui agirai en son nom.

L'armée romaine a été écrasée par l'armée perse et l'empereur Valérien fait prisonnier par le roi Sapor. Lorsque les premières rumeurs sont parvenues à Palmyre, personne ne voulut les entendre, tant nous sommes crédules aux fausses nouvelles et sceptiques devant la vérité. D'Antioche et de Chalcis arrivent des centaines de fuyards, hébétés, criant à la trahison selon la règle des vaincus qui se sont mieux servis de leurs jambes que de leurs bras.

L'affaire s'est passée aux environs d'Edesse, dans ces mêmes régions où la foudre s'est souvent abattue sur les aigles romaines. Valérien avait franchi l'Euphrate dans le but de dégager Antioche le plus loin possible et dans l'espoir de contraindre les garnisons perses à des batailles de destruction ; il voulait aussi raffermir le courage de ses soldats qui, sur les chantiers de pistes ou dans les postes isolés, se faisaient massacrer par d'insaisissables cavaliers. Cette guerre, la certitude de la victoire et le goût du butin l'emportant sur la prudence, on me rapporte que les troupes la désiraient comme si elles eussent été lasses d'être harcelées par des adversaires invisibles et rapides à tendre des pièges où les légionnaires s'empêtraient. Parce qu'ils étaient entrés à Antioche sans coup férir, Valérien et ses deux généraux, Ballista et Macrien, pensaient qu'ils avaient remporté une grande victoire et que les Perses ne seraient jamais capables de soutenir le choc des légions lancées au-delà de l'Euphrate. Autrefois, reculant sans cesse les bornes d'un empire immense, les Romains s'étaient imaginés qu'ils étaient les instruments des volontés divines : les dieux sont morts, les légions ont été anéanties, leur maître est aujourd'hui réduit à l'état d'esclave. L'histoire est pleine de ces armées au piétinement innombrable dont le bruit s'efface soudain dans le silence des batailles perdues. Bien qu'il fût passé maître à escamoter les défaites et à exalter le moindre succès avec l'artifice d'un militaire encore plus fanfaron que Jules César, mon vieux pédagogue n'était jamais parvenu à me faire croire que Rome avait été toujours victorieuse. J'avais même dressé une assez longue liste de fameuses déroutes, mais Cornélius y avait vu la preuve d'une fortune providentielle : il suffisait à Minerve de frapper le sol de sa lance pour en faire surgir de nouvelles légions.

Chaque jour m'apporte des précisions sur le désastre d'Edesse. Le sort si souvent imposé aux rois vaincus, Valérien le subit à son tour. Je sais déjà que pour monter à cheval, le roi Sapor s'en sert comme d'un escabeau. Aurais-je osé faire un tel songe ? A Palmyre, tout le monde est frappé de stupeur. Sans doute, notre confiance dans l'armée romaine était-elle ébranlée depuis plusieurs années, mais l'image d'un empereur chargé de chaînes apparaît pour chacun de nous comme une sorte de sacrilège auquel je ne demeure, moi-même, pas insensible. Dans leur trouble, des rois ont écrit à Sapor pour lui demander de rendre la liberté à Valérien, invoquant l'âge du prisonnier et sa qualité impériale. Aurions-nous perdu la raison ? C'est envers les soldats qu'il convient d'être cléments, non envers ceux qui ont exercé les hauts commandements : quand ils n'ont pas recherché la mort au milieu de leurs troupes, il est bon que les chefs vaincus soient durement traités.

Un messager d'Odénath vient de me faire connaître qu'il se hâte vers Palmyre. Plus habile qu'un fennec à éviter les pièges, mon vieux chasseur me surprendra encore ; il ne m'étonne plus. Pour mieux s'installer dans la société militaire romaine, fier de sa pourpre consulaire, il avait revendiqué le droit de combattre aux côtés de l'empereur qui lui avait confié le commandement des troupes auxiliaires et de deux ailes de cavalerie. Le messager m'a fait connaître que son maître ne se trouvait pas présent à Edesse le jour du désastre. Je connais assez Odénath pour savoir qu'il ne s'engage qu'à coup sûr ; flairant quelque traîtrise, il se sera éloigné du champ de bataille et aura pensé qu'il y a plus de sottise que d'honneur à vouloir mourir pour une cause perdue. J'ai appris aussi que, sur les huit légions qui composaient l'armée de Valérien, quatre seulement auraient été écrasées ; les autres seraient parvenues à se dégager, fuyant soit vers la Commagène soit vers la Syrie.

Bien des points demeurent obscurs dans cette affaire. Elle ne m'accable ni ne me réjouit. Je la prévoyais, je l'attendais, je craignais qu'elle ne se précipitât, nous laissant face à face avec un voisin trop puissant. Indisciplinées parce que mal commandées, les légions dressaient cependant un barrage derrière lequel Odénath entreprenait de lever sa propre armée. Déjà, nos premiers camps militaires s'élèvent autour de Palmyre ; nous avons recruté quelques dizaines de vieux centurions qui, après avoir traîné leurs sandales en Cornouailles, en Gaule ou en Pannonie s'étaient installés autour de la mer Intérieure, prêts à vendre leurs services à ceux qui voudraient les acheter. La déroute romaine arrive trop tôt. Si elle était survenue au temps où Cornélius m'abreuvait de victoires, la joie m'eût étouffée à la pensée que César devait plier le genou et courber l'échine devant ce Sapor qui, Perse ou Parthe, paraît plus proche de nous autres, Arabes, Syriens ou Juifs, que nous ne le sommes des Romains ou des Grecs. Aujourd'hui, devenue l'épouse du prince de Palmyre et la mère de son fils, il me faut mesurer les conséquences d'un événement trop rapide qui bouscule mon dessein. Sans que j'eusse besoin de les aider, les dés ont roulé trop vite. Waballaht n'est encore qu'un enfant, moi-même je ne suis point parvenue à me concilier les amis secrets dont j'aurai besoin un jour pour me protéger ; mon meilleur bouclier demeure encore mon vieux tueur de léopards aux gestes imprévisibles. Cassius Longin pourra-t-il m'aider à évaluer le nombre et la valeur des armées qui restent en présence de part et d'autre de l'Euphrate, négocier des alliances, connaître si la captivité honteuse de Valérien signifie la fin de la puissance romaine en Orient, faire comprendre à Sapor que la libre circulation de nos caravanes dériverait sur sa capitale d'inépuisables sources de profit, peser qui, dans l'immédiat, doit être considéré comme l'ami provisoire : le Romain ou le Perse ?

Je connais les marchands de Palmyre. Pour peu qu'elles préservent leur dignité apparente et ne vident pas trop leurs coffres, je les sais prêts à toutes les servitudes. Ceux qui se sont vautrés le plus aux pieds des Romains ont déjà dépêché des émissaires à Sapor. Il y a toujours eu ici un parti romain et un parti perse, il y a surtout le parti du vainqueur, quel qu'il soit. Tout est à craindre si Odénath ne parvient pas à rejoindre Palmyre promptement. Dans nos pays, il n'est pas bon que les princes demeurent éloignés de leur palais : des couteaux y sont toujours aiguisés.

Ce manuscrit, je l'ai délaissé pendant plus d'une année. Caché par M'Barka, je le savais en sûreté ; personne n'aurait eu la curiosité de fouiller le coffre où ma nourrice range ses vieilles robes. Au cours de ces longs mois pendant lesquels tant d'événements se sont produits, j'ai cru souvent que tout était perdu. Odénath prenait plus de goût pour les affaires de l'Etat, voulait tout surveiller, mais il lui arrivait encore de confondre les ruses d'un chef de bande avec les combinaisons nécessaires à la direction des choses publiques. Peut-être m'en voulait-il de deviner et de redresser ses enfantins calculs ?

Lorsque les rumeurs de la défaite d'Edesse étaient parvenues à Palmyre, peu d'hommes y avaient accordé foi. L'arrivée des premiers fuyards les avait terrifiés, la nouvelle de la capture de Valérien tomba sur nous comme la foudre. Nous ne connaissions la guerre qu'à travers les récits des citoyens d'Antioche, Syriens ou Grecs venus périodiquement se réfugier dans notre ville lorsque l'orage s'abattait sur eux. Jusqu'alors, nous avions été épargnés ; le sable nous protégeait mieux que César et s'il arrivait que les légions connussent un sort malheureux, elles se repliaient toujours sur la Palestine. Pour la première fois, le flot des vaincus roulait vers Palmyre. Le petit peuple qui aime toujours se rassembler sur le passage des soldats pour les voir défiler en bon ordre derrière leurs porte-enseignes au son des trompettes, les regardait avec des yeux où la raillerie se mêlait à la tristesse, rougissant pour ces hommes qui avaient jeté leurs casques, leurs épées, leurs cuirasses, leurs boucliers, et s'apercevant tout à coup que les militaires sans armures ne sont plus que des sortes d'escargots sans coquilles. Ceux-ci n'en éprouvaient aucune honte, heureux d'avoir sauvé leur peau, erraient sous nos portiques, dévastaient les étals, envahissaient les auberges, provoquaient des rixes d'où ils ne sortaient pas souvent vainqueurs, tous les hommes de Palmyre portant un poignard rapide à la ceinture. Inquiets, les riches marchands avaient bientôt fermé leurs boutiques avec de lourdes chaînes ; mon père avait dû demander au procurateur de lui fournir une cohorte de la XVIe Flavia pour assurer l'ordre dans la ville. Vidalus s'était dérobé, prétextant que ses fonctions civiles lui interdisaient une telle démarche auprès des légionnaires demeurés à Palmyre, d'autant que leur commandant avait consigné ses troupes derrière les retranchements où des vivres étaient entassés pour soutenir éventuellement un long siège, et qu'il refusait d'ouvrir les portes du camp aux fuyards. Mon père redoutait plus encore l'apparition soudaine de guerriers sarracènes, ces coureurs de sable qui n'hésitaient pas à attaquer nos caravanes sur le chemin de Vologésiade. Reconnaissables à leur souple démarche, leur nez de faucon, leur visage triangulaire dont je ne sais si la cruauté ne me ravit pas davantage que la noblesse, on en voyait quelques-uns rôder dans les souks, les yeux fureteurs, comme s'ils étaient venus repérer les maisons bonnes à piller. Des terrasses du palais, j'apercevais des tentes bédouines étalées au-delà de nos remparts, semblables à de grands oiseaux noirs déployant leurs ailes pour s'envoler vers les horizons fertiles. La nuit, j'écoutais gronder les derboukas dont le tam-tam rythmait l'impatience des Sarracènes ; je m'attardais à regarder s'allumer leurs feux qui dessinaient un large cercle autour de Palmyre. J'étais fascinée par ce bruit et par ces flammes. J'avais peur. Je ne quittais plus guère Waballaht. La demi-centurie qui gardait notre maison depuis qu'Odénath était devenu un personnage consulaire, je savais que si nous étions attaqués elle détalerait aussitôt pour chercher refuge derrière les fortifications de la XVIe Flavia. Ces soldats ne se trouvaient pas ici pour protéger notre vie et risquer la leur, mais pour nous rendre les honneurs dérisoires auxquels ils ne croyaient pas eux-mêmes et pour mieux affirmer la présence romaine jusque dans nos jardins où Waballaht, m'échappant parfois, allait jouer dans les jambes du factionnaire appuyé sur sa lance, immobile telle une statue qui crachait de temps à autre dans l'eau de la fontaine.

Odénath ne m'avait plus fait parvenir de message. Que lui

était-il arrivé ? Craignant le pire, la pensée me vint d'aller me réfugier dans la tribu dont mon père est originaire et où paissent encore ses troupeaux. J'avais conservé le souvenir d'innombrables oncles et tantes, cousins et cousines, qui nous accueillaient à grands cris et nous jouaient la comédie familiale lorsque nous venions vérifier l'état de nos bêtes. Un grand nombre d'entre eux étaient venus assister aux cérémonies de mes noces, envahissant notre maison, parlant en maîtres à nos serviteurs, affectant de dénigrer ou de ne pas voir les objets précieux qu'ils admiraient en secret, à la fois jaloux et fiers de leur parent qui prenait pour gendre le prince de Palmyre. Ils n'étaient plus revenus, je ne les avais jamais revus. Sans doute, m'accordant volontiers une place parmi eux, ils eussent adopté mon fils qu'ils ne connaissaient pas ; j'aurais facilement accepté la rudesse de leur vie quotidienne ; mais les vieilles tantes, qui en cachette de mon père passaient de la teinture de henné sur les mains et les pieds de la petite Zoubida, étaient mortes depuis plusieurs années. Je n'étais plus tout à fait la fille d'Amrou, j'étais d'abord l'épouse d'Odénath. Aurais-je seulement reconnu mes cousins ? Petite fille, on m'avait empêchée de jouer avec eux. Le seul visage que je me rappelais avec précision c'était celui d'un jeune cavalier. Peut-être allais-je le revoir ? Avec lui et Waballaht nous pourrions faire de longues courses avec nos méharis ? C'était là une sorte de songe que je n'avais plus le droit de me permettre. Mes cousins savaient que l'armée romaine avait été décimée et que la capture de l'empereur Valérien plaçait mon père aussi bien qu'Odénath dans une condition périlleuse. Chez eux, je risquais d'être reçue comme un proscrit qui vient demander asile à des parents hier dédaignés. Même pour assurer la vie de mon fils je ne pouvais risquer l'invisible soufflet que les familles ne manquent jamais d'associer à l'aumône d'une hospitalité qu'elles ne peuvent refuser à ceux des leurs qui connaissent des jours funestes. Je décidai de ne pas leur accorder cette revanche.

Un soir, j'ai été tentée de sortir du palais et d'aller me promener sous les portiques, telle Cléopâtre qui aimait à parcourir les rues d'Alexandrie sous un déguisement qui la rendait méconnaissable. Les riches avaient cadenassé leurs magasins et s'étaient enfermés dans leurs demeures, mais le peuple déambulait toujours à travers les souks, avide d'apprendre les nouvelles et de les répéter en les dramatisant. Il faisait plus chaud que de coutume. Le vent du sud brûlait la nuit. J'étais lasse d'avoir peur, d'être seule. J'avais envie qu'un homme me prît dans ses bras, n'importe qui, un nomade, même un soldat. Les intrigues patiemment nouées et dénouées, la politique, les grands desseins, l'exemple de Julia Domna, les choses publiques, tout cela me paraissait tout à coup inutile. Puisqu'on avait voulu me donner l'éducation d'une dame romaine, pourquoi n'irais-je pas moi aussi, comme tant de patriciennes, courir les maisons de passe pour y recevoir le plaisir brutal qu'Odénath m'avait à peine fait connaître ? Ayant jeté sur mes épaules un long manteau dont le capuchon recouvrait ma tête pour que personne ne me reconnût, j'allais sortir de ma chambre lorsque j'aperçus, dressée devant moi, la silhouette de ma vieille M'Barka. Elle tenait à la main une petite lampe dont la lueur éclairait un visage de pierre et des yeux terribles. Je levai la main pour la gifler. Elle ne se détourna pas. Je lus dans son regard, devenu soudain celui d'un chien qui veille sur son maître, qu'elle était résolue à ne pas me laisser passer. Stupide et bornée, M'Barka avait toujours deviné, même sans les comprendre, mes secrets. Ma main retomba. Quelques instants, nous restâmes face à face, puis elle me prit par l'épaule et me ramena lentement vers mon lit. Je demeurais muette. Elle me déshabilla sans dire un seul mot, avec des gestes familiers et doux, me coucha, prit ma tête dans ses mains, murmura enfin la chanson que je préfère à toutes les autres, celle du petit sommeil. Je fis semblant de m'endormir. Quand M'Barka fut partie, je me bouchai les oreilles pour ne pas entendre les derboukas qui m'appelaient sous les tentes noires, autour de Palmyre, au-delà des remparts.

Le lendemain, un courrier parvint au Sénat : s'exprimant avec les mots d'un général victorieux qui dicte ses ordres et veille à organiser lui-même les détails de son triomphe, Odénath faisait connaître qu'il arriverait dans trois jours et notifiait que la ville fût décorée pour saluer le retour de ses troupes. De la curie, la nouvelle submergea Palmyre avec la soudaineté des mascarets qui surgissent au creux des oueds après les orages. Quelques heures plus tard, les marchands déverrouillaient la porte de leurs magasins, les fuyards d'hier s'efforçaient de jouer les glorieux, les nomades campés au-delà des remparts repliaient leurs tentes. A l'inquiétude de la veille, succédait une joie exubérante dont personne ne se souciait de vérifier la cause. Nous avons le goût du prodige ; n'en étant moi-même pas toujours exempte, je me laissai entraîner par les félicitations de mes familiers. Je n'éprouvai pas d'étonnement lorsque mon père vint m'annoncer que son gendre avait remporté une grande victoire sur les Perses.

Odénath m'a confié le soir de son retour que l'affaire d'Edesse lui avait été cruelle parce qu'il n'avait pas trouvé l'occasion de participer au combat ; il n'en demeurait pas moins reconnaissant aux dieux de lui avoir épargné le sort de Valérien. A peine avait-il connu la nouvelle du désastre, Odénath avait compris, sinon mesuré, tout le parti à tirer de sa pourpre consulaire dès lors que Valérien se trouvait dans l'impossibilité d'assumer la charge de l'empire d'Orient. N'ignorant pas que le bruit de la défaite romaine parviendrait rapidement à Palmyre, plongerait ses habitants dans l'inquiétude, risquerait d'ébranler sa propre autorité, il avait fait connaître immédiatement son prochain retour et donné l'ordre à sa cavalerie de ratisser les environs afin de rameuter les soldats vaincus dont les bandes erraient sur les pistes qui mènent à l'Euphrate. Les moins lâches, ceux qui avaient conservé leurs armes, avaient rallié le camp du prince de Palmyre où ils étaient sûrs de trouver au moins nourriture et abri, quelle que fût leur répugnance à devoir obéir à un chef arabe. Sachant qu'il entreprenait une partie décisive, Odénath les avait accueillis sans compassion, mais sans raillerie, et soumis aussitôt aux règles de la dure discipline qu'il imposait à ses troupes comme un vrai général romain. Un préfet de cohorte ayant refusé avec éclat de lui témoigner les marques de respect dues à sa dignité consulaire, il l'avait exécuté de sa propre main. C'était jouer quitte ou double ; c'était savoir aussi que la mort demeure le seul châtiment qui vous préserve de la rancune ou de la vengeance de celui contre lequel on en a décidé. Les autres, simples légionnaires ou officiers, avaient applaudi Odénath quand il leur avait fait connaître que leur solde serait assurée par son trésor personnel et que, loin de les conduire sur les lieux du combat déserté, il avait décidé de les ramener à Palmyre.

Un héros, c'est d'abord un homme en uniforme, porteur d'une épée, d'un javelot, d'un arc ou d'un bouclier, qui bombe la poitrine et frappe le sol d'un pas cadencé. Pressée sur toute la longueur de la grande Colonnade ou entassée sur les terrasses, confondant dans une même ardeur ceux qui ne s'étaient pas battus et ceux qui avaient témoigné d'un courage malheureux, la foule acclama les soldats d'Odénath comme s'ils eussent été victorieux. Eux-mêmes, défilant en bon ordre, fiers des cris qui saluaient leur retour, parvinrent au terme de leur parade avec la certitude qu'ils étaient de valeureux guerriers. Sous sa cuirasse étincelante, le prince de Palmyre avait belle prestance et recueillait sur son passage les clameurs de la multitude en dédaignant de laisser paraître la satisfaction qu'il en éprouvait. Il se contenta de lever la main droite, à la manière romaine, pour répondre aux applaudissements des sénateurs groupés devant la curie ; il adressa un sourire à Waballaht en poursuivant son chemin vers le grand temple de Baal où l'attendaient, pieds nus, vêtus de robes blanches et coiffés de la haute tiare surmontée d'un disque solaire, les prêtres de notre divinité suprême. Odénath a-t-il jamais attaché sa fortune à l'adoration du Soleil, se contente-t-il de craindre les djinns, fut-il initié au culte dégoûtant de Mithra ? Faute de pouvoir reconnaître les religions qui leur sont le plus propices, les gens de Palmyre fréquentent plusieurs sanctuaires à la fois, syriens, grecs, perses, arabes ou juifs ; ils ne se défient guère que des chrétiens venus d'Antioche dont le fanatisme désavoue trop souvent le message de fraternité dont ils prétendent être les zélateurs. Les dieux protégeant toujours les soldats, vainqueurs ou vaincus, un général ne doit jamais manquer de leur rendre grâces. Odénath opéra les fumigations rituelles avec gravité, répandit sur l'autel le vin sacré que lui tendait le grand prêtre dans une coupe d'or, et aida le sacrificateur quand fut venu le moment d'égorger les bêtes. Comment n'aurais-je pas secrètement admiré mon vieux chasseur ? Il avait réussi à garder intactes les troupes qui lui avaient été confiées, à récupérer les débris des légions massacrées et à ramener une véritable petite armée dans Palmyre dont les habitants l'acclamaient tel un héros, tandis que l'empereur qui l'avait fait consul traînait des chaînes honteuses sur les routes de la Perside et que les deux généraux, Ballista et Macrien, dont on ne savait ce qu'ils étaient devenus se repliaient sans doute vers la Commagène avec leurs cohortes menacées par les terribles cavaliers du roi Sapor.

Odénath trouverait-il jamais une occasion plus favorable pour rompre enfin les liens qui nous attachent à Rome et se proclamer roi de Palmyre ? Le soir de son retour triomphal, quand nous fûmes seuls, nous montâmes tous les deux sur la plus haute terrasse de notre maison d'où l'on découvrait toute la ville anéantie dans le sommeil. Les feux des nomades avaient disparu. Chargé de sable, le vent du désert inclinait les larges feuilles de nos palmiers avec un froissement d'épées. Odénath attarda son regard sur la grande Colonnade qui traverse la cité, les sanctuaires, l'arc monumental sous lequel il était passé le même matin, les tours funéraires et les remparts, les palais de marbre. Hochant la tête, il contempla sa ville comme il l'aurait fait d'un troupeau dont il fût à la fois le maître et le berger. La question qui me brûlait la bouche, je n'eus pas besoin de la poser car il me dit simplement : « Sois patiente, Zénobie. Il n'est pas encore temps. Un jour viendra où nous ne verrons plus ceux-là dont nous avons besoin. » De son doigt, il désigna les légionnaires de garde qui passaient dans les allées du jardin, la lance sur l'épaule.

Ce même soir, Odénath me conta les récits que les fuyards d'Edesse lui avaient rapportés. « Les quatre légions que commandait personnellement Valérien étant arrivées les premières sur le terrain où toute l'armée devait se regrouper, à peine avaient-elles déchargé leurs bagages que des escadrons perses bardés de fer les avaient attaquées, s'enfonçant comme des machines de guerre dans les centuries qu'elles disloquaient les unes après les autres. Les légionnaires, qui ne s'étaient jamais heurtés à de si étranges cavaliers dont les montures étaient elles-mêmes lourdement cuirassées, n'avaient pu soutenir le choc de ces balistes vivantes : les plus nombreux étaient tombés, les autres, saisis de terreur, jetant le plus souvent leurs armes et abandonnant leurs aigles, avaient cherché le salut dans la fuite. Qu'Odénath se portât en avant pour combattre les Perses occupés sans doute à détrousser les cadavres romains, eût été déraisonnable. Exerçant pour la première fois un véritable commandement militaire relevant directement de l'empereur, aurait-il été obéi s'il avait donné l'ordre à ses troupes, inférieures en nombre et dotées d'un armement léger, de se jeter sur les escadrons ennemis qui les eussent à leur tour massacrées ? Au contraire, s'il redonnait confiance aux fuyards en les amalgamant à ses propres soldats et en leur promettant une haute paye, il s'assurerait ainsi de leur fidélité, au moins jusqu'à Palmyre qui devait être protégée des convoitises sarracènes ; sans doute parviendrait-il à en faire, plus tard, les vétérans de l'armée palmyréenne qu'il entendait diriger. »

Telles furent ce soir-là les confidences d'Odénath. N'ignorant pas qu'il convient de laisser aux hommes la certitude d'avoir trouvé eux-mêmes les idées que nous leur soufflons, sachant mieux que personne la part prise par moi, Zénobie, dans la décision de lever des troupes régulières, je n'ai pas refusé d'admettre qu'une réflexion profonde, de celles qu'on nomme politiques, avait conduit le prince de Palmyre à agir comme il le disait. Je savais qu'à ceux qui en portent les insignes, les hauts grades donnent le goût du cérémonial militaire et l'âpre volonté de se hisser aux sommets de la hiérarchie. Depuis qu'il avait entendu des trompettes sonner sur son passage, vu des centurions et des tribuns de cohorte le saluer de l'épée, Odénath ne voulait plus se contenter d'être le chef des archers de Palmyre. Il lui fallait le commandement d'une armée.

Puisque les Romains avaient été décimés et leur chef capturé tandis que nos soldats demeuraient saufs, le peuple décréta que son prince était un meilleur général que Valérien. Bien qu'il sût à quoi s'en tenir sur les circonstances du désastre d'Edesse et sur les dispositions prises aussitôt par lui-même pour renverser à son profit un événement si funeste, Odénath n'était pas loin de partager la crédulité publique. Peut-être, éprouvait-il quelque satisfaction secrète à se laisser prendre au piège d'une duperie dont il était le propre organisateur. Si ambiguës fussent les situations dans lesquelles il se trouvait placé, il ne doutait jamais que, le moment des graves difficultés venu, il saurait s'orienter à travers les embarras aussi sûrement que les chameliers guident les caravanes dans le désert. Pourquoi lui aurais-je rappelé ses propres confidences en le reconduisant dans les chemins trop étroits de la vérité comme on ramène un cheval emballé dans l'ombre de son écurie ? Pour atteindre le but de mes desseins, il était nécessaire que ce fils de grande tente devînt à ses propres yeux un personnage plus grand qu'il n'était dans la réalité. Tout était bien ainsi, à condition que moi, Zénobie, je n'oublie jamais qu'il est aussi utile de mentir aux autres qu'il est dangereux de mentir à soi-même.

Tant que les Perses seraient occupés à poursuivre les légions de Ballista et de Macrien, Palmyre connaîtrait une paix relative ; si ceux-ci étaient anéantis à leur tour ou refoulés jusqu'en Bithynie, nous aurions tout à craindre des entreprises de Sapor qui ne faisait pas mystère de vouloir reconstituer l'empire des grands rois dont il se prétend l'héritier. Il m'a bien fallu reconnaître que nous aurions encore besoin de la présence romaine, d'autant qu'il s'agissait moins de la subir que de nous en servir. Ma haine n'en demeurait pas moins vive, ma détermination pas moins résolue, mais j'étais devenue, avec les années, moins intraitable. J'avais appris les nécessités de la patience, cette fausse vertu des lâches qui, trop longue, détruit la volonté et conduit à la résignation.

En lui témoignant une admiration calculée, je parvins à obtenir la confiance d'Odénath. Il s'arrachait plus volontiers à ses ombrageux silences pour me confier ses inquiétudes ou ses projets sans se départir pour autant de la gravité qui convenait à sa dignité. Grand chasseur, je le savais capable de tenir l'affût sans faiblesse et de lancer son javelot d'une main sûre ; les devoirs qui l'attendaient sur les chemins où il paraissait vouloir enfin s'engager exigeraient des vertus moins élémentaires. Le moment me sembla favorable pour m'associer à ses travaux non plus dans le secret du lit mais aux yeux de tous : le peuple me manifestait des marques d'amitié, les membres du Sénat n'étaient pas jaloux de ma connaissance des choses publiques ; gens plus bavards que courageux, les philosophes d'Antioche venus à Palmyre pour y chercher la sécurité me demandaient souvent de présider à leurs disputes. Sans doute, ni ma jeunesse ni mon expérience ne me désignaient pour prendre une part personnelle à la direction des affaires, mais Odénath et les sénateurs ne se prévalaient guère que de leur âge et de leur or, comme si le nombre de leurs années et le poids de leurs lingots eussent été nécessaires à la bonne administration de l'Etat. J'ai compris depuis longtemps que les vieux fous sont plus nombreux que les vieux sages : ce que nous nommons expérience n'est que le résidu des lâchetés et des intrigues accumulées au cours d'une vie d'homme.

Le commandement, c'est d'abord l'argent. Il convenait de verser la haute paye promise à tous les soldats ramenés à Palmyre, et de distribuer de généreux cadeaux à leurs officiers sans obérer pour autant le trésor d'Odénath. Bien que je n'en connusse pas l'importance, je soupçonnais ce trésor considérable, encore que peu comparable à celui de ces généraux romains qui, au retour de quelque campagne en Orient, pouvaient se permettre d'acheter une armée pour s'emparer du pouvoir. Jusqu'alors, le montant des droits perçus sur les caravanes avait suffi pour permettre au procurateur le paiement des légionnaires de la XVIe Flavia Firma ; la route du golfe Persique étant devenue aussi dangereuse que désertée par les marchands, les coffres publics n'étaient plus alimentés que par le produit des taxes intérieures frappant l'huile, la laine, le sel ou les passes des putains. Il fallait puiser l'argent à une autre source. Rassemblés à la curie, les sénateurs convinrent de la nécessité de payer les soldats d'Odénath ; ils se montrèrent plus réticents quand ils apprirent que ce soin leur incombait. Odénath dut leur promettre qu'une grande caravane partirait bientôt pour Antioche, escortée par la XVIe Flavia Firma à laquelle, lui, Septimius Odénath, consul romain, signifierait un ordre de marche. Que six mille hommes répartis en dix cohortes assurent la protection d'une caravane, que l'ordre en soit donné au préfet de légion par le prince de Palmyre, cela n'était jamais arrivé. J'ai vu les sénateurs se lever et applaudir leur maître tandis que celui-ci, précédé de ses douze licteurs, sortait de la curie avec le même air majestueux que j'avais observé naguère sur le visage du légat impérial venu visiter notre pays. Sans doute j'eusse préféré que mon époux se montrât un peu moins Septimius et un peu plus Odénath, mais il importait surtout qu'il se crût devenu supérieur à l'homme qu'il était hier et qu'il renonçât à ses ruses de vieux chef de bande.

L'argent des marchands de Palmyre valait celui de César. Munificent avec les préfets, les tribuns ou les centurions chargés de distribuer aux troupes placées sous leurs ordres les subsides consentis par les sénateurs, Odénath a vu sa faveur grandir à ce point qu'il fut pressé par ces mêmes officiers de proclamer son indépendance. Sans balancer, il tira son épée du fourreau, prenant les dieux à témoin qu'il se percerait le sein plutôt que de trahir la confiance de l'infortuné Valérien. Rapportée à mon vieux pédagogue Cornélius, la scène lui paraissait être une belle image de cette grandeur romaine à laquelle il avait cru toute sa vie pour l'avoir lue dans les livres. En fait, rengainant bientôt son épée, Odénath s'était contenté de déclarer qu'il entendait exercer son commandement au seul nom du jeune Gallien qui, depuis la captivité de son père, avait pris sur ses épaules le fardeau de l'Empire. Les plus résolus à entraîner le prince de Palmyre sur les chemins de la sédition furent aussi les premiers à louer sa modestie et sa fidélité. Moi, Zénobie, je connaissais à leur juste poids les vertus d'Odénath ; il ne me déplaisait pas qu'elles fussent glorifiées par ceux dont il se méfiait le plus. Au cours des dernières décennies, pour n'avoir pas su résister à la tentation de revêtir la pourpre impériale jetée sur leurs épaules par de bas centurions, huit généraux romains avaient été assassinés quelques mois plus tard par ceux-là mêmes qui, violant la foi jurée, les avaient portés aux honneurs suprêmes. Nous savions ces choses à Palmyre. Repoussant ceux qui lui offraient leurs bras, Odénath avait suivi la pente de ses plus grandes dispositions naturelles : sa prudence l'avait emporté sur sa vanité. J'en avais éprouvé autant de contentement que de déception, ainsi qu'il arrive aux femmes dont le goût pour la témérité est toujours contenu par le besoin de sécurité qui leur est propre. Jugé loyal par les uns, habile par les autres, noble par tous, le geste d'Odénath n'en avait pas moins provoqué le ralliement de la XVIe Flavia Firma : son préfet ayant refusé jusqu'alors d'obéir au prince arabe s'était finalement incliné devant les faisceaux du consul.

Les préparatifs hâtés, une caravane partit pour Antioche. Moins lourde que celle qui avait été enlevée par les hommes de Sapor, elle emportait des marchandises rares dont le produit balancerait le montant des largesses consenties aux soldats : les perles du golfe Persique et la soie de Chine n'ont pas fini d'orner les robes des patriciennes, les aromates se vendent au poids de l'or sur les marchés romains, les dieux ont toujours besoin d'encens. Par mesure de précaution, la caravane emprunterait la route d'Emèse et, de là, remonterait le cours de l'Oronte jusqu'à Antioche en passant par Aréthuse, Larissa, Apamée où elle pourrait s'abriter derrière des remparts fortifiés. C'était prendre le chemin le plus long, mais le préfet de la XVIe Légion avait jugé plus prudent de ne pas s'aventurer dans le désert syrien, encore qu'il eût pris soin d'envoyer deux escadrons de méharistes patrouiller le long de l'Euphrate pour surveiller les mouvements d'un ennemi qui pouvait surgir aux environs d'Alep quand on le croyait occupé en Commagène. De telles dispositions n'avaient pas été prises pour la seule protection des richesses transportées, elles devaient permettre à un sénateur désigné par Odénath de parvenir plus sûrement à Antioche d'où il s'embarquerait pour Rome, porteur d'un message destiné au nouveau César.

Depuis que Valérien avait perdu la liberté et traînait sa vieillesse enchaînée derrière le cheval du roi Sapor, son fils Gallien tentait d'imposer son autorité sur l'étendue de l'Empire où des incendies s'allumaient ici et là. Des bruits confus nous parvenaient : les Goths imposaient leur loi sur le Danube, les Francs s'installaient au-delà du Rhin, la Gaule narbonnaise s'était soulevée, tandis qu'en Maurétanie les légions étaient contraintes à se replier sur les côtes. D'obscurs narrateurs prétendaient savoir que Gallien, englouti dans la débauche, se souciait peu de préserver l'unité de l'Empire, d'autres conteurs affirmaient avec la même certitude que le jeune César témoignait d'un beau courage devant les plus grands périls jamais connus à Rome. Ces nouvelles, il convenait de les accueillir avec prudence ; la moindre fausse manœuvre risquait de précipiter notre ruine. Dans d'autres circonstances, j'aurais été tentée de presser Odénath de proclamer son indépendance mais depuis qu'il avait déclaré, sur le front des troupes, devoir se vouer aux dieux infernaux plutôt que de trahir l'empereur, il était devenu à la fois captif de son personnage et de ses soldats : s'il eut manifesté quelque volonté de sécession, le poignard d'un centurion eût mis promptement fin à ses jours. Afin de préserver ce que nous appelons l'avenir, il m'a fallu rédiger moi-même un message destiné à ce Gallien pour lui exprimer la loyauté de Palmyre et l'assurer que les provinces de la partie orientale ne connaîtraient pas de plus sûr soutien que Septimius Odénath devenu consulaire sans doute en récompense de ses mérites, plus encore par la faveur d'un empereur infortuné et divin.

Ecrivant ces mots, ma main tremblait de fureur ; je parvins au terme de cette lettre en songeant aux arbres courbés par l'orage qui se redressent avec une violence soudaine et demeurent debout, le vent qui les avait inclinés fuyant vers l'horizon. Un jour viendrait où, moi aussi, je relèverais la tête, seule peut-être au milieu de tous, mais la maintenant droite pour mieux regarder les légions romaines s'écrouler dans les sables. Il fut convenu que Wörod, porteur de ce message, ne se contenterait pas de protester de notre fidélité envers l'empereur, il achèterait à bon prix des oreilles et des yeux là où il convient qu'un ambassadeur entende et regarde tout ce qui peut être utile à son maître. Sachant que les sénateurs et les chefs militaires romains étaient tous à vendre, comme au temps de Jules César et de Crassus dont ils n'avaient hérité que la cupidité, Wörod saurait se faire comprendre : le langage de l'or n'a pas besoin d'interprète. Les récits qu'on dit historiques, je m'étais appliquée à les débarrasser de leurs ornements et de leurs contradictions mais je n'ignorais pas que les Romains ne sont jamais aussi redoutables que lorsqu'ils ont connu une défaite. D'abord subie comme un signe de notre faiblesse, la mission confiée à Wörod m'apparut moins honteuse ; puisque Palmyre avait décidé de jouer Gallien contre Sapor, il importait pour nous d'obtenir l'assurance que l'autorité du jeune empereur n'était pas contestée à Rome.

Sans traverses, notre caravane parvint à Antioche où tout son chargement fut vendu ; Wörod s'embarqua sur un navire qui reliait régulièrement Séleucie à Ostie ; la XVIe Flavia Firma revint tenir garnison sous nos remparts. Nos coffres s'étaient remplis d'or une fois de plus, mais nos marchands n'en demeuraient pas moins inquiets car, du même coup, les fondouks s'étaient vidés de leurs plus précieuses réserves. Pour rétablir le mouvement de la noria, il faudrait relancer plusieurs grandes caravanes sur le chemin du golfe, là-bas, vers Vologésiade et Charax où devaient s'entasser les porcelaines, les soieries, les pierres précieuses, le poivre et les noix muscades. Si souvent entendus dans la maison de mon père, au temps de ma jeunesse, et que je savais par cœur, les mêmes discours chuchotés, les mêmes paroles véhémentes, je les entendais maintenant dans la maison de mon époux. Selon son habitude, Odénath demeura muet pendant plusieurs jours ; je savais qu'il n'était point insensible aux arguments des marchands arabes lorsque ceux-ci pensaient tout haut que, l'amitié des Perses étant aussi nécessaire à Palmyre que celle des Romains, il convenait d'envoyer également une ambassade auprès du roi Sapor. Mieux que personne, il savait qu'on ne joue pas une partie avec un seul dé ; il craignait aussi de perdre sa chaise curule, ses licteurs, peut-être sa vie. Je l'observai. Il ressemblait à un fennec qui, ayant découvert un morceau de charogne, tourne autour avec méfiance, flaire un piège, s'avance pour s'en saisir, recule et s'immobilise dans un sournois silence. Aux yeux interrogateurs qu'il finissait par poser sur moi comme s'il eût mendié l'aumône d'un conseil sans vouloir en convenir, je répondais par un regard vide. Je voulais qu'il prît lui-même la décision dont je me refusais à partager une responsabilité qui pourrait peser quelque jour sur moi, Zénobie. Je me demandais si Odénath, maintenant qu'il avait reçu la dignité consulaire, pris le commandement de l'armée, parlé au nom de l'empereur, oserait dépêcher une ambassade au roi Sapor dans le moment même que Wörod apportait à l'empereur Gallien le témoignage de sa loyauté.

Les débats intérieurs des princes durent assez longtemps pour leur permettre de trouver un chemin imprévu par lequel leurs scrupules s'évadent. D'autres nouvelles parvinrent à Palmyre : les unes disaient que les légions des généraux Macrien et Ballista avaient réussi à atteindre Samosate où, s'y étant enfermées, elles tenaient en échec le gros de l'armée perse ; les autres affirmaient que plusieurs gouverneurs de province s'étaient révoltés contre Gallien ; d'autres encore assuraient que Sapor en personne redescendait vers l'Euphrate avec une partie de ses troupes dans l'évidente intention de réoccuper Antioche. Les fennecs finissant toujours par bondir sur la charogne, Odénath ne résista pas davantage à la tentation. Il réunit ses plus intimes conseillers pour leur faire connaître que de tels événements lui paraissaient trop graves pour que le sort de la patrie demeurât lié à la seule fortune romaine : il avait décidé que Palmyre enverrait une ambassade à la rencontre du roi des Perses. Retournant à ses démons familiers, il se réinstallait dans la duplicité avec la même aisance qu'il avait revêtu la toge brodée d'un large bandeau de pourpre qui lui commandait de défendre César et l'Empire. Je me consolai en pensant que seul un prince capable d'oublier ses serments et d'orienter son esprit selon les vents de la fortune dispose des vertus nécessaires à la conduite des affaires publiques.

Mon père fut désigné pour cette ambassade : Odénath ne marquait pas seulement sa confiance à un ami fidèle, il croyait aussi que le roi Sapor ne serait pas insensible au fait que le prince de Palmyre eût commis un si proche parent pour diriger une telle mission. Après avoir feint de craindre que son âge ne lui permît plus de parcourir le désert et d'engager une difficile négociation, mon père s'inclina. Son regard démentait son discours. Ainsi qu'il arrive à un centurion qui voit son camarade promu chef de manipule avant lui-même, le départ de Wörod pour Rome avait remué sa bile. Telle une plante desséchée qu'une pluie inespérée reverdit, sa brève humilité céda promptement à cette sorte de hardiesse qui fait flamber les yeux des vieux hommes en quête de profits : bientôt, il tint pour certain qu'un ambassadeur auprès du roi des rois l'emportait sur un simple porteur de message, ce dernier fût-il adressé à César. La veillée qui précéda son voyage, je la passai dans notre maison familiale, là où j'étais née, d'où j'étais partie le soir de mes noces, au son des flûtes et des derboukas, pour rejoindre le palais de mon époux. Bien qu'il fût plus jeune que son gendre, mon père avait moins bien résisté au ravage des années, mais sa fierté l'avait aidé à durcir son courage en attendant que la décision d'Odénath recolore son visage et redonne à sa voix le ton de commandement que prennent les vieux militaires condamnés à jouer toujours aux soldats. Sachant que le désert ne pardonne pas la moindre négligence, il avait surveillé lui-même les préparatifs du départ, désigné les archers qui l'accompagneraient, et choisi leurs montures. A le voir aller et venir, revêtu d'une tunique serrée à la taille par une ceinture où il avait passé une large épée et deux poignards, mes démons me soufflaient que j'assistais à un ridicule spectacle. Je les chassai aussitôt pour ne plus me rappeler que les souvenirs d'une petite fille qui avait adoré son père comme on fait d'un héros. On peut toujours chasser ses démons ; ceux-ci, ne vous lâchant jamais tout à fait, revenaient pour me dire que les seuls héros sont des êtres jeunes, beaux, victorieux, même frappés par la mort, non pas des vieillards courbés par soixante-dix ans d'obéissance aux lois écrites et que la course aux honneurs dégrade plus qu'elle ne les fortifie.

Cette ambassade ne m'en causait pas moins de tourments : je savais le soleil meurtrier, les nuits froides, le désert criblé de cailloux étincelants et durs, autant d'ennemis dont ne pourraient pas toujours protéger mon père ses plus fidèles compagnons, pas même ce Zabbaïe que je revoyais après tant d'années. Alerté pour commander l'escorte de méharistes, il était aussitôt arrivé à Palmyre avec quelques amis qui avaient coutume de se louer aux entrepreneurs de caravanes et, leurs services rendus, retournaient dans leur tribu où ils menaient la vie libre des nomades. Après plus de dix années, Zabbaïe demeurait semblable à l'image qu'il avait, sans le savoir, dessinée dans mes yeux d'enfant : un corps long et mince, un visage étroit encadré d'une fine barbe noire, des yeux immenses, des gestes précis et rapides, ourlés de lumière comme mes robes sont festonnées d'un galon d'or. J'avais devant moi la statue de la jeunesse, une statue qui bougeait, vivante, dont le marbre tiède devait être bon à caresser. Je me suis tout à coup aperçue que, depuis ma naissance, je n'avais jamais été entourée que de vieilles gens : mon père, M'Barka, Cornélius, Eulémos, Odénath, les sénateurs, les procurateurs, les préfets de légion. On m'avait empêchée de jouer avec mes cousins bédouins et interdit de fréquenter les écoles publiques ; j'avais grandi solitaire, repliée, dérobant les livres défendus, regardant par les fentes des portes, épiant les grandes personnes et prenant mon meilleur plaisir à les dépiauter de leurs fonctions, de leurs titres ou de leurs grades, pour les regarder vivre telles qu'elles étaient, nues sous leurs uniformes. Zabbaïe, c'était la jeunesse, non pas l'idée d'un bref moment de la vie mais une substance qu'on pouvait voir et toucher, souple et chaude, qui n'avait jamais eu de commencement et qui n'aurait jamais de fin. Cette révélation de l'éternité, je l'avais reçue une première fois devant les seins de la nourrice de mon fils, insolents et lisses. Je m'étais refusé d'imaginer qu'ils pourraient ressembler un jour aux innommables débris de M'Barka. Il ne me déplut pas d'associer ces deux images, celle de l'archer aux jambes longues et celle de la nourrice aux seins éclatants. Comme j'observais Zabbaïe occupé à fixer la charge d'un méhari, il se retourna, me regarda avec un léger sourire soutenu à la limite de l'outrage et ne baissa les yeux qu'en présence de mon père. Pensant soudain à Odénath, à tout ce qui m'avait manqué, je n'évoquai pas son visage demeuré beau malgré les années, je ne vis que son ventre, énorme, posé sur ses cuisses maigres de vieillard. Je l'ai haï de toutes mes forces.

Avant l'aube, leur départ devant demeurer secret, les archers quittèrent un à un la maison familiale pour se rassembler au-delà de la palmeraie, là où commence le désert. Mon père m'avait serrée contre sa poitrine avec une noblesse démesurée comme s'il eût entretenu un quotidien commerce avec les auteurs des tragédies grecques. Il avait peut-être eu le pressentiment qu'il ne devait plus me revoir. Moi, lorsque le dernier méhariste eut disparu, j'ai demandé à tous les dieux de Palmyre de protéger la vie de Zabbaïe.

Des deux ambassadeurs, Wörod revint le premier ; il était porteur d'un message timbré du sceau impérial. Non seulement Gallien confirmait le titre consulaire de Septimius Odénath, mais en récompense de la fidélité témoignée par sa famille depuis plusieurs générations il le reconnaissait pour allié du peuple romain et le mandatait pour lever une armée destinée à rétablir l'ordre en Mésopotamie où deux généraux factieux avaient refusé de reconnaître le nouveau César. Bien que les fonctions attribuées au prince de Palmyre n'y fussent pas précisées autrement, il n'en fallut pas davantage à Odénath pour croire qu'il tenait en main une délégation de l'empereur. C'était là une certitude rassurante pour un homme qui pensait que César seul pouvait se permettre d'accorder un tel privilège, comme d'autres s'imaginent que tout pouvoir ne saurait être octroyé que par un dieu. Avant de rendre public le succès obtenu par Wörod, la prudence eût commandé d'attendre le résultat de la mission confiée à mon père. La fierté d'avoir reçu un message personnel du jeune empereur l'emporta sur la précaution politique : rassemblés à la curie, les sénateurs, les officiers de haut grade, le procurateur et les secrétaires fiscaux connurent bientôt la nouvelle. Comme ils ne l'avaient jamais fait encore, ils acclamèrent Odénath, les uns heureux, les autres soulagés d'avoir renoué des liens crus perdus le jour où Valérien avait été enchaîné, à Edesse. Quelques marchands demandèrent même au prince, qui la leur accorda avec bienveillance, la faveur d'ajouter à leur nom celui de Septimius : ceux-là qui étaient riches, la possibilité d'acheter et de vendre ne leur suffisait plus ; ils voulaient ramper dans les dignités nobiliaires.

Une fois encore, il me fallait admettre que si la puissance romaine avait été ébranlée dans plusieurs provinces, elle demeurait solide dans cette partie de l'Orient où vivent des peuples dont la crédulité le dispute si souvent à la méfiance. En Syrie ou en Judée, en Cappadoce, en Galatie, en Arménie, on croyait encore dans l'immortalité de l'Empire ; malgré les désastres subis par les légions, il se trouvait toujours quelques Cornélius assez stupides ou assez bien payés pour chanter la Rome éternelle et la comparer à ces flambeaux qui s'allument davantage à mesure qu'on les incline. Homme peu naïf, grand voyageur, négociant dont les agents étaient installés dans les ports de la mer Intérieure, Wörod lui-même avait été fasciné par le spectacle de l'empereur Gallien entouré de sénateurs vêtus de blanc, se rendant au Capitole où étaient massés mille soldats cuirassés porteurs de lances d'or, d'étendards et d'enseignes. Sans doute, pendant son séjour romain, avait-il appris que les Alamans dévastaient les Gaules et fonçaient vers l'Italie, que la Dacie était perdue, que les Goths ravageaient la Grèce et la Macédoine, que les Germains poussaient leurs bandes jusqu'en Espagne, mais il n'avait pas été loin de penser que l'Empire se fortifiait de ses propres malheurs quand il avait su que César disposait de plusieurs armées réunissant quatre cent mille hommes commandés par des généraux illyriens connaissant le métier des armes mieux que les grands soldats de la légende. L'entrevue accordée par l'empereur, la majesté, le nombre et la richesse des temples, l'extraordinaire appareil des jeux du cirque et des naumachies, la magnificence des fêtes, les navires gorgés du blé d'Alexandrie arrivant à Ostie, les uniformes éclatants de la garde prétorienne : Wörod nous avait raconté ces prodiges avec cette complaisance que les ambassadeurs affectent pour gonfler l'importance de leur mission. Peut-être disait-il vrai ? Sa vérité n'en était pas moins fardée ; il connaissait assez le prince pour savoir que celui-ci eût accordé moins de crédit à un récit qui ne fût point heureux. Cependant, Odénath écoutait d'une oreille égale les bruits rapportés par les nombreux transfuges dont le nombre augmentait tous les jours tant à Antioche qu'à Palmyre : les débauches de Gallien, la défection des légats, les murmures du peuple, l'indiscipline des légionnaires, la sédition des troupes auxiliaires, la félonie de nombreux chefs militaires. Pendant l'absence de Wörod, qui avait duré plusieurs mois, les généraux Macrien et Ballista, ceux-là mêmes qui avaient échappé au désastre d'Edesse, ne voulaient-ils pas établir en Orient pour leur propre compte un Etat indépendant et marcher sur Rome, projet insensé dont la réussite ruinerait Palmyre ?

Quelle que nausée que j'éprouvasse à considérer Odénath devenu le plus ferme défenseur de l'ordre romain en Orient, je savourais les aspects imprévus de cette politique dont je connaissais les culbutes et les détours au milieu desquels il me fallait poursuivre mes desseins. Il en est du pouvoir comme de la liberté : ils ne s'acquièrent que par la faiblesse des autres. Le premier nous était accordé aujourd'hui parce que César se trouvait être trop occupé avec ses gitons, ses putains, ses généraux et ses batailles sur le Danube et le Rhin pour intervenir lui-même sur l'Oronte et l'Euphrate. Pourquoi aurais-je dédaigné une si bonne occasion à saisir ? Le pouvoir, lui non plus, n'a pas d'odeur. La liberté, nous l'arracherions de surcroît.

L'ambassade envoyée auprès du roi Sapor rentra à Palmyre quelques mois plus tard. Mon père était mort sur le chemin du retour, tué par le soleil et la fatigue du voyage autant que par l'échec de sa mission. Avant même qu'Odénath me fît connaître la nouvelle, j'avais entendu un long cri venant de l'atrium, j'avais vu ma nourrice se précipiter vers moi, hurlant comme une bête et se roulant à mes pieds. Le prince et Zabbaïe venaient d'entrer dans notre maison : M'Barka avait déjà compris. Odénath m'a dit sans ménagement les mots de circonstance qu'il convient à un gendre de jeter sur le cadavre de son beau-père ; je lui sus gré de ne pas vouloir manifester un chagrin qu'il n'éprouvait pas. Un autre sentiment l'agitait, le faisait suffoquer, noircissait son visage. Le sachant prompt à la violence pour des motifs puérils tandis qu'il réservait volontiers ses silences aux problèmes dont l'examen exige la dissimulation, j'ai tout de suite pensé que la seule mort de mon père n'expliquait pas la fureur qui l'étranglait. Je n'imaginais pas ce que j'ai connu en écoutant le récit de Zabbaïe.

Les méharistes de Palmyre commandés par Zabbaïe pour assurer la protection de l'ambassade étaient parvenus sans difficultés à Chalcis, puis aux rives de l'Euphrate, là où le fleuve s'incurve vers la partie nord. Dès lors, il avait fallu prendre les plus grandes précautions, n'avancer que sur la foi des renseignements transmis par des guides peu sûrs, craindre autant les guerriers nomades que les légionnaires déserteurs errant par bandes affamées. Un jour, enfin, rencontrant autour d'un puits un parti de cavaliers perses qui patrouillaient dans la région, nos éclaireurs avaient appris que le roi Sapor avait établi son camp, plus au sud, à huit jours de marche, sur les bords d'un affluent de l'Euphrate, à l'ombre d'une grande palmeraie. Dès son arrivée, mon père avait fait connaître que, chargé d'un message destiné au roi des rois, il était également porteur de cadeaux précieux. Un officier perse avait répondu qu'en attendant la décision royale, les gens de Palmyre devaient s'installer en dehors des limites du camp. Mon père s'était incliné : il savait que la puissance d'un grand chef se mesure au temps qu'il faut passer devant sa porte. Quelques jours plus tard, un autre officier avait signifié que l'ambassade serait reçue le lendemain matin, mais, le lendemain, le roi étant parti chasser, on avait attendu qu'il voulût bien fixer une nouvelle audience : Zabbaïe ne se rappelait plus le nombre de jours et de nuits qui avaient encore passé avant que Sapor daignât enfin recevoir l'ambassade du prince de Palmyre. Entouré de satrapes vêtus comme lui de longues tuniques brodées d'or, le roi des Perses se tenait à cheval au bord du fleuve. Accompagné de quelques archers, mon père était venu à pied, s'était prosterné et avait tendu le message d'Odénath tandis que ses compagnons étalaient sur le sol des coupes d'or, des colliers de perles, des bracelets, des épées dont la garde était incrustée de pierres précieuses. Sans même la lire, Sapor avait déchiré la lettre, en avait jeté les morceaux et dit qu'Odénath devait venir lui-même implorer son pardon, à genoux, enchaîné comme un esclave. Des soldats perses avaient alors ramassé les cadeaux étalés sur le sol pendant que d'autres se saisissaient de mon père. Quelques instants plus tard, l'ambassadeur de Palmyre et ses présents étaient jetés à l'eau. Suivi de ses officiers, Sapor était reparti au galop dans un grand éclat de rire tandis que Zabbaïe portait secours à mon père et le ramenait sur la berge au moment où il allait se noyer.

Parvenu à ce point de son récit, Zabbaïe s'arrêta de parler. La honte lui courbait les épaules. Parti mince et solide, il était revenu maigre et faible, les yeux brûlants, le visage osseux, l'arête du nez affûtée comme une lame. Son regard d'homme ne me fixait plus avec insolence, il se dérobait comme un petit garçon pris en faute. J'aurais voulu le prendre dans mes bras pour le consoler ; je l'ai regardé droit dans les yeux parce que moi, Zénobie, j'étais l'épouse du prince de Palmyre, et Zabbaïe un petit coureur de sable qui revenait les mains vides et le cœur humilié. Sur un signe d'Odénath, il raconta, avec des mots hésitants comme s'il eût buté sur eux, le voyage du retour. Ma propre pratique du désert était suffisante pour que j'imagine ce que mon père avait supporté, la fièvre, les maux de tête, les éblouissements, la soif, le ciel immobile et, plus que le soleil meurtrier, l'insulte dont la morsure ne devait pas le lâcher un instant. Je le voyais, mal assuré sur son méhari, durcissant son courage, s'agrippant avec maladresse au cou de la bête jusqu'au moment où il avait roulé sur le sol. Quelques jours avant d'arriver à Palmyre, il était mort. Zabbaïe ne voulant pas abandonner au désert un cadavre que, même enfoui profondément dans le sable, les chacals eussent fini par trouver, les archers l'avaient roulé dans une tente pour le ramener ici. C'était fini. M'Barka poussa un long gémissement. Odénath la chassa d'un coup de pied.

Je n'ai pas assisté aux cérémonies de la mise au tombeau, mais je suis restée près de mon père jusqu'au moment où on l'emporta pour l'ensevelir dans la tour fortifiée qu'il avait fait bâtir au sommet d'une colline qui surplombe la palmeraie. Seule avec lui, je voulais me rappeler les jours disparus, sa voix, son regard, ses gestes ; j'essayais de le rêver jeune et fort, dominateur, le verbe haut, et de retrouver le géant de ma petite enfance ; je n'avais devant moi qu'un long paquet de laine noire, encordé, d'où émergeait, découvert selon la coutume, le visage du sénateur Amrou. Ça n'était pas le visage de mon père mais un masque d'os et de peau taché de meurtrissures bleues. Eulémos, la mort avait eu juste le temps d'en faire une statue de pierre avant que le feu ne le réduisît en cendres ; elle avait fait de mon père une chose horrible. Certaine que le corps et l'âme ne doivent l'existence et la conservation qu'à leur union inséparable, mais que toute chose retourne à la terre et que la nature immortelle reforme sans cesse des corps nouveaux avec les mêmes éléments éternels, j'avais contemplé le cadavre d'Eulémos avec un triste sourire ; j'ai veillé celui de mon père avec moins de conviction et plus de tendresse, me surprenant à interroger les dieux pour leur demander : « Où est-il maintenant ? » Mes certitudes s'amenuisaient, devenaient doutes. Je butais sur les secrets de la matière et du destin.

Revenue s'accroupir près de moi, M'Barka pleurait doucement, posait sa main, comme une caresse, sur le visage dévasté de mon père. Pour elle, c'était toujours un homme, le maître, celui dont elle avait été longtemps l'esclave de lit, qu'elle avait admiré. Ses gestes et ses larmes n'imitaient pas la douleur. Lorsque les ouvriers de la mort sont arrivés avec leurs baquets, leurs liquides et leurs instruments, j'ai emmené M'Barka dans sa chambre et je l'ai étendue sur son lit. Ce soir-là, c'est moi qui lui ai chanté la chanson du petit sommeil. La mort me paraissant moins grave qu'un outrage, je n'ai pas pleuré ; je savais bien que mon père n'était pas un dieu. Il me faudrait cependant demander à Rome de m'aider à venger sa mémoire, lever une armée contre Sapor, persuader les marchands de Palmyre que l'écrasement des Perses demeurait le seul moyen de sauver leur commerce et leur cité. Mon apprentissage de la mort, il convenait que j'en tire profit. Mon père, le noir trépas l'avait saisi dans l'éclatante lumière du soleil ; l'Orient tout entier allait retentir du nom de Zénobie.

3.

Zabbaïe

Qu'un prince malheureux perde une bataille, il se trouve toujours quelques généraux pour tenter d'en tirer un profit personnel. Au lendemain de la défaite d'Edesse, empressés de jeter la pourpre impériale sur leurs épaules et celles de leurs fils, Ballista et Macrien avaient continué la guerre pour leur propre compte, remporté des combats, réussi à s'emparer de plusieurs cités en Mésopotamie et en Syrie. S'ils étaient parvenus à se maintenir à Antioche, les troupes romaines placées sous le commandement d'Odénath n'auraient pas balancé longtemps : elles se fussent ruées sous les aigles des factieux. Le sort en a décidé autrement : Odénath a massacré les rebelles. Sans doute, les jours de l'Empire s'en trouveront-ils prolongés. C'était le seul moyen de sauver Palmyre.

César, en récompense, nous a dépêché une délégation du Sénat avec la mission de conférer à Odénath le commandement suprême des armées romaines dispersées dans les provinces orientales. Mon époux est de ces hommes qui, ne dédaignant pas les honneurs, ne doutent jamais de les avoir mérités. Fier de ses talents, de son nouveau titre, il voit déjà son nom inscrit sur les fastes consulaires ; je ne suis pas sûre que l'éclat de la cuirasse dont il va se parer n'efface bientôt l'outrage que lui a infligé le roi des Perses. Pour autant que les choses humaines soient régies par une immuable nécessité ou qu'elles se déroulent au hasard, quel oracle aurait pu prédire un tel destin ? Moi, Zénobie, je sais qu'Odénath doit sa charge à la veulerie de César et à la félonie de deux généraux. Pour conduire mon vieux tueur de léopards dans la course aux honneurs, le déclin de Rome fut plus important que la volonté des dieux ou la marche des étoiles. Si j'ai mis ma main dans celle du prince de Palmyre, la liberté du choix n'a dépendu que de moi. Odénath me désirait, j'ai fait le reste.

S'il n'est pas étrange que cette coupe ait abouti dans le coffre d'un agoranome de Palmyre, il ne me déplairait pas que, des rives du Nil à celles de l'Euphrate, on dît que Zénobie est la dernière des Ptolémées. Fille de nomades aux racines peu profondes, j'ai besoin qu'une légende orne mon nom et justifie mes desseins : les peuples se laissent prendre facilement à ces sortes de fables, il suffit d'un peu d'or et de quelques mauvais poètes.

Les Romains ne donnent pas gratuitement : Gallien confiant à Odénath le commandement de ses armées, c'était déjà obliger celui-ci à déclarer la guerre à Sapor. Transfuges de Macrien et de Ballista, préfets, tribuns, chefs de manipules, centurions ont rejoint les fuyards d'Edesse. Les plus humbles avec une arrogance maladroite, les plus gradés avec assez de superbe pour dissimuler leur humiliation, ils arrivent de partout, non pour se rallier à leur empereur mais pour se vendre à un chef arabe dont ils savent qu'il est capable de payer leur solde ; l'or de Palmyre a tinté jusque dans la Cappadoce et la lointaine Arménie. Que valent leur courage et leur foi jurée ? Odénath a connu assez de trahisons, perfide lui-même, pour estimer à leur juste prix la valeur des serments. Je le devine mal à l'aise avec les officiers supérieurs dont les traditions ni les souvenirs ne lui sont familiers ; issus de la classe sénatoriale, couverts de présents et de décorations, ils sont parvenus sans mérite à des situations trop élevées pour risquer de les perdre dans une aventure. Si la fortune des armes nous sourit, tant que le trésor de Palmyre ne sera pas épuisé, ils multiplieront au nouveau chef imposé par César les signes extérieurs de l'obéissance et de la fidélité : on ne déserte ni l'or ni la victoire. Si le sort nous est contraire, ils nous abandonneront, plus tentés d'offrir leurs services à un autre prince que de mourir au combat. Le courage téméraire, Odénath devra le chercher chez les centurions sortis du rang, braves dans la guerre et dangereux dans la paix, avides d'honneurs, encore trop frustes pour être cupides, hommes nouveaux dont les plus audacieux brigueront peut-être l'Empire avec l'aide des trente mille légionnaires regroupés autour de Palmyre et d'Antioche. Multitude recrutée naguère en Espagne, en Numidie, en Gaule, en Rhétie, en Illyrie, en Dacie, en Thrace, en Bithynie, en Syrie, barbares dont la plupart ont grandi dans les camps, enfants de troupe nés au hasard des garnisons et sodomisés par les vieux sous-officiers, tels sont ceux que nous sommes contraints de lancer contre les Perses. Courbé sous le poids de son armure, le prince de Palmyre s'inquiète-t-il d'avoir à jouer un rôle trop lourd pour lui ? Même si la vanité le redresse, sa méfiance le fait encore hésiter à conduire des troupes dont il sait les faiblesses ; il redoute de commander des chefs militaires dont il soupçonne la médiocrité et connaît les parjures.

Parce qu'elle est nécessaire à la protection de leur négoce, il n'a pas été difficile de convaincre les membres de notre Sénat que la guerre était devenue inévitable : les banquiers et les entrepreneurs confondent volontiers l'intérêt de la chose publique et leurs propres intérêts lorsque ceux-ci sont menacés. Tout le monde y trouve déjà son compte ; les charpentiers, forgerons, dinandiers, marchands de toile, de cuir, d'orge et d'huile s'avisent que la guerre est une source de profits plus rapide que le commerce routinier. Habilement décorées du nom de contributions volontaires, les taxes imposées par Odénath n'ont pas été mal accueillies. Ce que les mains droites donnent au trésor de l'Etat, les mains gauches le repuisent aussitôt dans les marchés de fournitures à l'armée. Certains demeurent réticents à verser leur or : ce sont les plus ardents à offrir la vie de leurs fils pour le salut de la patrie. Palmyre veut des héros.

Personne n'ignorant que les seules légions romaines seraient incapables de porter une guerre victorieuse au-delà de l'Euphrate, chacun s'empresse de recruter dans sa tribu d'origine des bandes de bédouins aux yeux desquels nous faisons miroiter le trésor des Sassanides. Hier, dédaignant notre appel, les coureurs de sable ne nous eussent même pas répondu : ils préféraient demeurer libres, négocier le passage de nos caravanes ou se lancer sur celle qui se serait aventurée imprudemment dans le pays sarracène sans y avoir payé droit de passage. Aujourd'hui que la faim tord le ventre des nomades, le moment est venu pour Palmyre de lever sa propre armée. Déjà, des camps d'entraînement ont été installés au-delà des remparts, là où les bédouins qui m'ont fait si peur avaient dressé leurs tentes noires. Moi-même, je suis retournée dans notre tribu familiale, empruntant les pistes si souvent parcourues avec mon père. L'an dernier, après Edesse, je m'étais refusée à y demander une honteuse hospitalité ; depuis ces mauvais jours où j'avais craint le pire destin, le visage de la fortune s'est modifié : Odénath, devenu personnage consulaire, légat de l'empereur, général en chef de l'armée romaine d'Orient, n'est plus seulement prince de Palmyre. L'éclat de ses titres l'emporte sans doute sur la réalité de sa puissance, mais le plus grand nombre l'ignore ; je demeure la seule à connaître ses faiblesses et la précarité de sa fonction.

Mon voyage fut orné d'un grand appareil, encore qu'Odénath ne soit parvenu à me contraindre d'utiliser une de ces somptueuses litières qui transportent les reines, les patriciennes et les grandes putains à travers les pages de la littérature latine. Là où l'on avait connu Zoubida, où j'avais compris que les vanités de mon malheureux père provoquaient des sourires dont j'ignorais alors s'ils étaient moquerie, courroux, jalousie, j'entendais qu'on me vît arriver sur Beïda, mon méhari de course, escortée d'un peloton d'archers. Les honneurs qui conviennent à l'épouse d'Odénath, on me les rendit sans bassesse, non sans réserve. Mes vieilles tantes étant mortes depuis plusieurs années, personne n'osa se permettre les familiarités dont j'avais le plus besoin. Les femmes, avec des yeux larges ouverts, les hommes, avec des regards plus furtifs, les enfants, avec des rires plein la bouche, m'observèrent avec curiosité, battant un peu des mains ainsi que l'exige la politesse, impatients de voir comment je ferais baraquer ma bête. Beïda, bien dressé, m'obéissant à la moindre pression du pied, je sautai à terre avec la souplesse d'un méhariste entraîné. On applaudit plus fort. En tribu, tout le monde se trouve être plus ou moins cousin ; j'allai de l'un à l'autre, les appelant par leur nom lorsque je les reconnaissais, et prenant garde de ne m'exprimer qu'en araméen. Je les aimais certainement plus qu'ils ne m'aimaient ; j'aurais voulu qu'ils lisent sur mon visage la joie de me retrouver parmi eux ; il me fallait dissimuler pour demeurer plus sûre de moi pendant la partie qui allait être jouée autant par Zoubida que par Zénobie Septimia. Chez nous, la sincérité n'interdit jamais la vigilance.

Je balançais entre mon désir de partager pendant quelques jours la vie quotidienne des nomades et ma volonté de me conduire comme le rang d'une princesse de Palmyre l'exigeait. Odénath m'ayant fait présent de la tente ronde, doublée de soie vert et or, qui avait appartenu naguère au roi Sapor, je donnai finalement l'ordre de la dresser en dehors des limites de leur misérable campement. Dans ma décision, il entrait plus de souci politique que de dédain : agissant ainsi, ça n'est pas tant à mes bédouins qu'à moi-même que j'interdisais le plus de franchir des frontières qui devaient être respectées. Je n'en invitai pas moins toute la famille Amrou à partager mon premier repas en tribu ; notre intendant avait fait transporter des vivres assez abondants pour rassasier le nombre de cousins insoupçonnés qui se ruèrent sur les viandes, les fruits et le vin. On connaissait la raison de mon voyage mais on se garda, ce soir-là, d'en parler : les naissances, les mariages, l'état du troupeau, firent les frais de la conversation. Au désert, si l'oubli des morts n'est pas plus rapide qu'à Palmyre, il convient que les chagrins demeurent secrets : le nom de mon père ne fut évoqué que pour respecter les vieilles formules de la bienséance. A dire vrai, sa mort m'avait consternée sans me briser ; sans doute suis-je incapable d'être désespérée. Cependant, le souvenir de son cadavre m'avait obsédée pendant plusieurs décades au point de ne plus pouvoir me rappeler son visage vivant. La terrible image avait enfin disparu. Maintenant, je revois mon père aller et venir dans notre maison, monter à cheval, faire l'important dans sa toge de sénateur ou se prendre les jambes dans son épée d'apparat, me soulever de terre pour m'embrasser et enfouir mon nez dans sa barbe. J'entends sa voix, j'écoute son pas, j'efface ses gestes qui m'ont le plus irritée, je pense à lui avec une indulgence souriante, je me demande même si les sentiments orgueilleux qui me dévorent si souvent ne sont pas les reflets démesurés des sottes vanités dont je m'étais moquée naguère. On n'échappe sans doute pas à ces sortes d'héritage. Pour les bédouins de notre tribu, surtout pour mes oncles, le nom de mon père évoquait peut-être quelques gestes violents dont ils avaient été les victimes, mais je sentais bien qu'ils ne lui en gardaient plus rancune. Les coureurs de sable s'étant chargés de les colporter des rives de l'Euphrate au fond du pays sarracène, les circonstances de sa mort ne leur étaient pas inconnues ; ils n'y firent aucune allusion, soit qu'une certaine noblesse de cœur leur eût commandé d'épargner mon tourment, soit que la fierté leur eût imposé de garder le silence sur une injure qui les frappait peut-être eux aussi.

On ne me parla pas davantage de Zabbaïe. J'ignorais tout de lui depuis que, maigre et transparent comme un jeune garçon touché par la mort, il avait déposé à mes pieds son funèbre fardeau. Bien que rebelle à ces sortes d'usages, je n'avais pas cru convenable de m'en inquiéter auprès d'Odénath ; je m'étais tue. Après des jours et des mois, je ne l'avais pas oublié. Son souvenir était demeuré si présent que ce premier soir de mon retour au désert, les cousins en allés, me retrouvant seule sous la tente dérobée à Sapor, je me suis demandé si ce Zabbaïe n'était pas la raison inavouée de mon voyage. J'ai toujours eu le goût d'imaginer les cheminements secrets de nos pensées jusqu'au moment où elles se transforment en actions, et m'y suis exercée de bonne heure avec Cornélius, mon père, mes amies, M'Barka, moi-même, plus tard avec Odénath. Les uns empruntaient des détours compliqués et imprévus, les autres inventaient des manœuvres plus puériles ; le résultat ne variait guère : croyant tromper, chacun se dupait soi-même. J'avais toujours tenu pour vrai qu'il est utile, souvent nécessaire, de mentir aux autres, mais que le mensonge à sa propre personne témoigne d'une grande sottise. Cette nuit-là, je me suis aperçue que si j'avais décidé ce séjour dans ma tribu familiale pour faciliter le recrutement de cinq cents cavaliers, ça n'était là qu'un prétexte dont l'habileté ne devait plus m'abuser : je voulais revoir Zabbaïe. Je voulais aussi ces cinq cents cavaliers. Il me fallait obtenir ceux-ci autant que celui-là. Je me suis endormie dans l'écœurement des graisses refroidies en m'avouant que tous ces bédouins, cousins ou non, je les aimais bien. Je les préférais loin de Palmyre. Mon enfance ne s'était pas aperçue qu'ils puaient.

Parce que ses habitants sont invisibles, le désert arabe paraît toujours vide. Qu'une clameur s'y élève pour annoncer la découverte d'un point d'eau, le mariage d'un chef de grande tente, l'appel d'un guerrier ou d'un marchand de Palmyre en quête d'archers, les hommes surgissent aussitôt des cailloux, sautent sur leurs chevaux, font baraquer leurs méharis, accourent, se rassemblent autour du cri. Le lendemain de mon arrivée, plus de deux cents cavaliers étaient déjà réunis, attendant mon réveil. Mon père, lorsqu'il venait en tribu pour engager ceux qui escorteraient une grande caravane sur le chemin du golfe Persique, mettait le plus grand soin à les choisir un à un, tâtant leurs muscles, observant leurs poignets et les dévisageant d'un œil qu'il voulait aussi terrible que celui d'un centurion recruteur. Je ne pouvais me livrer à un tel examen ; ces hommes libres eussent ri au nez de Zénobie, toute princesse de Palmyre et Septimia qu'elle fût. Ce qu'ils avaient accepté de mon père, ils ne le toléreraient pas de moi, sauf si je pouvais leur prouver que je tirais à l'arc et lançais le javelot sinon avec autant de force du moins avec autant d'adresse qu'eux-mêmes. Ce qui m'importait, c'était d'abord le nombre de guerriers que je ramènerais à Palmyre où ils seraient entraînés dans les camps. Je voulus les passer en revue ainsi que je l'avais vu souvent faire aux préfets qui commandent les ailes de cavalerie. Tous ces bédouins étaient incapables de se tenir sur une ligne : turbulents, joyeux dans le désordre, visage aigu, yeux vifs, nez mince, fiers d'allure, couverts de vêtements et d'armes dont la diversité disait assez qu'ils avaient été pillés, c'étaient de vrais Arabes. Poussant mon cheval, il me fallut aller de l'un à l'autre, les dévisageant moi aussi d'un air grave mais de façon à faire croire à chacun que je l'avais regardé avec une attention particulière : les hommes se laissent prendre à ces pièges dérisoires. Je me trouvai soudain devant Zabbaïe. Bien campé sur sa bête, je le revoyais tel qu'il m'était apparu la première fois, sur les mêmes lieux, avec sa courte tunique sanglée à la taille, ses jambières à la persane, son bonnet pointu, la corde rouge d'un arc lui barrant la poitrine, et les deux petits poignards passés à la ceinture. Il était redevenu l'homme qui m'avait troublée lorsque j'avais douze ans, que je n'avais jamais oublié. Je l'ai regardé en souriant. Il me rendit mon sourire et, posant sa main droite sur son cœur, inclina la tête. Les autres étaient demeurés immobiles ; lui, Zabbaïe, fils de chef et compagnon de mon père, il avait le droit de me témoigner, devant tous, cette marque de respect, sinon de m'adresser ce sourire que j'acceptai cependant.

A tous je dis ce qu'ils savaient déjà, la raison de ma venue parmi eux, et leur promis que s'ils suivaient Odénath ils trouveraient leur récompense dans le fabuleux trésor et le harem du roi des Perses. J'ajoutai que je me tiendrais moi-même à leurs côtés. C'était la première fois que je m'adressais à une troupe d'hommes. Dans nos pays, les plus ignorants sont de bons orateurs ; rhéteurs sans le savoir, l'éloquence nous est aussi naturelle que l'art du silence ; notre langue est aussi longue que nos lèvres savent demeurer serrées. J'étais bien décidée à les mener tous à Palmyre, mais ils croyaient que je fixerais ma préférence sur quelques-uns. Il me fallut respecter les coutumes et donner à chacun d'eux l'occasion de tenter sa chance en me montrant sa force et son habileté. Ce spectacle, je le connaissais, il m'avait toujours échauffée. Dressés sur leurs chevaux, les guerriers passaient au galop devant un pieu fiché en terre sur lequel ils lançaient tantôt une flèche, tantôt un javelot. L'homme qu'elle a choisi, une femme exige qu'il obtienne la première place dans la course aux honneurs. Ce jour-là, la vie ressembla à ces chants qu'écrivent les poètes pour glorifier les héros : Zabbaïe fut le plus rapide, le plus adroit. Je le désignai pour commander ses compagnons. Personne ne m'en blâma ; cependant, dans les yeux de ceux qui m'entouraient, je surpris une légère réticence qui s'adressait moins à Zabbaïe, dont les mérites et la noblesse étaient incontestés, qu'à moi-même, la petite Zoubida d'autrefois. Ils semblaient douter qu'une femme, si brillant soit son esprit et si puissant son époux, fût jamais capable de juger la valeur d'un guerrier et d'organiser la fortune d'un combat. La moindre raillerie, le fouet d'Odénath l'eût écrasée sur la face de l'imprudent où elle serait apparue. Je ne pouvais ni me permettre un tel geste ni admettre qu'on doutât de Zénobie. Ayant demandé à un guerrier de me donner son arc, je poussai mon cheval à l'extrémité de la carrière d'où, enfonçant dans ses flancs les pointes de fer fixées au talon de mes sandales de cuir, je le lançai au galop. Courbée sur l'encolure, cheveux au vent, les cuisses dures, je m'appliquai à refaire les mouvements précis que m'avait enseignés autrefois Eulémos en me racontant les exploits des Amazones qui avaient combattu sous les murs de Troie. Ce coup de dés, il me fallait le gagner. La prudence exigeait que je me conduise comme à l'exercice, que mes nerfs demeurent calmes, que mes démons restent en repos. Dans le martèlement des sabots, j'entendais mon cœur gronder comme une derbouka. Voyant la cible se rapprocher, je perçai plus profond le ventre du cheval pour précipiter sa course et, me redressant soudain, je bandai mon arc. La clameur hurlée par la multitude me fit connaître que la flèche avait atteint son but.

Pour le festin du soir, un troupeau de moutons avait été

égorgé ; il fallut abattre encore trois chameaux. Les militaires aiment la viande. D'innombrables feux d'épines craquaient dans la nuit sèche. Retirée sous ma tente ronde, j'avais enlevé la tunique et les jambières revêtues pour la commodité du voyage qui me faisaient ressembler davantage à un soldat qu'elles n'évoquaient ces sortes de mythes ridicules, Piété, Pudeur, Fertilité, que prétend évoquer l'effigie des impératrices taillée dans les monnaies romaines. Maintenant, la soie rouge d'une robe de fête, longue et brodée d'or comme aiment en porter les femmes de Palmyre dans les banquets, m'enveloppait le corps, agrafée aux épaules par deux émeraudes, dégageant mes bras nus et laissant mes jambes libres. Une matrone cajoleuse avait ombré de khôl mes paupières et mes sourcils, passé de la teinture de henné sur mes talons et la paume de mes mains, humbles artifices utilisés par les femmes du désert pour troubler les héros.

Par petits clans, les hommes, les femmes, les enfants s'étaient accroupis autour des brasiers où rôtissaient les quartiers de viande. Ils parlaient avec emportement, chantaient avec véhémence, rotaient avec gravité, se donnaient des bourrades qui eussent tué un âne. Je les visitai tous. Chaque foyer étant séparé par des espaces d'ombre, j'apparaissais soudain dans la lueur des braises : mes bédouins me saluaient par des rires joyeux et des « Yaya Lalla Zineb » qui n'en finissaient pas. Je m'asseyais au milieu d'eux, acceptais de manger les rognons cueillis en mon honneur dans la graisse brûlante d'un mouton, répondais hardiment aux plaisanteries que les plus audacieux me décochaient, cependant que les petites filles touchaient ma robe et mes bracelets avec des doigts émerveillés. Plus loin, une sorte de berger inspiré palabrait au milieu d'un groupe silencieux en faisant de grands gestes ; je m'y dirigeai, demeurant en deçà du cercle de lumière pour que ma présence n'interrompît point son discours qui racontait les prodiges accomplis par une princesse revenue dans sa tribu natale afin d'y rassembler une armée innombrable qui massacrerait tous les Perses. Pointant son index dans la direction du soleil levant, il prononça la malédiction rituelle : « O Dieu ! compte tous nos ennemis, tue-les tous un à un, n'en laisse pas subsister un seul à terre ! » Le cri des femmes passa le grondement des hommes. Un démon possédait ce conteur ; ceux qui l'écoutaient savaient qu'une imprécation inspirée entraîne la victoire autant que la bravoure des combattants. Je ne cherchai pas à connaître le nom de la puissance adjurée, que ce fût Bêl le suprême, Allât la solaire, Azizou le belliqueux, Satrapès le guérisseur, Nabou qui écrit sur son livre le destin de tous les hommes, ou même celui dont on ne prononce jamais le nom de crainte que sa connaissance ne puisse servir aux ennemis ; c'était là mon moindre souci. Ces croyances, qui m'apparaissent vaines chez ceux qui se prétendent volontiers philosophes, ne sont pas inutiles aux militaires : si un dieu s'était installé dans notre camp, il pouvait devenir un allié d'autant plus salutaire que de l'autre côté de l'Euphrate, les soldats du roi Sapor devaient implorer le même secours tout en aiguisant leurs épées.

Au moment où j'allais me mêler enfin à ce groupe, je suis restée soudain immobile : à mes côtés, tout contre moi, née de la nuit, se dressait la silhouette de Zabbaïe. Je ne lui ai pas adressé la parole, je ne lui ai pas fait le moindre signe ; j'ai quitté les lieux du festin en prenant soin de contourner les feux pour mieux demeurer dans les zones d'ombre. Je ne détournai pas la tête, je savais qu'il me suivait. J'ai marché droit devant moi. Sur le désert originel mes pieds nus teints de henné se sont mis à courir tout seuls, longtemps, jusqu'au moment où, le souffle court, je me suis arrêtée. Il était derrière moi. Sans dire un mot, il m'a renversée sur le sable et il a relevé ma robe. Je ne savais pas encore que le membre viril pût être si dur, si chaud, et pénétrer si profond. J'ai senti mon cœur battre plus vite, comme un tambourin, j'ai poussé un cri et j'ai enfoncé mes ongles dans la joue de Zabbaïe. A coups précipités, il me remplissait le ventre et me culbutait dans les étoiles.

Les cinq cents archers ramenés derrière moi à Palmyre, je ne manque pas de visiter leur campement et d'assister à leurs exercices ; par jeu, j'y participe parfois. De nombreuses tribus ayant fourni des hommes et des chevaux, Odénath dispose aujourd'hui de cavaliers dont la multitude consolide la précarité de son commandement militaire conféré par César ; elle ne balance pas pour autant le mépris que j'entends gronder au cœur des généraux romains soumis désormais aux ordres d'un Arabe. Ce mépris, Odénath paraît l'ignorer. En fut-il jamais inquiet ? Il est de ces hommes qui se méfient de tous, mais ne doutent pas d'être eux-mêmes admirables et admirés.

Comme j'avais suggéré au prince de confier à Zabbaïe le commandement de notre cavalerie, il m'avait été répondu qu'une telle décision était déjà prise. Connaître la part de vérité ou de mensonge contenue dans ce propos m'importait peu : j'étais seulement heureuse de savoir que Zabbaïe serait convoqué bientôt au palais parce que j'avais hâte d'observer son attitude. Le spectacle passa mon espoir. Ignorant pourquoi son maître l'avait fait quérir, Zabbaïe se présenta aussitôt. Telle une bête qui eût flairé quelque piège, il se tenait sur ses gardes. L'inquiétude qui creusait son beau visage et faisait légèrement trembler sa main posée sur sa poitrine, près du petit poignard, pour saluer le prince de Palmyre, j'étais seule à en connaître la raison : Zabbaïe avait peur. Cependant, Odénath n'y voyait que les signes élémentaires de la crainte que doit inspirer un grand chef. Le cou légèrement incliné, les yeux baissés, c'était là l'homme qui m'avait couchée sur le sable, avait relevé ma robe, sans un mot, comme on fait d'une putain. Sa besogne faite, il voulait déjà s'en aller, mais je l'avais retenu prisonnier en croisant mes jambes sur les siennes ; pris au jeu, voulant se dégager, sa vigueur soudain redressée, il m'avait enfoncée une autre fois, et une autre fois encore. Je n'avais plus déchiré sa figure avec mes ongles parce que mes deux mains s'étaient plaquées au sol pour mieux soulever mon ventre, aller au-devant du soc qui me labourait. Sans même m'avoir caressée ou baisé ma bouche, il avait disparu, traînant derrière lui un rire léger. Sur le sable, moi, Zénobie, je n'étais plus qu'une robe déchirée.

Il ne me déplaisait pas d'observer Zabbaïe et Odénath, face à face, l'un se raidissant dans une attitude respectueuse, le second s'attardant à savourer sa propre puissance. Celui-ci, le vieillard, je l'avais trompé dès les premiers jours, non pas avec un autre homme, mais en lui faisant croire avec quelques gémissements qu'il me donnait du plaisir. Avant de la briser, mon zèle avait prolongé sa virilité : être princesse de Palmyre valait bien deux ou trois râles. Celui-là, le jeune, m'avait fait découvrir ce que, naguère, je croyais ne devoir exister que dans l'imagination des seuls poètes, non pas l'amour avec ses soupirs, ses rêves, ses joies, ses larmes, mais les tempêtes rapides, les cris qui sont plus vrais que les mots inventés. Une fois encore, regardant ces deux hommes, je me suis plu à penser que Cléopâtre était ma lointaine aïeule. Plus politique que passionnée, la reine d'Egypte a voulu attacher sa fortune à deux généraux : bernée par le plus intelligent et mal secondée par le plus stupide, elle n'a finalement laissé à la légende que le nom d'une amoureuse trop sensible à l'uniforme militaire, alors qu'elle avait rêvé de courber l'Occident sous sa loi. Sans doute, moi, Zénobie, je ne suis pas reine, Odénath n'est pas empereur, Zabbaïe n'est qu'un petit archer. Je me suis servie du premier pour gravir plus rapidement les degrés du pouvoir, je me servirai du second pour le lit, sans rien accorder de moi-même à celui-ci ou à celui-là, accordant mon seul intérêt à mon seul plaisir. Quelle femme, matrone ou patricienne, fille du peuple ou fille de roi, ne s'est pas conduite, au moins une fois dans sa vie, comme une putain ? Zabbaïe, une ambition sans mesure le mord déjà au ventre ; Odénath, l'appareil romain a tissé autour de lui des filets dont il est d'autant plus captif qu'il considère l'éclat des trompettes et la hache des licteurs comme autant de preuves de ses propres mérites. L'un et l'autre, lorsqu'ils me seront devenus inutiles, qui les rendra fous pour mieux les perdre : Jupiter, César ou Zénobie ? Il ne faut rechercher les hommes que pour en jouir afin de pouvoir penser librement à autre chose.

Le prince de Palmyre s'est ravisé. Il n'a pas confié à Zabbaïe le commandement de toute notre cavalerie, mais des seuls groupes de reconnaissance et de harcèlement. Agissant ainsi, Odénath a-t-il craint de désobliger son fils Hérodien auquel sont réservés les honneurs et les profits, ou s'est-il rebellé, humeur de vieillard, contre l'intervention d'une femme ? Cessant d'être guerrier pour devenir militaire, n'aura-t-il pas jugé que les règlements et la convenance lui interdisaient d'accorder une telle charge à un homme jeune et brave dont on pouvait redouter l'esprit d'entreprise ? Le choix du prince s'est porté sur un sénateur de Palmyre, ancien conducteur de caravanes, connaissant bien le désert et les cavaliers des tribus, vieux chef devenu riche dont les coffres pèsent trop lourd pour qu'il songe à discuter les ordres de son maître ou à se rebeller contre la présence romaine. Je n'en ai témoigné ni surprise ni dépit, me contentant de demander à Odénath de désigner Zabbaïe pour le commandement des premiers escadrons destinés à franchir la frontière du Sassanide : qui pourrait mieux laver l'affront fait à mon père et à Palmyre ? Réclamer cet honneur, c'était déjà l'obtenir. C'était aussi éloigner Zabbaïe, peut-être le condamner à mort. J'ai pensé que les dangers des combats ne seraient pas les plus difficiles à affronter et à éviter, Zabbaïe sachant mieux que tous les autres unir à la témérité cette adresse du corps et cette souplesse de l'esprit sans lesquelles le courage n'est plus qu'une vertu médiocre. Des pièges autrement dangereux l'attendent. Odénath, connaissant sa valeur, en tirera profit, mais n'hésitera pas à le perdre pour peu qu'il devienne un chef de guerre trop heureux, susceptible de lui dérober une part des couronnes dont il est insatiable. Les hommes sont moins jaloux de leurs femmes que des honneurs auxquels ils prétendent.

Dépêché par l'empereur Gallien, un ambassadeur extraordinaire est arrivé hier ; il a tenu à Odénath un long discours sans témoin. Le soir venu, mon époux m'a rejointe sur la terrasse où j'ai coutume de me retirer pour y cueillir le bref instant où, le vent apaisé et le soleil disparu, Palmyre s'immobilise dans une lumière silencieuse et rose. Il avait revêtu une tunique pourpre bordée d'un large galon d'or, un sourire satisfait mouillait ses lèvres comme l'eût fait la sauce d'un ragoût. Que me voulait-il ? Lorsque ses yeux brillent d'un noir éclat, je ne sais pas toujours s'ils présagent la colère ou le désir. Soupçonnait-il Zabbaïe ? C'était à mon tour d'avoir peur. Vieux félin aux gestes imprévisibles, je le vis s'avancer vers moi, lentement, comptant ses pas et mesurant son sourire comme s'il avait voulu faire durer son plaisir avant de frapper. Je ne parvenais pas à comprendre si son regard était rieur ou cruel, ou l'un et l'autre à la fois ainsi qu'il en a coutume. Ses longs doigts maigres allaient-ils m'étrangler comme il arrive à la fin des tragédies, au moment même que je me disposais à resserrer les mailles d'un filet laborieux ? Que savait-il ? M'Barka, le jour même de mon retour, un seul regard lui avait suffi pour tout comprendre et penser aussitôt aux dispositions complices qu'il lui faudrait prendre pour protéger les amours de Zoubida. Cependant, Odénath, avec son curieux sourire, s'approchait. Mes possibilités de dissimulation balançant au moins les siennes, j'ai souri moi aussi. Il me fallait gagner du temps, imaginer une parade, me convaincre que ses vieilles mains n'étaient ni plus dures ni plus adroites que les miennes. Soudain, je n'éprouvai plus la moindre peur : l'exemple de ma nourrice m'avait fait comprendre qu'on peut tout deviner sans rien savoir, mais qu'Odénath ne m'aimait pas assez pour être alerté par ces mystérieux avertissements qui valent toutes les certitudes. Baissant les paupières, je tendis modestement mon cou à ses doigts caresseurs. Il releva doucement ma tête. « Zénobie, dit-il, je t'apporte ce que je t'ai promis. Tu seras demain l'épouse du roi de Palmyre. »

Mon tueur de léopards, il était toujours vain de prévoir son comportement ; son habileté à flairer les pièges était plus grande que ses ruses pour les déjouer, mais égalait son adresse à redresser les situations néfastes. La nouvelle qu'il m'annonçait, toute autre femme en eût sans doute été comblée. Moi, Zénobie, je craignais que cette royauté où il se pavanait déjà ne fût l'aboutissement de quelque manœuvre honteuse, non d'une décision audacieuse. Sans doute, Odénath exerçait-il au nom de César le commandement suprême des troupes romaines en Orient, mais quels que fussent la naïveté de sa superbe et le poids de ses lingots, il ne pouvait ignorer que le poignard d'un seul centurion ou la félonie d'un seul général suffiraient à faire échouer une telle entreprise. Mon inquiétude était d'autant plus grande qu'il m'en avait tenue éloignée alors que, ignorant mes calculs, il connaissait mon impatience de voir s'écrouler la domination romaine. Je lui fis reproche de son silence. N'avait-il plus confiance en Zénobie ? Lui avait-elle manqué une seule fois pour craindre de l'associer à ses projets au moment où Palmyre allait se rebeller enfin contre César et proclamer son indépendance ?

Ces derniers mots, lorsque Odénath les entendit, la terreur envahit son visage. Violente, sa main se posa sur ma bouche. D'une voix brève et basse, craignant qu'on ne l'écoutât, il s'indigna que j'aie osé penser qu'il fût capable de commettre un tel forfait : roi de Palmyre, il demeurerait l'ami et l'allié du peuple romain sous la protection de l'empereur Gallien. Ecoutant Odénath, je comprenais mieux les raisons du secret qui avait pesé sur ses conversations avec l'ambassadeur : il s'était vendu à César pour le prix d'un trône. Malgré ses débauches, ses danseuses et ses gitons, tandis que son vieux père courbait le dos sous le pied du roi Sapor, ce Gallien se montrait plus habile que nous tous, misérables bédouins réduits à imaginer des ruses enfantines. Occupé à maintenir sur le Danube et le Rhin un flot d'envahisseurs, troublé par la crainte d'un soulèvement général des provinces d'Orient, il s'était déchargé sur Odénath du soin de protéger les frontières de l'Euphrate en lui accordant le droit de se proclamer roi de Palmyre. Chacun croyait avoir joué l'autre. Avec tout l'appareil de ses lois, de ses vertus, de son administration, de son armée, de sa morale, de ses fonctionnaires, de son Sénat, de ses matrones et de ses architectes, Rome demeurait la plus adroite, la plus perfide, la plus politique. La pourpre avait eu raison d'Odénath comme la toge avait fait de mon père un captif ébloui : celui-ci avait vidé ses coffres sur le parcours de la course aux honneurs, celui-là épuiserait de bonne grâce le trésor de Palmyre en faisant la guerre au roi des Perses pour le compte de César.

J'avais refoulé d'autres rages. Il me fallut simuler la joie, apaiser ma fureur, oser une grimace qui témoignât de ma reconnaissance et de ma tendresse. Je n'en fus point avare, encore que le dégoût noyât ma bouche de fiel : une longue pratique de ces menus artifices m'y aida naturellement. Je savais que le moindre geste obscène flatte les vieillards et ranime non seulement la confiance qu'ils s'obstinent à garder en eux mais celle qu'ils ont imprudemment placée chez autrui. Odénath n'y fut pas insensible. Fier de ses propres détours, il me raconta comment il avait été amené à exiger de l'empereur le titre de roi pour lui permettre d'exercer un pouvoir non contestable sur des chefs militaires dont il ne méconnaissait pas l'hostilité. L'affaire, dit-il, avait été conclue directement avec Gallien dans le plus grand secret et serait portée demain à la connaissance des généraux, des troupes, des fonctionnaires et de la population par le légat lui-même. Si Zénobie n'en avait point été informée, c'est parce qu'il avait voulu lui en réserver la surprise.

Disant ces derniers mots, Odénath mentait. Pour autant, il n'ignorait pas que je pesais son mensonge à son poids exact. Nous connaissions l'un et l'autre les finesses de cet art difficile où il convient de mêler le vrai et le faux, où l'imagination est moins utile que la mémoire, la maîtrise de soi plus nécessaire que l'éloquence, l'omission plus profitable que la dialectique. J'ai écouté Odénath en posant sur mon visage ce masque de gravité si commode aux femmes pour faire croire aux hommes qu'admirant leurs propos nous partageons leurs soucis. Cependant il m'épiait, à l'affût du moindre sourire qui eût détruit sa certitude d'être parvenu à me cacher l'essentiel de sa manœuvre. Personne autant que lui n'avait su flairer hier les plus invisibles moqueries. Aujourd'hui, Palmyre devenant l'associée de Rome et lui-même l'égal de César, les félicitations que je lui prodiguai il les accepta sans sourciller comme s'il m'eût joué quelque farce. A dire vrai, lassé de mes recommandations, irrité d'avoir été contraint de les suivre, il avait voulu prendre sa revanche et ne pas devoir sa royauté aux conseils de Zénobie. Croyant tendre un piège à l'empereur, il s'y était pris lui-même. Pour moi il demeure que la liberté ne doit être ni demandée, ni échangée, ni achetée, mais prise de force. Cette nuit, voulant fêter sa victoire, Odénath est venu dans mon lit. Il ne s'y est conduit ni en roi ni en homme. Ai-je encore besoin de lui ?

L'accession d'Odénath à la royauté n'a surpris ni inquiété personne. Ce qu'elles n'auraient pas toléré d'un de leurs chefs briguant les honneurs suprêmes sous le prétexte d'étouffer la rébellion d'un prince oriental, la présence rassurante du légat de Gallien l'a fait accepter aux légions sans le moindre murmure ; les sénateurs ont voté l'érection d'une nouvelle statue ; les marchands ont été satisfaits d'apprendre que devenus citoyens d'un Etat indépendant ils n'en garderaient pas moins leurs prérogatives de citoyens d'empire ; les cavaliers bédouins ont reçu une prime supplémentaire ; le petit peuple a été solennellement informé que désormais allié et ami du peuple romain il n'aurait plus à craindre la brutalité des centurions ni la rapacité des publicains. On a crié « Vive le roi ! », les temples ont été illuminés, l'encens a été brûlé, des moutons ont été égorgés, Palmyre s'est jetée une fois de plus dans les bras des légionnaires au nom de ce mensonge que leurs généraux ont appelé sérieusement la fraternité des armes. Lorsque tout le monde est dupé, on accepte d'un meilleur cœur d'être dupé soi-même.

Plus qu'hier, il me faut calmer mes impatiences, les refouler dans mon ventre, ne me confier à personne, surveiller mes gestes, me taire, ne commettre aucune imprudence. Si Odénath est devenu roi de Palmyre, je ne suis encore que l'épouse sans pouvoirs d'un prince dont la puissance est elle-même fragile, sinon illusoire. Les yeux des hommes ne m'ont jamais autant dit que je suis belle, mais je n'ose plus les provoquer : depuis que me fut révélé un plaisir dont la violence m'épouvante, il me semble que tous les soldats me dévisagent avec une insolence qu'ils ne se seraient jamais permise avant Zabbaïe, et qu'ils vont eux aussi déchirer ma robe. J'ai eu la faiblesse, l'autre nuit, de demander à M'Barka d'inventer quelque moyen de me le faire rencontrer, sachant qu'elle ne refuserait pas parce que je flattais ainsi son penchant naturel à jouer les vieilles entremetteuses et lui donnais, du même coup, l'occasion de se venger d'Odénath qui l'avait frappée le jour où elle s'était jetée sur le cadavre de mon père. Vêtues à la façon des bédouines, nous sommes parties vers le camp des archers. Je connaissais le chemin mais le reconnaissais à peine ; c'était la première fois que je le parcourais à pied. Sous notre déguisement, semblables à deux misérables nomades, personne ne nous prêta attention ; la chance voulut que nous ne rencontrions pas une bande de soldats ivres : tout leur étant bon, jeunes ou vieilles, filles ou garçons, ils nous eussent violentées. Je savais que je commettais une imprudence dangereuse. Le vent me poussait. C'était moi, Zénobie, que Jupiter rendait folle. Nous arrivâmes enfin devant le camp ; des feux y brillaient encore dans le grondement des derboukas mêlé aux cris aigus des putains. Saisissant mon poignet, M'Barka me conduisit sous un figuier où, d'une voix dure que je ne lui connaissais pas, elle me commanda de demeurer. Elle partit. Ayant grandi seule et vécu au milieu des vieilles gens, ne connaissant guère d'autres amis que les livres de notre bibliothèque et ceux que je dérobais dans le coffre d'Eulémos, la solitude ne m'avait jamais fait peur. J'avais traversé plusieurs fois le désert, passé des nuits sous la tente des tribus sarracènes ; mon sommeil avait toujours été protégé par mon père, ma nourrice, des esclaves, plus tard par Odénath et ses soldats. La solitude de l'esprit m'était inconnue ; celle de mon corps, j'en avais pris conscience pendant cette nuit d'orage où M'Barka, soudain dressée devant moi au moment que j'avais décidé d'aller courir les rues des filles chaudes, m'avait doucement ramenée vers mon lit où j'avais enfoui ma tête pour ne plus voir passer sur les murs de la chambre l'ombre du légionnaire de garde, un homme.

Accroupie sous l'arbre, petit tas de chiffons noirs, je ne sais combien de temps j'ai attendu. Inquiète, je voulais repartir vers notre maison pour y retrouver la sécurité dont, semblable aux autres femmes, j'ai besoin moi aussi. Je me disais qu'ayant poursuivi Zabbaïe jusque dans son camp, tel un chasseur traque un gibier, il me faudrait dès demain m'en dégager. ne plus le revoir, ne pas être dominée, me défier de lui autant que de moi-même. L'image de Zénobie devait demeurer pure aux yeux des autres : le peuple méprise la chasteté chez les hommes, mais exige que les femmes soient vertueuses. Demain, je suggérerai à Odénath d'envoyer Zabbaïe vers l'Euphrate avec une aile de cavalerie là où nous soupçonnons les Perses de rassembler des escadrons d'avant-garde. Si le sort des armes voulait qu'il mourût au combat, je serais libérée de mes démons.

Je reconnus son ombre mince, mes tourments disparurent soudain. Dressé devant moi, il posa doucement ses deux mains sur mes épaules. Je revis ses yeux moqueurs. Nous n'avions pas besoin de parler pour comprendre ce que nous disions en silence, traduire par des discours tout ce qu'il y avait de dominateur, peut-être de fraternel, dans l'échange de nos regards sans tendresse. Il me devait son commandement militaire, je lui devrais d'avoir satisfait mon plaisir. Il ne lui resterait plus que d'aller jouer au héros contre les Perses, nous serions quittes. Cependant, j'avais hâte que ses mains se fassent plus dures et qu'il me prît brutalement. Je n'étais venue ici que pour cette chose rapide. Ce petit coureur de sable, que s'imaginait-il ? Pensait-il que la reine de Palmyre était une amoureuse qui risquerait de tout perdre pour un Zabbaïe ? Je l'ai entraîné sur le sol. Ignorant l'usage des mots enchantés, il ne connaissait pas celui des caresses. Il ne fut adroit que dans la besogne élémentaire. Ayant dû subir trop longtemps les gestes ignobles et l'haleine pourrie d'un vieillard, je préférais qu'il en fût ainsi. Son travail d'homme achevé, il se releva d'un bond, retrouva l'insolence de son jeune rire, cueillit une figue qu'il mordit et dont il me donna la moitié. Chaude et sucrée, elle avait peut-être le goût des baisers que Zabbaïe n'avait pas su me donner.

Le palais reçoit chaque jour la visite de tribuns, légats, centurions qui vont et viennent dans l'atrium, font les importants, et prennent soudain des airs mystérieux. Quelques généraux dont l'expérience est certainement plus grande que la sienne assistent Odénath : ils ont essuyé un nombre de défaites assez important pour se permettre de parler fort sur un sujet qu'ils connaissent bien. Qui reconnaîtrait parmi eux les fuyards d'Edesse ? Avec une rapidité déconcertante, pour peu qu'on leur fournisse une cuirasse neuve et une haute paye, les vaincus d'hier se reforgent le lendemain une âme de soldat glorieux. Petite fille, leur casque à plumet m'avait amusée ; quand je me suis aperçue que les filles les plus stupides les admiraient, j'ai douté de leurs mérites ; dès que j'ai su qu'ils étaient nos maîtres, je les ai détestés. Depuis la bataille d'Edesse où ils ont abandonné leur empereur aux mains de l'ennemi, lâché leurs aigles et jeté leur bouclier à terre pour courir plus vite, je les méprise.

Quand, au retour de l'exercice, les soldats traversent la ville en bon ordre, au son des trompettes, frappant le sol en cadence, encadrés par des serre-file aux yeux hagards, le petit peuple oublie qu'il a été rançonné et bat des mains. Au seuil de leurs boutiques, les marchands hochent gravement une tête rassurée devant les machines de guerre, béliers, catapultes et balistes. Nos cavaliers recrutés dans les tribus, ceux-là ne savent pas défiler selon les règles et ressemblent davantage à une bande désordonnée qu'à une troupe disciplinée. Non militaires, ce sont des guerriers. Moi je les regarde avec intérêt parce que je n'ignore pas que si le roi Sapor a mis plusieurs fois en déroute l'armée romaine d'Orient, il le doit à la mobilité de ses archers alors que ses adversaires s'entêtaient à maintenir les grosses cohortes sans vouloir essayer de comprendre la raison de leurs défaites. Aux rapides cavaliers du Sassanide, Odénath saura sans doute opposer les nôtres et en multiplier le nombre afin qu'ils s'abattent sur l'ennemi comme une pluie d'orage. Il faut que les troupes auxiliaires d'aujourd'hui deviennent demain l'armée régulière de Palmyre qui nous permettrait d'imposer notre loi aux Romains. Trop vieux, trop rusé pour risquer de perdre la pourpre qu'il doit à César, Odénath voudra conserver tous ses titres. Si j'étais reine de Palmyre et non pas seulement l'épouse du roi, moi, Zénobie, j'aurais ce courage. Qui m'aiderait dans cette entreprise ? Odénath, même s'il y consentait, ses jours sont comptés ; succédant à son père, Hérodien m'éloignerait et ferait disparaître Waballaht ; mon fils n'est encore qu'un enfant. Je suis seule, mais mon goût et ma connaissance des choses publiques sont devenus assez solides pour me permettre d'orienter mes pas là où j'ai décidé de les conduire. Mes mains ne sont pas si vides :

les ambitions et les haines, tout ce qu'on appelle plus tard les grands desseins quand on a réalisé les unes et assouvi les autres, y tintent déjà comme des richesses. Eulémos prétendait que tout commence par des songes, les poèmes, les amphores, les statues, le fronton des temples, les combinaisons politiques. Il en est de même pour les affaires du négoce, peut-être de l'amour ? Si quelques hommes tombent demain sous mes coups, l'histoire les ensevelira sous ses fables. Un ennemi qu'on abat n'est jamais innocent.

Huit jours ont passé depuis que Zabbaïe est parti vers le nord de l'Euphrate pour vérifier les renseignements qui nous font craindre que Sapor, lui-même averti de nos préparatifs, se dispose à attaquer Antioche une nouvelle fois. C'est là une mission difficile et dangereuse dont je suis responsable ; elle exige autant de prudence que de témérité. Odénath lui a donné l'ordre de remonter le cours du fleuve jusqu'à la hauteur de Chalcis avec un petit nombre de méharistes en prenant le plus grand soin d'établir derrière lui une ligne permanente de relais pour communiquer à Palmyre ses observations sitôt faites. Zabbaïe doit noter les lieux des rassemblements perses, surveiller le mouvement des troupes, dénombrer celles-ci, tout voir sans être vu, ramener quelques prisonniers capturés par ruse au voisinage des points d'eau, ne pas engager une affaire inutile contre un parti supérieur. Qui, mieux que lui, exécuterait cette reconnaissance en évitant ses périls ? Familier des pistes de sable, il sait les pièges du désert et connaît la marche des étoiles. Là où mon vieux père s'est écroulé sous le soleil, lui il rampera dans la nuit autour des campements, attentif aux bruits, aux odeurs, l'œil vif et le poignard prompt. Mais Zabbaïe est fier ; s'il se trouve soudain en présence d'un ennemi nombreux, il désobéira aux ordres d'Odénath, refusera de fuir comme les poules blanches d'Edesse. Petits dieux de Palmyre, s'il est vrai que vous existez et que vous protégez les oliviers et les sources, faites que, maladroites pour les caresses, les mains de Zabbaïe soient rapides et dures au combat. Ramenez-le vivant pour qu'il devienne un grand chef de guerre.

Les résultats de la mission confiée à Zabbaïe, Odénath les attend avec d'autant plus d'impatience que lui-même et ses généraux romains ignorent encore dans quelle direction ils conduiront leur armée. Nos sénateurs voudraient que les troupes soient lancées vers le sud afin de menacer plus vite la capitale du roi Sapor, Ctésiphon. La vérité, qu'ils cachent à peine, est ailleurs : le chemin du Sud, c'est d'abord celui de leurs propres caravanes. Pour avoir participé à l'équipement de nos archers, ils disent que la libre circulation des marchandises sur la route du golfe Persique peut seule les sauver de la ruine ; ils gardent le silence sur les bénéfices qu'ils ont réalisés en vendant aux légions des armes, des cuirasses et des boucliers. Leurs lamentations, je les connais, je les ai toujours entendues. A les en croire, ils seraient sans cesse menacés d'être réduits à la mendicité ; mais qu'un événement public ou familial leur impose d'organiser quelque fête, les plus habiles à dissimuler leurs richesses deviennent alors les plus munificents sans même s'apercevoir que n'ayant ébloui personne, ils ont renseigné le publicain. Mon père se plaignait toujours. Combien de fois ne l'avais-je pas vu rouler des yeux inquiets, crisper sa main droite sur sa gorge pour me faire comprendre qu'un implacable destin l'étranglait, s'épouvanter du retard apporté par un créancier au règlement de sa dette ? Le lendemain, il commandait de préparer un festin et allumait les flambeaux parce que quelque haut fonctionnaire de l'Empire lui avait fait l'honneur de s'inviter chez lui. Je n'en riais pas. Ces spectacles me soulevaient le cœur. Qu'aurais-je pensé si j'avais deviné qu'un jour prochain il me faudrait participer aux préparatifs d'une guerre où nos cavaliers et les soldats de César combattraient côte à côte contre le même ennemi sous les ordres de mon propre époux devenu roi de Palmyre ?

Chaque soir, après le départ des tribuns, des préfets et des légats de légion, les sénateurs viennent au palais, par petits groupes, pour s'entretenir avec Odénath, développer leurs arguments, tenter de le persuader de lancer rapidement l'armée vers le Sud. J'assiste à leurs interminables discussions et j'écoute leurs silences qui m'en disent plus long que leurs paroles. Odénath se sent à l'aise au milieu des siens ; il n'a plus besoin de surveiller ses attitudes ; il les comprend à demi-mot ; il les retient tard dans la nuit et retarde de plus en plus le moment où, le dernier compagnon en allé, il demeurera seul avec sa pourpre qui lui va mal, venue trop tard, et le fait ressembler à un vieil acteur. Tenté lui aussi de prendre la route du golfe Persique pour permettre à ses propres caravanes d'y charger les trésors entassés dans les fondouks, il sait que l'état-major romain redoute de lancer une telle expédition dans le désert, loin des bases et de toutes autres cités où les troupes pourraient s'enfoncer si le destin les y contraignait. Les Romains craignent plus encore de laisser la province syrienne exposée à un retour offensif des Perses qui, ayant bousculé la garnison d'Antioche, s'installeraient alors dans les ports de la mer Intérieure et interdiraient aux légions tout espoir de retour dans leur patrie. Ils ont raison. Je sais qu'Odénath s'inclinera devant eux qui lui donneront l'illusion d'avoir pris tout seul la responsabilité d'une telle décision. Moi-même, quelle que puisse être ma joie d'imaginer la défaite de cette armée d'Orient reconstituée à grand-peine, je dois redouter la menace perse. Sapor victorieux, son seul voisinage serait plus redoutable que la présence de César ; vaincu, il me serait plus aisé d'en faire un allié redoutable. L'injure faite à mon père, qui s'en souviendra alors ? A l'inverse des Romains qui signent leurs traités avec la certitude puérile que ceux-ci seront éternels parce que rédigés par des jurisconsultes, nous autres savons bien que les conventions ne valent que pour l'instant où elles sont écrites. Avant que l'encre en soit séchée, chaque partie a déjà repris sa mise. Il est bon qu'il en soit ainsi. Un traité où ne se dissimulerait pas quelque arrière-pensée ne serait pas un bon traité.

Zabbaïe n'est pas revenu à Palmyre, mais ses messagers ont fait connaître au roi qu'il avait observé d'importantes concentrations de troupes sur la rive gauche de l'Euphrate. Ayant capturé quelques soldats perses, il a obtenu d'eux des révélations assez précises pour permettre d'en conclure que Sapor se prépare à une nouvelle guerre. Du même coup, les arguments de nos sénateurs disparaissent. Les légions s'apprêtent à se diriger vers la partie nord.

Cette décision, Odénath l'a prise après avoir consulté pendant de longues heures les officiers de son état-major, hommes d'autant plus bavards qu'ils ont atteint un haut grade dans la hiérarchie militaire. Peu disposés à s'élancer au-devant d'un ennemi redoutable, quelques tribuns tenaient qu'il convenait de s'enfermer dans Antioche, en faire un camp retranché et laisser au seul temps le soin de contraindre Sapor à lever un siège sans espoir. D'autres, plus aventureux, affirmaient que l'ocasion était bonne de surprendre le Sassanide avant qu'il n'eût terminé ses préparatifs. Odénath, fidèle à ses vieilles coutumes, a écouté en silence les avis de ceux-ci et les conseils de ceux-là, faisant mine de réfléchir et prenant le visage attentif d'un peseur d'or courbé sur sa balance. Encore qu'il eût déjà fixé, avec l'accord secret du légat, le choix de sa manœuvre, il hésitait à se prononcer, soucieux à la fois de ne pas déplaire aux temporisateurs et de permettre aux autres de s'emparer d'un butin impatiemment convoité. Quand il eut jugé que la discussion avait duré assez longtemps pour que chacun pût croire que lui, Odénath, n'imposait plus la volonté d'un petit chef mais se conduisait en roi, il décréta que la garnison d'Antioche serait renforcée tandis que le gros de l'armée se dirigerait vers l'Euphrate pour attaquer le camp du roi Sapor : lui-même, au nom de César, assumerait le commandement suprême des légions romaines et des cavaliers de Palmyre. Cela fut bien dit et bien joué. Moi, Zénobie, je n'ignore pas qu'Odénath doit se dépêcher non pas tant de venger la mort de mon père que de laver une injure personnelle qui a provoqué plusieurs railleries des deux côtés du fleuve. Sa pourpre trop neuve a besoin de quelques cadavres de héros pour la décorer. Les guerres sont gagnées par ceux qui les commandent, non par ceux qui les font.

Avant de quitter Palmyre, Odénath a confié l'administration de la cité à celui-là qu'il avait chargé d'une ambassade auprès de Gallien. Client des Romains, Wörod n'en est pas le servile admirateur ; s'il sert César, c'est pour mieux utiliser l'appareil impérial qui facilite ses opérations financières. Odénath n'a rien à craindre d'un homme aussi riche : Palmyre demeurera dans l'ordre romain.

Les soldats en allés, les forgerons et les dinandiers ont cessé de battre le fer et les trompettes se sont tues. Au fond des boutiques de la grande Colonnade les marchands somnolent, les bordels sont silencieux. Seule, une petite garnison demeure dans la ville pour assurer les services de police, rendre les honneurs au Sénat, protéger la caisse du publicain. De tous ceux qui sont partis, combien reviendront ? Odénath n'a pas eu besoin d'apprendre l'art du commandement militaire pour en connaître les plus simples détours. Je le sais assez rusé pour ne pas engager les cavaliers de Palmyre dans des combats douteux mais vouloir les réserver jusqu'au moment de les lancer sur l'ennemi lorsque celui-ci aura dû céder le terrain sous le choc des légions. L'histoire n'est-elle pas pleine de ces généraux qui refusent l'intervention des troupes placées sous leurs ordres tant que la victoire est incertaine, mais s'empressent de les précipiter dans la bataille pour obtenir une décision finale qui leur permettra de moissonner à leur profit les lauriers semés par des rivaux plus téméraires ? Si la fortune nous est contraire, personne ne songera à dénoncer la mauvaise préparation des troupes, l'impéritie de leurs chefs, la frayeur des soldats ou la mauvaise qualité de leurs armes : les Romains sont trop orgueilleux pour admettre une défaite dont ne soient responsables les dieux ou les traîtres. Vainqueurs, ils voudront replanter plus solidement leurs aigles en Syrie. tandis que nos bédouins, gorgés de butin, ne penseront qu'à retourner dans leurs tribus où l'impatience d'une nouvelle aventure les tourmentera à ce point qu'ils seront tentés de revenir s'installer sous nos remparts. Jamais les fils de ma toile ne furent à la fois plus embrouillés et plus près de se démêler, mais les pires dangers deviennent moins redoutables dès qu'on en pèse la menace. Victorieuses ou vaincues, les légions romaines sortiront affaiblies de cette guerre; quant aux cavaliers de Palmyre tombés au combat, il faudra prendre soin de les glorifier et de proclamer qu'ils ont connu un beau trépas.

Bon administrateur, Wörod est aussi habile à diriger les affaires publiques qu'à veiller sur ses propres intérêts. De ses voyages à Athènes, Rome ou Alexandrie, il a ramené des élégances de gestes et de paroles; elles ont effacé les rudesses du chef de caravane qu'il fut naguère et rendent moins visible l'entassement de ses richesses. Familier de notre maison, il m'a fait sauter lui aussi sur ses genoux lorsque j'étais une petite fille jouant aux osselets. Veuf ou célibataire, il m'eût peut-être demandée en mariage: fille unique d'un notable bien pourvu, rien ne se serait opposé à notre union; mon père m'eût volontiers poussée dans les jambes de ce vieil homme. Jouant parfois à dénouer les fils de ma vie, à en retisser la trame en imaginant les voies où elle aurait pu s'engager, je me demande si j'aurais pu me contenter d'être la femme d'un marchand de Palmyre, fût-il sénateur et aussi riche que Wörod. L'épousant, j'aurais voulu l'aider à bâtir un empire financier qui se serait étendu sur les pays conquis jadis par le Macédonien; nous aurions laissé à Odénath les apparences du pouvoir politique dont la réalité serait demeurée entre nos seules mains; l'empereur aurait eu besoin de notre aide pour payer ses légions; nous aurions installé des correspondants et des magasins aux Indes, en Espagne, en Gaule, en Grèce, en Egypte; nos vaisseaux auraient sillonné la mer Intérieure et le golfe Persique, la soie de l'Orient lointain et le blé du delta remplissant leurs cales; les prêtres nous auraient acheté des provisions d'encens; achetant tout, nous n'aurions revendu qu'au moment choisi par nous; désertant les autres Etats, l'or aurait gonflé nos coffres; devenus maîtres des silos égyptiens, nous aurions affamé Rome en refusant de charger les navires de César.

Ces rêves, pourquoi mes démons m'ont-ils poussée à les raconter à Wörod ? Quelques jours après le départ d'Odénath, il était venu me rendre visite, estimant qu'il se devait de rendre hommage à la reine de Palmyre bien que tous les pouvoirs eussent été déposés entre ses propres mains, non dans les miennes. Il s'était fait précéder de l'appareil qui orne maintenant tous ses pas : sans doute a-t-il voulu manifester ainsi, avec éclat, l'importance d'une délégation toute neuve, non pas tant pour savourer le plaisir dérisoire auquel n'échappe aucun homme parvenu à obtenir quelque charge dans l'Etat que pour rappeler à tous, et d'abord aux autres sénateurs, qu'il entendait exercer la plénitude de sa magistrature. Du même coup, son empressement à se rendre au palais, des trompettes le précédant, donnait à tous un témoignage de son loyalisme. Dans nos pays, même s'il a pris les plus grandes sûretés avant d'entreprendre quelque expédition, un prince n'est jamais certain de ne pas retrouver, installé sur son trône, celui-là même auquel il a confié le soin du gouvernement pendant son absence. En choisissant le plus riche, Odénath a sans doute témoigné d'une certaine connaissance des hommes, intuitive plus que lucide, il n'en a pas moins placé autour de Wörod des délateurs dont le zèle les a d'ailleurs promptement entraînés à dévoiler leur mission au chef qu'ils étaient chargés de surveiller. Celui-ci, point surpris, leur a ordonné d'accomplir leur tâche avec vigilance ; non seulement il n'avait rien à cacher, mais il voulait encore que toutes ses paroles et tous ses gestes fussent rapportés fidèlement au roi. Il ne leur dit pas que, semblables aux yeux les plus clairs, les vies les plus transparentes sont celles où se calculent les meilleurs mensonges, mûrissent les plus dangereux secrets.

Ce Wörod, quand il est venu s'incliner devant moi plus par précaution politique que par fidélité à un maître, je savais que nous n'avions pas à redouter de sa part quelque mouvement séditieux, au moins pour son propre compte ; je savais aussi qu'il n'hésiterait pas à se jeter dans le camp des vainqueurs si quelques conjurés, tentés par l'or perse, parvenaient à s'emparer du pouvoir : il n'est pas d'Etat qui ne suppure ses factieux. Odénath ne compte pas que des amis à Palmyre ; sans doute, l'abondance de ses richesses, son goût du faste qui balance sa rapacité, ses fourberies, ses costumes somptueux, même la charge de faux général tendue par les Romains comme un piège, lui valent toujours, malgré quelques murmures, l'admiration étonnée du petit peuple et des boutiquiers, mais dans le regard des chefs de grande tente j'ai vu souvent briller l'éclat des épées nues. Ignorant l'histoire, Odénath a compris sans avoir besoin de lire les livres que, nées de la multitude, les rébellions finissent toujours par être domptées, mais que fomentées par les princes les conjurations sont plus difficiles à réduire. Partant pour la guerre, il a emmené avec lui quelques chefs qui, le jour du combat, seront placés par ses soins à ces postes dangereux où, faute d'avoir des pieds rapides, on devient vite un héros mort.

Arabe et financier, Wörod comprend le grec et le latin sans en faire étalage. Il a lu quelques poètes, sait enrouler des mots savants autour de sa pensée et, depuis qu'il fut ambassadeur à Rome, cultive l'art de parler inutilement. Il a été un des rares amis de mon père à me voir grandir sans me regarder avec des yeux rouges, il s'est toujours intéressé aux leçons de mes pédagogues et m'a dit un jour que j'étais devenue l'égale des plus savantes rencontrées par lui à Rome ou à Alexandrie. Plus encore que les hommes, les femmes qui ont lu quelques auteurs aiment qu'on les prenne au sérieux. Les années avaient passé, j'étais aujourd'hui l'épouse d'un roi, Wörod venait me saluer dans mon palais de marbre tandis qu'Odénath conduisait une armée vers l'Euphrate. Notre conversation fut lente à se nouer. J'ai toujours aimé provoquer les hommes sans être encore parvenue à connaître laquelle de leurs deux faiblesses est la plus vulnérable, la vanité ou la virilité. Avec Wörod, tout paraissait plus compliqué. Encore que les années ni l'or n'aient abîmé son visage ou alourdi son ventre, j'étais certaine qu'aucun trouble ne l'agitait sous sa toge : les femmes, du premier coup d'œil, savent apprécier ces choses visibles ou invisibles. Il ne s'était jamais précipité dans la course aux honneurs, ceux-ci venant décorer régulièrement sa vie et la jalonner comme des bornes milliaires, sans qu'il eût besoin de ramper pour les obtenir, ne les dédaignant pas pour autant. Pensant soudain qu'il pouvait devenir mon allié, je lui ai démandé pourquoi il ne m'avait pas demandée en mariage. N'était-il pas plus jeune que mon père et moins âgé que mon mari ? Il me regarda sans sourire, stupéfait, se demandant à quel jeu je me livrais et craignant d'être moqué non pas par la reine de Palmyre mais par la fille du marchand Amrou. N'y prenant garde, je développai un discours sur la fragilité des souverainetés apparentes comparée à la solidité des pouvoirs plus secrets, affirmant qu'un jour ou l'autre les grands marchands deviendraient les maîtres du monde ; il leur suffirait pour asservir un ennemi de détenir en quantité suffisante les marchandises les plus nécessaires à son existence et de les lui mesurer sans cesser d'en augmenter le prix. Comme les chasseurs serrent dans leurs doigts le cou de l'oiseau pris au piège pour l'étrangler avec une douce fermeté, on viderait une cité de son or et de son courage ainsi qu'on vide un poulet du fluide nécessaire à sa respiration. Etait-ce là un songe si insensé ?

Mon filet, je ne l'ai pas jeté au hasard. Au bruit de la gloire militaire, Wörod préfère la puissance financière par laquelle il est toujours aisé de briguer un jour le pouvoir politique et de courber sous sa loi quelques porteurs de cuirasse. Ayant écouté mes propos avec autant de curiosité que de défiance, comme s'il eût peur qu'un espion ne les rapportât déformés à Odénath au point de provoquer le soupçon de quelque complot, il me fit observer qu'un empire pouvait en effet se conquérir par l'argent mais ne se gardait bien que par les armes. Il ajouta que veillant sur les coffres publics, les militaires protègent aussi ceux des financiers, et il conclut, prudence admirable, que les uns et les autres rendant service à l'Etat, un prince se devait d'honorer ses généraux et ses banquiers, faute d'être asservi par ceux-ci ou assassiné par ceux-là. Le regardant droit dans les yeux, j'ai assuré Wörod que si les circonstances plaçaient demain le gouvernement de Palmyre entre mes mains, je saurais me souvenir de sa leçon politique. Je lus dans son regard une interrogation qui me parut cette fois si confiante et si amicale que je décidai d'aller plus avant. Je l'emmenai dans le jardin, à l'abri des oreilles écouteuses, par les allées de marbre bordées de rigoles où l'eau chuchote. Avant de parler, j'ai hésité, gardant le silence ou feignant de vouloir l'intéresser à une variété d'hibiscus dont les graines avaient été apportées par quelque marchand perse : n'est-il pas de tradition qu'un financier ait le goût des fleurs rares ? Lui aussi, Wörod se taisait. Je le devinais rompu aux négociations, tenant sa garde bien fermée, mesurant ses gestes, les lèvres vigilantes, faisant ruisseler sur son visage cet air de loyauté qui sollicite la confidence. Allais-je me conduire comme Odénath si souvent semblable à ces fauves qui, lassés d'une longue prudence, tombent dans les trappes les plus grossières? J'étais fatiguée de mes calculs solitaires, j'avais besoin d'un ami non d'un complice, pas même d'un amant de passage. Wörod, je ne voulais partager avec lui ni le gouvernement ni mon lit; sa seule alliance me paraissait nécessaire pour que, le moment venu, le Sénat reconnût en Zénobie la reine de Palmyre.

Parvenus au fond du jardin, nous montâmes sur le chemin de ronde qui longe le mur d'où l'on découvre la ville. Poudrée d'or, elle scintillait dans le soleil. Au-delà des temples et des villas, près des palmiers immobiles, j'apercevais des maisons misérables faites de chaux et de sable dont les terrasses s'ornaient d'étoffes colorées. Un brouillard de lumière enveloppait les tours funéraires parmi lesquelles je cherche toujours celles qui abritent le cadavre de mon père et les cendres d'Eulémos. C'est la saison où les orges posent encore sur le sol des petits tapis verts. Là-bas, c'était le désert avec ses blocs de rochers étincelants et aigus, pareils à des buissons d'épées. Les nuits de lune, lorsque je m'attarde ici, Palmyre me paraît toujours plus grande, déformée par les sortilèges de l'obscurité, étalée sous les étoiles. Pour la première fois, elle m'apparut minuscule, cernée par les sables, écrasée sous le soleil triste, espace fini dont je ne savais plus si les limites paralysaient ou transportaient mon imagination. Etait-ce pour ces villas et ces temples de marbre, ces palmiers et ces masures que des milliers de jeunes gens risquaient de se faire massacrer par les escadrons perses? L'idée de la patrie, je l'ai apprise dans les livres et les déclamations de Cornélius, non dans les annales de notre cité ou sur les genoux de mon père. Nous n'avons pas d'histoire, nos monuments ont été bâtis par des marchands grecs ou des entrepreneurs romains, nos seules statues sont celles qui représentent les plus habiles et les plus riches. Je me prenais à douter que Palmyre eût la dimension de mes rêves, mais je me disais aussi que Pella n'était qu'une bourgade de la Macédoine quand Alexandre fut tenté par l'aventure. Immobile, muet, attentif, comment Wörod aurait-il pu deviner qu'à cet instant, moi,

Zénobie, semblable aux joueurs qui doublent leur mise à chaque coup de dés pour rattraper les parties perdues, j'ai compris que seule la démesure permet la réalisation des grands desseins.

Sauf à foncer tête baissée dans les pièges tendus, même sous ses propres pas, par sa propre duplicité, Odénath n'a jamais pris que des risques calculés. Pour moi, puisque j'accordais peu de foi à ce que les hommes appellent le destin, le moment était venu de me découvrir, même imprudemment, et d'organiser hardiment le hasard. Meilleures fortunes s'offriraient-elles pour poser des rets dont je serais seule à connaître les nœuds et à tenir les fils ? Rompant le silence, j'ai demandé à Wörod s'il avait réfléchi aux dispositions qu'il devrait prendre si quelque funeste sort frappait le roi au combat ? Point surpris par ma question, ou feignant de ne pas l'être, il répondit que si pareil malheur s'abattait sur Palmyre, le Sénat proclamerait aussitôt Hérodien, fils aîné d'Odénath.

« Et s'ils mouraient tous les deux ? »

Wörod n'a pas bronché, aucune lueur ne s'est allumée dans ses yeux ; seules furent agitées d'un léger tremblement ses mains qu'il a longues avec des ongles carrés, trop plats. Il dit enfin :

« Tu es la reine, Septimia Zénobie » et, dans un murmure : « Mais le neveu d'Odénath n'a pas suivi l'armée et demeure à Palmyre. »

Je n'avais pas pensé à ce Maeonius, personnage obscur qu'on dit débauché et perdu de dettes dont Odénath a toujours refusé la présence à ses côtés, à la chasse ou à la guerre, et qui n'est pas même reçu au palais. Il me faudra compter avec lui. Un oncle qui vit trop longtemps a toujours quelque part un neveu qui le hait.

L'école dont j'ai confié la direction à Longin est maintenant fréquentée par tous les fils des notables de Palmyre : pour donner l'exemple, j'y envoie Waballaht. J'en ai choisi moi-même les maîtres, dur labeur, chacun d'eux se prétendant supérieur aux autres pour avoir étudié à Ephèse ou à Pergame, à Antioche ou à Alexandrie, avant d'aller à Rome ou à Athènes. Ecartant les savants trop sonores qui n'écoutent qu'eux-mêmes, rhéteurs et faux philosophes, j'ai gardé les grammairiens, les géomètres, les astronomes, les géographes, et j'ai distingué quelques anciens centurions habiles à l'équitation, aux exercices de la palestre, au combat rapproché. Waballaht, trop jeune pour être soumis aux disciplines violentes, se tient bien à cheval. Je veux qu'il ne soit pas isolé des garçons de son âge comme je le fus moi-même dans mon enfance ; il faut cependant qu'il soit considéré et qu'il se considère lui-même fils de roi. Chaque matin, deux pédagogues et six archers l'accompagnent à l'Athénée, autant pour le protéger que pour montrer aux yeux de tous l'héritier d'Odénath et de Zénobie. Sur son passage, les citoyens sourient et applaudissent : il n'a encore que sept ans, mais pour ses compagnons et ses maîtres d'école il est le petit prince de Palmyre. Waballaht n'a pas été long à comprendre son rôle. Je retrouve dans mon fils la vanité de son grand-père, la souplesse de son père ; j'y observe un certain goût des mensonges inutiles, des fourberies nécessaires à la direction des choses publiques. Ses maîtres louent la rapidité de son esprit et la précision de ses gestes ; je n'ignore pas qu'ils me vendent leur savoir autant que leurs louanges. Les vertus qui lui seront nécessaires pour gouverner Palmyre avec une main dure, je n'en vois pas encore les promesses. A son âge, je faisais cruellement souffrir ma nourrice, et je griffais au visage mon premier pédagogue. Waballaht se contente de jouer au petit maître. L'amour maternel ne bouche pas mes yeux. J'ai voulu souvent le battre, mais ma main s'arrête toujours devant son visage soudain trempé de larmes : je lui tends mes bras où il se précipite en riant, heureux du bon tour où je suis jouée.

Moi-même, je me rends souvent à l'Athénée. Par la grande Colonnade, je traverse la ville en litière, entourée d'un cortège de gardes, pique sur l'épaule, à l'heure où la foule se presse dans les boutiques. Il est bon que le peuple me voie étendue au milieu d'étoffes précieuses, portée par des esclaves et abritée du soleil. Ceux qui me regardaient naguère, tantôt avec une débonnaire complaisance, tantôt avec une franchise audacieuse qui ne me déplaisaient ni l'une ni l'autre, s'inclinent aujourd'hui sur mon passage. Sans doute pensent-ils qu'en s'asseyant sur un trône plaqué de feuilles d'or, mon époux m'a éloignée d'eux. Il me faut rétablir une juste balance entre leur vieille familiarité et leur respect tout neuf. Semblable à un auteur de comédies sachant à l'avance le succès que connaîtra une réplique réussie, je m'arrête au milieu de la foule, reconnaissant celui-ci, saluant cet autre, me penchant pour caresser la joue d'un enfant, complimenter sa mère. Savoir provoquer les acclamations de la multitude et lui faire croire qu'elles sont spontanées, c'est là le premier métier des princes. Parvenue aux environs de l'Athénée, j'arrête le cortège et je saute sur un cheval aussitôt poussé vers la palestre où les centurions dirigent les exercices des garçons : il ne convient pas que ceux-là me voient arriver en litière. Je me mêle à leurs jeux violents. Aucun ne peut l'emporter lorsque nous lançons le javelot dans un pieu fiché en terre ; je ne gagne pas toujours la partie lorsque je les provoque à la lutte. Un jour, avec un garçon de seize ans aux bras durs, je ne parvenais pas à prendre l'avantage, habiles moi et lui à parer les coups et à deviner dans le regard de l'autre la lueur qui précède la prise heureuse. Le combat durait, incertain. Ayant relâché ma vigilance pendant un bref instant pour sourire à ses yeux rageurs, le garçon en profita, avança le pied droit, recula la jambe gauche et m'ayant enserré le cou, pivota légèrement pour me faire basculer. Je l'entraînai dans ma chute. Haletant, le visage couvert de sueur, il tomba sur moi. J'avais perdu la partie. Il voulut se relever aussitôt ; je le retins, serré dans mes bras, et ne le relâchai qu'au moment où je vis une rougeur enfantine envahir soudain son visage. Personne ne comprit pourquoi mon vainqueur au front bouclé était rempli de confusion. J'ai posé des doigts maternels sur son torse maigre où saillaient les côtes. Dans quelques années, j'en ferai un chef de guerre.

Dépêchés au Sénat par Odénath, des messagers nous ont appris que, la surprenant avant qu'elle n'ait fini de se regrouper au-delà de l'Euphrate, les archers de Palmyre avaient infligé une sanglante défaite à l'armée perse. Prompt à manifester sa joie, le peuple s'est aussitôt répandu à travers la ville. J'aurais voulu partager son plaisir, mais j'accordais trop peu de foi aux messages glorieux dictés par mon vieux général. Cependant, la foule se dirigeait vers le palais. Je n'ai pas hésité à aller au-devant d'elle, prenant soin de poser ma main sur l'épaule de Waballaht, telle la mère des Gracques. La multitude nous honora de ses clameurs ; je lui rendis son hommage avec une sincérité non feinte. J'ignorais encore qu'Odénath avait vaincu Sapor, mais je savais que moi, Zénobie, je venais de remporter une victoire à Palmyre : le peuple aime l'image des vertus familiales.

Quelques jours plus tard, précédés de chariots où étaient entassés des casques, des armes, des cuirasses géantes, plusieurs centaines de prisonniers défilèrent à travers la ville : c'étaient les fameux cataphractes, ces cavaliers perses bardés de fer dont l'apparition désorganise les rangs ennemis. Pour la première fois, ils avaient été jetés à terre, capturés, dépouillés de leur armure. C'était un spectacle surprenant, celui de ces soldats qui, privés de leurs montures et de leurs carapaces, traînaient leurs pieds maladroits dans la poussière de Palmyre. Ils avaient dû être de beaux hommes, ils n'étaient plus qu'un troupeau de bêtes enchaînées, muettes, épuisées par une longue marche. Sans doute, parmi eux, se trouvaient quelques témoins de l'humiliation de mon père. J'aurais dû leur cracher mon ressentiment au visage, je ne suis pas même parvenue à m'échauffer le sang : ceux-là ne sont pas méprisables à qui la fortune est contraire quand ils combattent les armes à la main. Cependant, tous les quartiers s'étaient dégorgés de part et d'autre de la grande Colonnade, foule d'hommes, de femmes et d'enfants dont la fureur autant que le plaisir faisaient flamber les yeux. Les femmes paraissaient les plus animées : je reconnus Zohra, la bouche tordue par les injures. La nausée me montant aux lèvres, il me fallut prendre garde de dissimuler mon dégoût ; je m'efforçai au contraire de participer au spectacle qui permettait à tous ceux de Palmyre d'éprouver ensemble une même haine pour un ennemi commun. Les radotages de Cornélius sur la patrie m'avaient au moins appris que ce genre de passion élémentaire est un mortier utile au rempart des cités. Il ne me déplut pas de voir Waballaht lancer de sa petite main une pierre qui atteignit un captif en plein front. J'avais deux raisons d'être satisfaite : mon fils visait bien, on l'applaudissait.

Ce cortège de vaincus, aucun cavalier de Palmyre ne l'encadrait ; seuls, les légionnaires romains en assuraient la garde, bouviers au front étroit qui, prenant leur revanche d'avoir détalé à Edesse, menaçaient de leurs piques le troupeau enchaîné. Ils y mettaient d'autant plus de cruauté que n'ayant pas participé eux-mêmes au combat qui avait réduit leurs prisonniers dans cet état, ils s'étaient vu confier, mauvais soldats des services de l'armée, le soin de mener les Perses d'abord à Palmyre, puis à Antioche, long détour sur les pistes du désert, pour les montrer au peuple avant de les livrer à César auquel ils appartenaient. Ainsi, la victoire de nos archers, Odénath nous la vole pour la déposer dans les mains de Gallien. Hier, homme de razzia, insaisissable et perfide, la pourpre n'en a point fait aujourd'hui un roi. Il a suffi que Rome lui donne l'apparence d'un commandement militaire pour en faire un esclave en uniforme, plus enchaîné que ses captifs. Si les prisonniers perses avaient défilé sous la garde de nos cavaliers, le peuple, ne se contentant pas d'insulter les vaincus, eût reconnu les vainqueurs dans ses propres fils et les eût acclamés. Odénath ne s'est pas même laissé jouer. Fier d'être devenu le plus ferme soutien de l'Empire, préférant les honneurs à la liberté, il ne comprendra jamais que les puissants n'accordent leur amitié protectrice qu'en échange de la servitude. Il est perdu pour Palmyre. Je le préférais chef de bande et tueur de léopards.

Cette victoire, Odénath ne nous la dérobera pas. Occupés sans doute à poursuivre l'ennemi, nos cavaliers reviendront plus tard, mais j'ai demandé au Sénat de préparer déjà les cérémonies qui fêteront leur retour. Il me faut convaincre Wörod que les prisonniers perses sont les nôtres, non ceux de César. Soucieux de ne pas s'opposer au légat impérial d'Antioche, il voudra d'abord ne pas enfreindre les ordres d'Odénath ; son intelligence des affaires finira par l'emporter quand je lui aurai dit que la route de nos caravanes longeant la frontière, il convient de ménager Sapor et de préserver l'avenir. Envoyer à César les satrapes captifs, c'est les condamner tous à une mort certaine, c'est aussi refuser à Palmyre la joie d'accrocher quelques têtes sur ses remparts. Les garder ici, en sauver le plus grand nombre, le faire connaître à Sapor, c'est ménager des négociations dont nous aurons peut-être besoin. Un jour, les légions seront contraintes à repasser la mer Intérieure. Palmyre connaîtra-t-elle alors un plus grand intérêt que celui de rétablir aussitôt, le long de l'Euphrate déclaré fleuve de paix, des postes caravaniers ? Cet argument, mauvais pour la multitude, est bon pour les marchands. Je les connais. Wörod le comprendra mieux qu'un autre : il entretient avec l'ennemi des relations dont je n'ignore pas le secret.

Les tragédies grecques ne sont pas avares de messagers essoufflés par une longue route et surgissant tout à coup pour annoncer des événements prévus par le destin. Dans ses commentaires irrespectueux, mon maître Eulémos ne manquait jamais de souligner leur arrivée avec un léger sourire ; il n'en admirait pas moins la simplicité avec laquelle les poètes réglaient la volonté des dieux immortels. Odénath a fait mieux encore : en moins d'un mois, trois messagers sont arrivés pour nous faire connaître que les Perses ont été balayés par les nôtres. Abandonnant le trésor de son armée et son harem, Sapor s'est enfui vers Ctésiphon, sa capitale aux quarante mille colonnes d'argent. Des milliers de prisonniers se traînent, les uns vers Antioche, les autres vers Palmyre, toujours encadrés par des légionnaires romains, ceux-là vrais combattants. Nos cavaliers, proclame un messager, poursuivent l'ennemi. Après avoir accompagné le Sénat en grand appareil vers les temples pour y brûler l'encens de la victoire, j'ai pensé qu'il y aurait autant de profit à interroger les hommes qu'à remercier les dieux ; j'ai voulu entendre de la bouche même des guerriers, vainqueurs ou vaincus, le récit de leurs combats. C'est une entreprise difficile. Chacun d'eux, quel que soit son grade, enfle ses mérites, exagère sa fatigue, se louange soi-même avec cette emphase naïve qui est le propre des soldats glorieux, discourt sur des faits minuscules. Aucun n'est capable de m'apprendre comment l'affaire a été engagée. A les entendre, la grande bataille où le Sassanide a dû abandonner son trésor et ses femmes n'aurait été qu'une suite de combats singuliers où tous auraient brillé du plus vif éclat. Les écoutant, j'ai essayé de me rappeler les pages que le vieux Cornélius me récitait par cœur tandis que je souriais de ses certitudes enfantines. Fallait-il accepter davantage les fausses précisions de Thucydide que les merveilleuses crédulités d'Hérodote ? Moi-même, dans ma jeunesse, j'avais été tentée d'écrire une histoire grecque, mais j'avais porté moins d'intérêt à la guerre du Péloponnèse qu'aux poètes et aux philosophes : les cadences de ceux-là m'enchantaient, les pensées de ceux-ci m'aidaient à comprendre les principes et les causes. Je me méfiais des historiens parce que j'admirais et je craignais à la fois leur pouvoir de créer ce que nous appelons après eux des faits historiques. Plutarque n'a-t-il pas fait davantage pour la gloire d'Alexandre que la bataille du Granique ? Auguste n'ayant pas la plume de César n'a-t-il pas acheté à prix d'or celle de Tite-Live ? Où était donc la vérité ? C'était, de ma part, un comportement enfantin. Alors, on m'appelait Zoubida. Le scepticisme d'Eulémos n'avait pas encore entamé mon goût de l'absolu. Depuis, j'ai appris que les hommes et les faits ne sont que ce qu'ils paraissent être.

Aidée par Longin, interrogeant de nombreux prisonniers, je veux moins connaître les péripéties des combats que le comportement de nos bédouins dans cette guerre où, pour la première fois, ils se sont heurtés à une armée disciplinée. Je n'ose pas m'inquiéter du sort de Zabbaïe devant Longin, Grec trop rusé pour ne pas soupçonner quelque trouble dans ma quête ; je veux croire ma vieille M'Barka quand elle me chuchote, grondeuse complaisante, les invocations mystérieuses adressées à ses génies familiers pour assurer la protection de mon cavalier du désert dont je ne suis pas sûre qu'elle souhaite le retour. Conduisant à Palmyre un groupe de prisonniers, un centurion m'a affirmé que le choc des deux armées avait été rude. Le sort du combat était demeuré incertain pendant trois jours, les adversaires couchant sur le champ de bataille et reprenant la lutte le lendemain ; à la fin, les Perses, épuisés comme les Romains l'étaient eux-mêmes, avaient été balayés par l'arrivée soudaine des cavaliers de Palmyre tenus jusqu'alors en réserve. La surprise de l'ennemi avait été telle de voir surgir des sables une troupe de cavalerie dont il ne soupçonnait ni la puissance ni le nombre, qu'il avait lâché pied sans avoir le temps de rassembler ses machines, ses bagages, ses femmes, ses chariots. Entouré des grands satrapes, Sapor n'avait dû le salut qu'aux cataphractes lancés en avant pour protéger sa fuite. Trop rapides pour leurs prisonniers, les cavaliers de Palmyre en avaient abandonné le soin aux légionnaires plus lents à se mouvoir mais plus expérimentés à occuper le terrain conquis. Le témoignage de cet homme, sans complaisance pour son propre rôle dans une affaire dont la décision n'a pas dépendu des troupes régulières, je le tiens pour sincère encore que provisoire. Quant aux chefs romains, trop heureux que personne n'ait pu retenir l'élan des guerriers arabes poursuivant les troupes de Sapor, je les soupçonne d'organiser déjà la victoire à leur seul profit et pour la seule gloire de César.

Choisissant Longin, ai-je été aussi heureuse qu'Octave Auguste achetant un si bon serviteur que Tite-Live ? Homme d'étude, son influence s'étend bien au-delà de l'Athénée : il a pu attirer à Palmyre des architectes, des poètes et des philosophes. Je leur accorde quelques subsides. Quelle que soit la main qui donne et l'oreille qui écoute, un peu d'or et des applaudissements suffisent à les attacher à la fortune de Mécène. Pour un prince, il est moins important d'aimer les arts et les lettres que de savoir tout le profit qu'on peut en tirer. J'ai demandé à l'un d'eux d'écrire une ode à la gloire militaire d'Odénath, chef des armées de Palmyre, vainqueur du roi des rois. Sans que j'eusse besoin de l'encourager, il s'est aussitôt mis au travail, alignant des strophes où les lauriers se posent aussi sur la tête de Zénobie. Quand Odénath reviendra de la guerre, chargé de butin et d'honneurs, il n'est pas un seul citoyen de Palmyre qui ne connaîtra déjà ses exploits et ne m'y associera joyeusement. Si son seul cadavre devait revenir du combat, quel plus triomphal chant funèbre pourrait l'accueillir que les mensonges d'un poète bien nourri ? Mercenaires, nos soldats étaient naguère des guerriers sans visage. Souvent la fortune leur avait souri, jamais la gloire. Ils rapportaient du butin, non des trophées. Pour la première fois, commandés par des chefs de guerre arabes, nous combattons sous nos propres étendards. Là où les légions de César ont été battues, des cavaliers sarracènes l'emportent sur un ennemi redoutable. Moi, Zénobie, il me faut fortifier ce vin nouveau jusqu'à ce qu'il enivre notre cité sans mémoire. Longin et ses artistes m'y aideront. Pour un sculpteur officiel, les soldats sont de bons modèles. Semblables aux enfants d'Athènes, ceux de Palmyre vont apprendre des poèmes où il sera dit qu'il est doux de mourir pour la patrie. Ils le croiront.

D'autres messagers sont arrivés à Antioche. Ceux-là venaient de Rome pour demander au légat d'envoyer sur le Danube des renforts prélevés sur l'armée d'Orient. Laissant Odénath s'enfoncer en Mésopotamie avec ses cavaliers et quelques cohortes, les grands chefs romains s'apprêtent à repasser la mer plus vite que je ne l'avais espéré. La XVIe Flavia est rentrée à Palmyre pour affirmer par sa présence une puissance militaire à laquelle nous croyons moins depuis que les légions ne sont plus invincibles. A l'heure où les feux s'éteignent, j'entends à nouveau le son aigre des trompettes qui naguère m'enrageait. Elles sonnent toujours pour ramener vers le camp les soldats attardés dans les rues chaudes, mais je les entends sans colère. Il m'arrive même de les écouter avec un plaisir secret depuis que j'ai vu défiler la légion à son retour. Ça n'était pas la première fois qu'elle passait par la grande Colonnade cette XVIe Flavia, tantôt au terme d'une opération de police sur les rives de l'Euphrate, tantôt après en avoir terminé avec quelque chantier de piste. Je sais que des habitudes, souvent des amitiés, unissent ces brutes aux habitants de la ville, même si ceux-ci sont rudoyés et méprisés par ceux-là. Le retour de la légion de Palmyre, ça n'était pas seulement la musique militaire, les enfants courant dans les rues, les femmes pressées sur les terrasses, c'était la joie des boutiquiers, les cris des putains, les hautes payes roulant dans les bordels. Cette fois, ils ont défilé dans le silence : vainqueurs aux épaules voûtées, ils traînaient des pieds usés. Certaines centuries ne comptaient plus que quelques hommes, sauvés du massacre par l'arrivée des nôtres. Les mêmes fatigues n'accablant pas d'un poids égal les soldats et le général, celui-ci se tenait droit sur son cheval, mais le visage défait et les yeux hagards. Informée par mes soins, Palmyre attendait le retour d'Odénath et de ses guerriers pour les acclamer ; déçue, elle a regardé passer la XVIe Flavia sans pousser ses vieilles clameurs. Seuls quelques applaudissements ont salué les cohortes aux rangs les plus clairsemés, non pas pour glorifier les survivants mais pour se réjouir du nombre des morts. Certains marchands ouvrent toujours leurs portes aux officiers et leur offrent encore leurs filles ; il arrive aussi que sur le passage d'un soldat quelque bédouin crache à terre en détournant la tête. Je sais ces choses. Mon père dirigea les services de la police, ses espions sont demeurés pour moi de diligents espions ; sans le vouloir, l'administration impériale a développé en nous notre goût naturel pour la surveillance et le secret. Je connais toutes les familles liées au parti de César autant par les honneurs que par le profit ; l'avènement d'Odénath, ami et allié du peuple romain, a consolidé leurs intérêts, mais que les Perses, redevenus heureux, assurent la protection de leur négoce, elles ne balanceront pas longtemps entre César et Sapor. Elles sont le nombre, la puissance, l'or, la lâcheté, non pas celle qui mord le ventre du fuyard, mais celle, plus vile, qui vous fait courber l'échine pour mieux entasser le métal.

Un chamelier ayant fait connaître qu'une petite caravane venant d'Antioche se dirigeait vers Palmyre avec un chargement de blessés, j'ai su dans le même moment que je retrouverais Zabbaïe parmi ceux-là. Quel est ce prodige que le vieux Sophocle n'eût pas oser inventer ? Prévenant la seule M'Barka, je suis partie aussitôt, escortée de quelques méharistes. Beïda courait sur le reg. Il me semblait que j'étais emportée par un animal fabuleux, aux ailes invisibles, né dans un de ces songes où les bruits ont disparu, où les objets sont sans pesanteur. J'avais enlevé ma robe pour m'habiller comme un homme, avec une tunique courte, les deux petits poignards passés à la ceinture, mes cheveux noués sous le bonnet pointu des archers. J'essayais d'accorder le rythme de mon cœur au galop de Beïda, j'entendais des derboukas gronder au fond de mes oreilles, prenant garde cependant d'oublier que j'étais l'épouse du roi de Palmyre, que mes compagnons m'observaient, qu'il était interdit à Septimia Zénobie de se précipiter à la rencontre d'un homme. Mon méhari courant de plus en plus vite, je devais sans doute forcer son allure sans même m'en apercevoir. Soudain, ne sentant plus peser sur ma nuque le regard de mes compagnons, il me fallut ralentir : alors j'entendis à nouveau les sabots de Beïda frapper le sol dur, et bientôt le galop rassurant de mon peloton d'escorte. Quelles forces m'avaient ainsi poussée en avant ? Le plaisir de Beïda, resté trop longtemps au pâturage et soudain lâché dans le désert, le jeu féminin de vouloir distancer mes archers, l'impatience de revoir un mâle qui m'avait prise comme une bête, l'inquiétude de le retrouver blessé à mort, ou la nécessité politique de m'attacher un chef de guerre que Palmyre fêterait comme un héros ? Je m'en voulais d'être contrainte à me poser de telles questions parce qu'elles m'apportaient la preuve d'un désordre que je ne parviens pas toujours à réprimer rapidement, et le témoignage de contradictions qui risquent de me faire manquer un but dont l'approche exige des idées simples.

Nous nous dirigions vers Emèse[1] où des troupes romaines tenaient garnison. Craignant que quelque centurion ne me reconnût, j'espérais retrouver Zabbaïe avant d'arriver sur les rives de l'Oronte. Cependant, la pensée m'agitait de connaître enfin ce fleuve dont le nom avait bercé ma jeunesse et soulevait encore au fond de mes souvenirs studieux les légendes, les personnages et les tumultes qui sont toute l'histoire du monde. Les caravanes de mon père m'avaient toujours emportée vers le golfe Persique, jamais vers la Syrie romaine où les Perses portaient trop souvent la guerre ; plus tard, Odénath avait refusé de me conduire à Antioche, prétextant les troubles et les débauches de la ville dont le seul nom me fascinait. Pour la première fois, il m'arrivait de pousser Beïda vers l'horizon où le soleil s'incline avant de disparaître derrière les hautes montagnes.

Il nous fallut faire reposer nos bêtes, installer un minuscule campement. Dans ma hâte, je n'avais emporté ni tente, ni nourriture, ni tapis. Rien ne me manqua, le désert n'étant jamais vide pour les coureurs de sable. Bientôt, une flambée de bois sec me sauta au visage, je bus dans le creux de mes mains une goulée d'eau, je mangeai une poignée de dattes avec une galette d'orge qui crissait sous la dent. Etendue sur une peau de mouton, j'étais redevenue une petite fille au corps innocent et lisse. Pour me protéger, les archers avaient formé un large cercle autour de moi. L'un d'eux pinça la corde d'un petit instrument de musique fait d'un boyau tendu sur un tambourin. Deux notes, toujours les mêmes, tintèrent contre les étoiles qui montaient lentement dans le ciel.

Nous sommes repartis le lendemain matin, tournant le dos à l'orient. La montagne syrienne se distinguait à peine dans l'aube enfantine. J'imaginais ce que je brûlais de connaître, sans doute l'Oronte, davantage cette mer Intérieure dont je savais qu'elle était un immense désert liquide où, bravant la colère des dieux, les hommes faisaient circuler d'innombrables navires.

1. Aujourd'hui Homs (Syrie).

Elle s'étendait, bleue disaient les uns, verte selon les autres, derrière les montagnes dont les lignes se précisaient à l'horizon, là où des nuages se coloraient peu à peu. Si j'avais fait part de ces pensées à mes compagnons, ils auraient hoché la tête avec une prudence arabe. Pour ces hommes, l'eau c'était la pluie qui reverdit les pâturages, les oglats au fond du sable, la source qui court dans les séguias à travers les jardins. Quelques-uns d'entre eux avaient franchi l'Euphrate, mais un fleuve c'est encore l'eau de la terre, qu'on peut détourner pour arroser les champs, où l'on mène les bêtes. Pour le reste, ils tenaient pour fables les récits des navigateurs syriens qui prétendaient avoir risqué d'être précipités dans les abîmes par des monstres marins, ou bien ils n'osaient en parler, sachant par expérience qu'il suffit de prononcer le nom des démons pour déchaîner leur courroux. Quittant Palmyre, mes archers ne connaissaient pas l'objet de notre course, j'en ignorais moi-même le terme. Sur la garde du palais, j'avais prélevé une vingtaine de méharistes, anciens serviteurs de mon père qui ne m'avaient posé aucune question mais que le chamelier avait instruits depuis notre départ.

Leur chef m'ayant fait connaître que deux bêtes boitaient, il nous fallait soit les abandonner, soit ralentir notre allure. En d'autres circonstances je n'aurais pas hésité à m'en séparer, selon la coutume au désert : la palmeraie n'était pas si éloignée que leurs conducteurs ne pussent les y ramener. J'ai expliqué aux archers que les ayant choisis parmi les plus valeureux pour porter secours à des guerriers blessés, nous ne nous séparerions pas avant de les avoir retrouvés. Ils m'approuvèrent. Je m'efforçai de calmer l'ardeur de Beïda impatient de distancer les autres. Le soleil était déjà haut lorsque je me suis lancée vers une colonne de sable qui dansait dans la lumière à ce point de l'horizon où la terre et le ciel se confondent en une ligne imprécise. Nous nous arrêtâmes après un court instant de galop : le danseur avait disparu. Etait-ce un présage ? J'avais si souvent moqué les faiseurs de miracles et leurs clients que je me refusais à y voir un signe, mais je ne pus me défendre d'imaginer que l'esprit de Zabbaïe luttait peut-être encore contre les ténèbres et m'appelait à son secours. Croire à je ne sais quelles puissances tutélaires ou vengeresses pour expliquer tout ce que nous ne comprenons pas est sans doute une faiblesse nécessaire aux hommes. Moi-même qui m'interroge sur ce que nous appelons la vie, la mort, l'âme, le dieu unique, j'étais prête à reconnaître l'âme de Zabbaïe dans une gerbe de poussière soulevée par le vent.

Je réussis à calmer l'impatience de Beïda, il restait à freiner la mienne. Lorsqu'un orage intérieur obscurcit soudain ma raison devenue tempête et fureur, moi-même dévastée, je prends garde de me soumettre à certaines disciplines : respirer lentement, mesurer l'économie de mes gestes, me rappeler le ridicule des visages déformés par la colère, retrouver les éléments d'un système philosophique. Peu à peu, mon cœur bat moins vite, mes yeux redeviennent clairs, ma rage disparaît. Je mis Beïda au pas, un pas allongé qui l'irrita mais finit par l'apaiser et modéra mon propre trouble : ainsi des accords mystérieux s'établissent entre les hommes et les bêtes, peut-être avec les plantes. Tandis que mon méhari foulait le sol avec superbe, j'admettais que nous possédons une faculté instinctive supérieure à la raison, mais je me refusais à croire qu'elle fût capable de nous élever, par je ne sais quelle extase, à l'intuition d'une unité suprême. Je ne me satisfaisais pas davantage des discours qui situent dans la seule imagination des philosophes ou dans les superstitions de la multitude tout ce qui échappe à nos sens. Peut-être serais-je tentée d'essayer de tout savoir pour tout comprendre et de tout comprendre pour tout aimer si je ne m'étais fixé un but vers lequel me conduisent plus sûrement le calcul que la philosophie, l'intérêt que l'amitié, la réalité que les mirages. Ces réflexions, je les savais plus légères que la fumée d'un feu de camp, j'en mesurais la valeur médiocre, je refusais de me laisser prendre aux pièges des idées ou des témoignages tenus pour vrais parce que signés de noms illustres. Elles m'apaisaient et me replaçaient dans les chemins étroits d'où les démons, qu'ils fussent ceux de M'Barka ou les miens, s'ingéniaient trop souvent à m'écarter comme s'ils avaient su que les plaisirs et les tourments ne se cueillent pas sur les lignes droites.

Un second nuage de poussière apparut à l'horizon. Encore que j'en eusse, je ne modifiai pas l'allure de Beïda, refusant de me laisser prendre une autre fois à ces faux sortilèges bons à émouvoir un jeune légionnaire qui découvre le pays du sable. Cependant, comme le nuage semblait avancer, s'élargir, rouler au ras du sol, poussé par un berger invisible ramenant ses bêtes du pâturage, j'ai donné l'ordre au chamelier de partir en reconnaissance, les autres archers demeurant groupés derrière moi, au pas. Surpris, croyant qu'il allait pouvoir s'élancer lui aussi, Beïda allongea le cou où passa la ride d'un frisson, mais je ne lui donnai le signal attendu qu'au retour du guide : le nuage de poussière, c'était bien celui d'une petite troupe venant d'Antioche. On y comptait une dizaine de chameaux de charge sur lesquels on avait encordé des blessés, cavaliers des tribus sarracènes que j'avais vus naguère durs et souples, dont je revoyais les corps déchirés et les visages livides où s'écrasaient des taches de sang cuites par le soleil. Quelques-uns d'entre eux me reconnurent, les autres avaient déjà atteint le moment où, la vie hésitant à franchir le seuil fatal, les yeux ne voient plus, les oreilles se ferment, la bouche se tait. Je ne trouvai pas Zabbaïe. Ceux-là qui avaient survécu à leurs blessures, il fallait les conduire à Palmyre, les montrer au peuple, les décorer de couronnes. Ils avaient fait leur besogne, il leur restait à jouer un rôle. J'étais presque heureuse que Zabbaïe ne fût point parmi eux. Mes pressentiments m'avaient autant trompée que le danseur de sable dressé dans la lumière. C'était bien ainsi. Vivant, il reviendrait plus solide ; mort, j'en garderais un souvenir ensoleillé. Nous n'avions plus qu'à faire demi-tour et rentrer à Palmyre où moi, Zénobie, l'épouse du roi, j'irai déposer mes héros, au son des trompettes, sur l'autel de la patrie. C'est alors qu'un chamelier me fit connaître qu'un deuxième convoi de blessés, plus nombreux, les suivait à quelques heures de marche. L'écoutant, je redoutais d'apprendre la présence de Zabbaïe : je n'aurais que faire d'un infirme. Qu'il eût ramené le cadavre de mon père ne lui accordait aucun droit, tout autre compagnon de l'agoranome de Palmyre eût agi ainsi sans rien réclamer. Ne l'avais-je pas assez payé, ne savais-je pas que la reconnaissance avilit autant celui qui la témoigne que celui qui l'accepte ? Cependant, je ne pouvais effacer son image telle qu'elle m'était apparue le jour où il m'avait remis le funèbre fardeau qu'il s'était promis de dérober aux chacals. Son visage décharné m'avait causé un trouble plus grand que cette chose raide et noire qui avait été mon père et ne représentait plus rien pour moi. Tandis que M'Barka s'était écroulée en gémissant, j'avais entendu gronder en moi, corps ou esprit c'est la même chose, un élan vers la vie, à la fois promesse et offrande, comme si j'avais voulu faire passer dans le sang de Zabbaïe ma jeunesse profuse. Plus tard, il me l'avait rendu, plein mon ventre. Nous étions quittes l'un envers l'autre. Mais les événements me pressaient. Si je ne retrouvais pas Zabbaïe, il me faudrait tirer un rapide profit du neveu d'Odénath, ce Maeonius dont Wörod prétend qu'il pourrait faire valoir ses droits au trône de Palmyre, si le destin voulait que la succession en fût ouverte. Où trouverais-je Zabbaïe ? Tenter de le ramener vivant, autant valait croire aux pressentiments des vieilles femmes, interpréter les songes, solliciter l'avenir dans les entrailles d'un poulet. J'ai cependant tenté cette chance plus infime que celle de retrouver une fibule d'or perdue un soir de fête.

La nuit était tombée quand j'ai rejoint cette autre caravane. Son chef avait fait baraquer les chameaux, une centaine peut-être, formant un large cercle à l'intérieur duquel des petites tentes bédouines étaient dressées. Javelot en main, des hommes de garde allaient et venaient, d'autres alimentaient les feux ; silhouettes, gestes, ombres et lumières, tout m'était familier, sauf l'odeur qui se mêlait à celle plus violente du suint, l'odeur douceâtre que chacun reconnaît un jour, avant même de l'avoir connue. Le chef de la caravane est venu vers moi, inquiet d'avoir vu apparaître mon escorte. C'était un juif d'Antioche, un de ces hommes d'entreprise qui connaissent toutes les pistes syriennes, se félicitent de leur commerce avec l'administration romaine et sont toujours prêts à rendre service pour peu qu'on les laisse en paix honorer leur dieu Jéhovah. Il louait ses bêtes de charge aux légions, transportait les bagages, les vivres, les matériaux, les blessés, et entretenait de bons rapports avec nos marchands de Palmyre où la fortune des affaires le conduisait souvent. Je ne pouvais demeurer anonyme. Malgré l'obscurité et mon costume masculin, il m'eût tôt reconnue. Il s'inclina sans bassesse et m'offrit l'hospitalité de son campement avec les protestations d'usage : c'était pour lui un honneur immérité que l'épouse d'Odénath voulût bien daigner se reposer sous la tente d'un Flavius Mardochée. En d'autres circonstances je n'aurais pas été insensible à la drôlerie de cette rencontre entre ce juif devenu un riche auxiliaire de la puissance romaine, lui-même citoyen romain par la grâce de Caracalla, et Zénobie au moment où je m'apprêtais à chasser ses protecteurs. Il me raconta qu'ayant suivi l'armée d'Odénath au-delà de l'Euphrate, il avait vu les lourds escadrons perses bousculer les légions. Celles-ci, démantelées, s'étaient regroupées autour de leurs aigles, cédant peu à peu le terrain, mais résistant jusqu'à la nuit et couchant sur le champ de bataille au milieu des cadavres. A l'aube, au son des buccins, le combat avait repris, et la nuit était revenue sans que les positions des adversaires fussent entamées au point d'entraîner la victoire décisive de l'un d'eux. Le troisième jour, surgis du désert par milliers, les cavaliers de Palmyre s'étaient abattus en hurlant sur les Perses au moment où le courage des vétérans romains faiblissait. Surprise par la soudaineté de l'événement, l'armée du roi Sapor avait tenté de résister aux tourbillons arabes, mais, épuisée par trois jours de combat, avait été contrainte à la fuite. C'était la confirmation du récit fait par le centurion, encore que Mardochée y eût ajouté des détails et des lamentations donnant à la vérité sa véritable dimension : il la décorait avec un génie de la démesure qui l'apparentait à ces conteurs inspirés dont les juifs disent qu'ils furent les héros de Dieu.

Inquiet de reconnaître parmi les blessés quelque cavalier qui eût appartenu à sa tribu, le chef de mon escorte découvrit Zabbaïe sous une petite tente bédouine. J'y allai. Il semblait dormir, sa respiration était imperceptible, sa poitrine ne se soulevait pas, son corps pesait lourd sur le sable. Plus que sa tunique tachée de sang, une odeur écœurante et douceâtre l'enveloppait, linceul invisible déjà étendu sur lui. Les brefs éclats des feux rallumés me permettaient de voir son visage livide, ses yeux creux, sa barbe qui lui mangeait les joues. L'ombre revenue, j'ai caressé doucement ce visage que, par une nuit semblable à celle-ci, j'avais lacéré de mes ongles ; je n'ai touché qu'une peau mince, usée, tendue sur les os, que mes doigts ne reconnaissaient plus. Un moment, j'ai même été tentée de poser ma main sur son membre viril, avec la même simplicité que je le faisais sur celui de mon garçon quand il était tout petit : cela le faisait rire. Je n'ai pas osé ce geste dont je sais qu'il eût été pur ; ma main, un instant levée, est retombée sur la poitrine de Zabbaïe qui poussa un grognement comme font les bêtes qu'on sacrifie. Je lui avais fait mal. J'en fus à la fois inquiète et heureuse : son esprit n'avait pas franchi le seuil noir que les médecins grecs appellent koma. L'odeur qu'exhalaient sa bouche et ses blessures n'en demeurait pas moins semblable à celle des animaux qu'on a forcés à la chasse. Ne pouvant la supporter, je dus sortir pour vomir. J'ai visité le campement de Mardochée : il ne convenait pas que je me fusse attardée auprès du seul Zabbaïe, même moribond. Tous ne paraissaient pas être aussi gravement atteints, encore que leurs blessures répandissent la même puanteur qui me poursuivait. J'ai parlé aux plus valides, jeunes cavaliers avec lesquels je m'étais mesurée dans la carrière, à l'exercice du javelot. Ils ne semblaient pas surpris de ma présence, soit que la fièvre les eût rendus insensibles à tout prodige, soit que l'orgueil bédouin leur eût dicté de ne pas s'émerveiller, au moins de simuler l'indifférence. Un fragile sourire glissait parfois sur leurs lèvres. Ainsi, j'ai su que tous ces hommes faisaient partie des ailes d'avant-garde qui les premières avaient bousculé l'ennemi : leur chef, Zabbaïe, demeuré à cheval malgré de nombreuses blessures, était tombé au momoment où l'ennemi s'enfuyait. Eux aussi, blessés au cours du combat, avaient été transportés à Antioche où beaucoup étaient morts. Ils avaient hâte d'arriver à Palmyre, de toucher leur part de butin, et de rentrer dans leurs tribus.

Nous sommes revenus ensemble. J'avais pris soin de dépêcher un messager à Wörod pour qu'il envoyât à notre rencontre des chariots remplis de paille et de couvertures afin d'y installer les plus faibles. Nous avons parcouru, de bout en bout, la grande Colonnade où se pressait une foule immense, muette de saisissement. Des tapis et des étoffes claires ornaient la façade des maisons, une cohorte de la XVIᵉ Flavia inclinait ses armes sur notre passage, les sénateurs revêtus de leur toge d'apparat me saluaient le bras levé. Personne n'osait applaudir, mais je savais qu'un lien nouveau nouait les uns aux autres ces hommes et ces femmes qui nous regardaient comme ils n'avaient jamais regardé ni les légionnaires, ni les guerriers d'Odénath au temps où il n'avait pas encore revêtu la pourpre. Ceux qui s'étaient le plus accroupis devant les aigles de César découvraient leurs héros et se reconnaissaient en eux. Montée sur Beïda, entourée de mon escorte, j'avais pris place au milieu du cortège comme si je revenais moi-même du combat, non pour une imposture dérisoire, mais parce qu'il était utile que notre victoire arabe fût désormais associée au nom de Zénobie, avant le retour d'Odénath. Comme ils l'avaient fait au lendemain du désastre d'Edesse, les sacrificateurs s'étaient rassemblés sur les marches du grand temple, attendant mon passage pour allumer l'encens. La protection des dieux je la crois vaine ; les prêtres je les juge assez puissants pour contrarier mes desseins. Sans plus sourire qu'eux-mêmes, j'ai accompli les gestes sacrés avec la gravité qu'un prince doit manifester lorsque son peuple rassemblée l'observe.

Les blessés ont été logés dans différentes maisons de Palmyre. Chaque grande famille a voulu le sien. Les sénateurs se sont servis les premiers et ont choisi les mourants ; le cadavre d'un héros est toujours un bel ornement. Aïcha, Zohra et Malika sont pourvues. Ayant confié à leurs esclaves le soin des pansements, fières de se dévouer pour la patrie, elles espèrent la guérison rapide qui leur permettra de se promener bientôt sous les portiques en compagnie de ceux qu'elles auront sauvés. Moi, j'ai ramené Zabbaïe au palais : son dévouement envers mon père, son commandement militaire, la condition de sa famille, la gravité de son état sont autant de prétextes que j'ai accumulés pour justifier une décision dont je ne suis pas dupe. Thalétas, le vieux médecin grec qui surveillait mon ventre lorsque j'étais grosse de Waballaht, s'est installé auprès de lui. Ce vieillard aux longs doigts prétend avoir étudié la chirurgie autrefois, à Rome, sur les corps vivants des condamnés à mort qu'on livrait aux disciples du maître dont il se recommande avec fierté, un certain Celse. Il a coupé les vêtements de Zabbaïe et examiné ses plaies, les lavant et bandant les moins profondes avec des gestes précis et doux, demandant à M'Barka, avide d'un tel spectacle, de lui apporter l'eau et les linges nécessaires à son office. Moi aussi, j'étais présente, moins pour aider Thalétas que pour m'imposer l'épreuve de regarder sans trouble le corps tout nu que je ne connaissais pas encore. Indifférente, sans mémoire, j'avais oublié les yeux dont le regard m'avait outragée, les bras qui m'avaient couchée à terre, le membre qui m'avait déchirée. Zabbaïe, c'était la jeunesse, l'insolence, la peau tiède, la force, c'était le phallus peint au flanc du vase crétois qui ornait l'atrium de la maison de mon père et que, petite fille, je caressais avec des doigts curieux ; ça n'était pas ce squelette jaune, entouré de bandelettes, déjà semblable aux morts de la vieille Egypte promis aux demeures d'éternité. Cependant, Thalétas n'avait pas terminé ses besognes ; la plus difficile restait à faire. Courbé sur la poitrine de Zabbaïe, il regarda plus longuement une plaie d'où, au-dessus du sein droit, coulait une sorte de sanie : c'était la blessure causée par la flèche d'un cavalier perse. Le médecin y enfonça doucement une petite tige de fer qu'il appelle sonde, et en fit jaillir un liquide purulent dont l'odeur fétide emplit la chambre. M'Barka poussa un cri, leva le bras pour protéger aussitôt son visage : elle avait compris que j'allais la gifler, avant de m'enfuir moi-même. Nous sommes restées toutes les deux. J'étais le cavalier qui ramène son cheval sur l'obstacle manqué. Thalétas, comme s'il se fût trouvé devant une table d'anatomie et parlant à ses élèves, nous dit que le fer de la flèche était demeuré au fond de la plaie et qu'il allait tenter de l'en arracher. Il prit une pince. Quand elle entra dans sa poitrine, Zabbaïe poussa un long gémissement. Il ne bougea pas. Il mordait ses lèvres ; la sueur l'inondait. Agiles, les longs doigts du Grec communiquaient à son instrument les mouvements qui lui permettraient peut-être de saisir le morceau de fer. Lui aussi était couvert de sueur. A un moment, répétant sans doute les leçons apprises autrefois, je l'entendis marmonner sur le ton d'une raillerie : « Il faut que le chirurgien soit jeune ou proche de la jeunesse. Son cœur sera inaccessible à la crainte ou à la pitié. Il poursuivra son opération comme s'il n'entendait pas les plaintes du patient. » Aussi lentement qu'il l'avait introduite, il retira enfin la pince. Ses deux branches serraient un petit morceau de fer, aigu et gluant. Un flot de sang rouge inonda la poitrine de Zabbaïe, mais Thalétas se souciait moins de son malade. Il avait réussi un tour difficile et nous montrait en riant l'objet de son triomphe.

Cette nuit-là, ne trouvant pas le sommeil, je suis retournée dans la chambre de Zabbaïe. M'Barka le veillait. Elle avait posé sur la poitrine du blessé un gros cataplasme fait de plantes dont elle prétendait connaître les vertus, et suspendu au-dessus du lit un de ces petits sacs pleins de poudres mystérieuses qu'elle accroche parfois à mes robes. Zabbaïe dormait. Je l'ai entendu respirer. Revenue dans mon appartement, j'ai relu quelques vers de Lucrèce : « Il est doux de contempler le péril d'un malheureux qui lutte contre la mort, non pas qu'on prenne plaisir à l'infortune d'autrui, mais parce que la vue est consolante des maux qu'on n'éprouve pas. » Moi, Zénobie, je suis en bonne santé. Zabbaïe aura de belles cicatrices.

4.

Zénobie

Mes armées massacrées, mes amis morts, mon fils noyé, moi-même prisonnière d'Aurélien, il m'arrive de croire que je me débats dans les gémissements d'un long cauchemar. Plus jeune, à l'heure où le sommeil pèse moins lourd, quand il m'arrivait de prendre conscience qu'elles m'échappaient, je m'efforçais de poursuivre les images de mes songes inachevés, prenant garde de ne pas ouvrir les yeux pour mieux en retenir la forme et les couleurs. Aujourd'hui, impatiente de retrouver les visages et les bruits qui me furent familiers, je les chasse. Sans doute, les filles attachées à mon service vont-elles entrer dans ma chambre, vêtues de leur chiton blanc, précédant le grave Longin venant me demander de poser mon sceau au bas de quelque décret : « Moi, Zénobie, reine de Palmyre... » Longin a été décapité. Les centurions d'Aurélien ont violé et égorgé mes filles, pillé mon trésor, planté leurs aigles dans Palmyre.

Je n'avais pas attendu la mort d'Odénath et de son fils pour m'assurer que le pouvoir ne puisse tomber en d'autres mains que les miennes. Ne confiant mon secret à personne, j'avais tout calculé. Palmyre, le destin, le hasard, c'était moi. La pourpre où je me suis drapée pendant cinq années, je ne l'ai due qu'à Zénobie. Longtemps mûris, mes desseins ont pris la forme de ces fortunes soudaines qui laissent les hommes éblouis et font croire aux prodiges. Mes cavaliers avaient envahi la Syrie et la Palestine, courbé l'Egypte, réduit la Cilicie et la Cappadoce, me faisant maîtresse d'un empire dont la puissance injuriait César et inquiétait Sapor. Déjà, je m'apprêtais à lancer mes troupes au-delà du Bosphore où je savais trouver des alliés avec lesquels nous en eussions fini avec cet ordre que, depuis mille ans, Rome jette au visage des peuples pour mieux les asservir. Cinq années m'avaient suffi pour tout édifier. Il ne me reste plus rien.

Aurélien ne m'a laissé que le char orné de plaques d'or où j'avais rêvé de prendre place pour parcourir, victorieuse, la voie sacrée. Tiré par trois chevaux blancs, le char de Zénobie a décoré le seul triomphe de l'empereur, moi captive, chargée de colliers et de bracelets, le suivant à pied sous les railleries de la multitude. Les foules se ressemblent : à Palmyre, les femmes crachaient au visage des vaincus ; à Rome, j'ai vu des matrones donner à leurs enfants des pierres pour me lapider. Le mépris me gonflait trop le ventre pour laisser quelque place à la peur ou à la honte qu'il me fallait cependant simuler : l'insolence d'un visage trop fier m'eût été fatale. Menus épisodes de leur vie, les défaites ne doivent pas plus modifier que les victoires l'attitude des princes. Je ne l'ignorais pas. Je savais aussi que la tourbe s'était davantage ruée vers les forums pour insulter Zénobie que pour applaudir Aurélien. Il ne me fut pas difficile de la contenter. Nous autres, nés sur les rivages de la mer Intérieure, savons composer nos visages au gré de nos infortunes. J'ai joué la comédie de la reine malheureuse. Mes soupirs et mes larmes redoublaient le plaisir de la foule. Je lui en donnai une juste mesure, assez pour la contenter, pas assez pour m'abaisser jusqu'au niveau où elle respirait. Enfin victorieuse, Rome puisait dans ses cloaques des injures qu'elle me jetait au visage. Des marches d'un petit temple écroulé, une femme s'élança vers moi, le doigt menaçant : « Zénobie, la putain ! » Relevant le front, j'ai regardé la mégère : sa laideur avait protégé sa vertu. Plus loin, un homme releva sa tunique avec un geste obscène. M'Barka marchait derrière moi, yeux aveugles, oreilles sourdes, lèvre dédaigneuse. Il fallait qu'elle fût là. Je surveillai tous mes gestes, sachant que chacun d'eux pouvait être interprété comme une provocation par la foule qui eût aussitôt réclamé ma tête. Aurélien m'avait déjà accordé sa clémence, mais les princes ont-ils jamais résisté à leurs peuples quand ceux-ci exigent une mise à mort ? Prétextant la raison d'Etat, craignant la colère suburbaine ou quelque complot prétorien, invoquant peut-être la tradition selon laquelle les rois vaincus doivent être égorgés après avoir décoré le triomphe de César, Aurélien se serait incliné. La pourpre pesant plus lourd que la foi jurée, il eût oublié que le soir même où Palmyre avait déposé les armes j'avais obtenu d'avoir la vie sauve, moi, Zénobie, en lui livrant Zabbaïe et Longin. Ceux-là, je les avais assez comblés d'or et d'honneurs pour que nul remords ne vînt troubler mon sommeil : il est bon que les conseillers des rois paient de leur tête l'échec de leur politique et les désastres subis par les armées qu'ils ont menées au combat. A cette vérité élémentaire s'ajoutait la certitude que la vie est le plus précieux des biens. Au temps où l'on m'appelait Zoubida, je ne l'avais pas toujours accepté, maintenant j'en étais sûre. J'étais jeune, j'étais plus belle que les matrones qui me crachaient au visage, mes seins gonflaient ma robe. Je ne voulais pas mourir étranglée dans la prison Mamertine. J'étais de la race de ceux qui tentent toujours de reconstruire n'importe quoi, à partir de la faiblesse des autres ou d'un rêve. Zénobie vivante, tout pouvait recommencer.

Invitée autant que captive, l'empereur m'a fait don d'une belle demeure qui appartint hier à quelque patricien convaincu d'avoir utilisé à son profit personnel le privilège sénatorial de la frappe des monnaies. Située aux environs de Rome, sur la colline de Tibur, là où les banquiers ont fait construire des palais pour imiter Hadrien, c'est une villa fastueuse et sans grâce où le marbre et le bronze s'accordent avec ostentation ; son péristyle est orné de statues emphatiques. Précédée par des porteurs de flambeaux, saluée par les serviteurs sur lesquels je règne aujourd'hui, j'y suis entrée le soir même du triomphe d'Aurélien. Vastes, les salles d'apparat sont remplies d'objets précieux pillés à travers le monde par des générations de proconsuls ; la bibliothèque est garnie d'ouvrages dus à des jurisconsultes, historiens, philosophes ou poètes. Ceux qui m'ont précédée ici étaient à la fois des voleurs et des lettrés. Un jardin entoure la maison ; je promène mon ennui dans la longue allée bordée de ces arbres sombres qu'on appelle ici cyprès, derrière lesquels surgissent parfois des soldats casqués inclinant leur lance sur mon passage :

César exige que Zénobie soit à la fois gardée comme une prisonnière et honorée comme une reine. Le bruit de l'eau dans les rigoles qui tournent autour des orangers me rappelle le chuchotement de nos séguias où Waballaht courait pieds nus en saccageant leurs berges minuscules. C'était mon petit garçon. J'en avais fait un roi. La pourpre illuminait sa jeunesse. Je l'aimais comme une sorte de petit mâle dont on redoute et réclame la tyrannie. Peut-être est-ce le seul homme que j'aie aimé.

Ecrivant ces lignes, je suis installée dans une petite chambre aux murs blancs et frais où j'aime m'enfermer. Pendant cinq années, tenant dans mes seules mains le pouvoir suprême, moi, Zénobie, j'ai commandé des armées, connu la vie des camps, rassemblé des architectes et des philosophes, dicté des messages aux ambassadeurs. J'ai organisé d'immenses caravanes vers le golfe Persique et la mer Rouge, frappé de la monnaie d'or à mon effigie, présidé des banquets où je tenais tête aux plus intrépides ; j'ai affamé Rome en retenant à Alexandrie le blé égyptien, j'ai repoussé les frontières de Palmyre jusqu'au delta du Nil et au Bosphore. Vais-je aujourd'hui m'enfoncer dans le sommeil, le silence, l'oisiveté ? La solitude, première compagne et bonne conseillère qui me durcissait le cœur aux heures difficiles, je la connais depuis toujours. Je n'ignore ni ses vertus ni ses dangers. Semblable à ces sables mouvants qui bordent l'Euphrate, elle m'étoufferait insensiblement si je me laissais prendre à des charmes dont je ne pourrais plus me passer. Il me faut fuir ces délices, montrer à tous que je suis demeurée Zénobie, recevoir les sénateurs qui me rendent visite, ouvrir les coffres où sont entassés les bijoux et les robes qu'Aurélien me laissa emporter pour mieux décorer son triomphe.

Ceux-là qui prennent aujourd'hui le chemin de Tibur ont été souvent compromis hier dans l'affaire des monnaies. Peut-être songent-ils à Zénobie pour se venger d'Aurélien ? En moins d'un siècle, neuf empereurs ont été assassinés sans que la garde prétorienne ait pu les protéger du poignard. Moi, si faible aujourd'hui, je sais que tout peut toujours recommencer. Il suffit qu'un peu de chaleur demeure sous la cendre d'un brasier éteint pour qu'il se rallume et propage un incendie. N'étant encore que la fille du marchand Amrou, personne n'eût accordé la moindre confiance à mes projets. Je n'avais pour allié que le désir d'un vieillard de me jeter dans son lit. J'ai fait le reste, seule, empruntant des chemins difficiles, remaillant mes filets troués, comptant davantage sur la vanité et la lâcheté des hommes que sur leur raison ou leur courage. La veille de mes noces, la fortune se tenait plus éloignée de moi qu'elle ne l'est à présent. Même prisonnière, je suis encore la reine de Palmyre. Qu'Aurélien m'ait laissé la vie sauve ne m'impose aucun devoir. Ce Danubien au poil roux, je le paye au centuple quand il me fait l'amour en me parlant des vertus romaines et des travaux domestiques de son épouse. Petite fille, je n'avais pas ignoré longtemps que la reconnaissance est un sentiment sordide ; elle avilit autant celui qui l'exige que celui qui l'éprouve.

L'empereur doit venir ici tout à l'heure. C'est le jour de César. Ordonné et austère, il organise sans imagination le calendrier des affaires de la république et celui des exigences de la nature. Moi, Zénobie, je n'ai jamais recherché les hommes que pour en jouir et penser librement à autre chose ; lui, Aurélien, veut toujours prolonger par des conversations sérieuses les gestes de l'amour. Sans m'épargner le moindre de ses combats ou le portrait de sa mère, il me raconte sa vie. Ma patience à l'entendre est aussi longue que mon adresse est rapide à lui faire croire qu'il est un amant infatigable et un chef prestigieux. Quel général ne serait pas mis en déroute par ces deux louanges ? Ce soir, Aurélien me redira les soucis que lui causent les fortifications de Rome, le curage du Tibre, la décoration du temple voué au Soleil, l'agitation des chrétiens, la solde des légions, la jalousie des grands chefs militaires. Ces tourments, je les connais ; j'ai subi les mêmes. Avec l'inconscience de ceux qui ne vous en veulent pas après avoir dévasté votre vie, il me demandera quelques conseils et voudra que je lui répète, dans le plus grand secret, les propos des sénateurs qui me rendent visite. Je l'écouterai sans colère et sans résignation, mesurant mes paroles, trouvant peut-être une sorte de délectation à participer aux affaires de l'Empire. A ce militaire vertueux qui condamne l'adultère mais entend ne pas renoncer au droit du vainqueur, j'offrirai un honnête visage. Je m'informerai de la santé de l'impératrice Severina, femme économe et fidèle aux yeux de qui je demeure sans doute Zénobie la putain. L'autre jour, avant de me quitter, Aurélien m'a fait cadeau d'un manteau de soie qu'il jeta sur mes épaules avec des gestes maladroits, disant qu'il avait refusé de donner le même à son épouse parce qu'une livre de soie vaut à Rome une livre d'or.

Il me faut mettre de l'ordre dans tous ces mots qui se bousculent au bout de mon calame. Avant que j'eusse revêtu la pourpre, j'apaisais mes orages en lançant Beïda dans le désert; à mon retour, je retrouvais les feuillets auxquels je confiais mes calculs. Il y avait eu Zabbaïe, et quelques autres vite oubliés. Plus tard, j'ai conquis, gouverné, perdu un empire. J'aurais pu, moi aussi, monter au Capitole, victorieuse. Il est utile que j'essaye de connaître et de comprendre les causes de mon échec, sans m'engluer dans mes souvenirs. Quelles erreurs graves ai-je pu commettre? Mes desseins étaient-ils si démesurés, mes calculs mal ordonnés? Mes conseillers furent-ils inférieurs à leurs missions? Ai-je trop mésestimé la puissance romaine? Sans doute ceux d'Antioche me furent-ils infidèles, plusieurs tribus bédouines sont-elles passées à l'ennemi. Ces explications, moi, Zénobie, je les refuse. Seuls les peuples faibles voient dans la trahison la justification de leurs défaites.

Tout a commencé lorsque, battues par Odénath, les troupes perses se sont enfuies vers Ctésiphon. Massacrant les traînards, nos archers auraient anéanti l'armée du roi Sapor si les conseillers romains du roi de Palmyre n'étaient pas intervenus pour briser leur élan. Ces préfets de légion méprisaient l'emploi des grosses masses de cavalerie, en redoutaient les effets, préféraient s'en tenir aux vieilles stratégies qui avaient fait leurs preuves. Ils recommandèrent de regrouper le gros de l'armée, entasser le butin, évacuer les blessés, ensevelir les morts et faire souffler les vivants, attendre l'arrivée des renforts, des machines et des chariots. Plus intendants que chefs de guerre, esclaves des routines dérisoires appelées traditions, ils permirent ainsi à l'ennemi de s'organiser sur des positions fortifiées.

A Palmyre, les filles de bonne famille arboraient toujours, sous les portiques, quelque grand blessé, tandis que leurs pères supputaient les bénéfices que provoquerait la chute de la grande cité perse. Poussés par les vieillards, des garçons sarracènes quittaient leur tribu pour s'enrôler dans nos ailes de cavalerie. J'aimais les voir déambuler, maigres et affamés, ayant souvent parcouru plus de deux cents milles à travers le désert arabe. Auprès de Wörod, j'insistais toujours pour qu'ils fussent dirigés vers des camps où, bien nourris, ils étaient soumis aux règles d'une discipline légère : il ne convenait pas de rebuter ces coureurs de sable. Wörod donnait volontiers son accord comme s'il eût deviné que, pour réaliser mes desseins, l'armée de Palmyre me serait nécessaire. Mes propos, tenus naguère, il ne pouvait les avoir oubliés. Il n'y fit jamais la moindre allusion. Son maintien demeurait respecteux, sa parole grave, ses yeux sans regard. Il gouvernait la ville avec autorité, veillait à l'application de la loi fiscale, assurait l'ordre, organisait des caravanes, visitait les écoles, passait en revue la garnison de Palmyre. Il me rendait souvent visite. Nos conversations demeuraient toujours sérieuses : il savait que je m'intéressais aux problèmes posés par l'administration d'une cité, aux affaires extérieures et aux questions militaires, à la correspondance qu'il entretenait avec ses agents et ses associés d'Antioche, d'Alexandrie, du Pont ou du golfe Persique. Nous parlions de tout, sauf de l'essentiel. Sans doute le moment n'était-il pas encore venu. Dans nos pays, la politesse autant que la ruse exigent que les discours importants soient précédés de longs silences. J'observais les règles du jeu et j'y prenais mon plaisir. Parfois, il me semblait deviner la pensée de Wörod, la saisir un instant comme si elle eût été quelque chose de palpable. Aussitôt, elle fondait, elle s'effaçait entre mes doigts. Un jour, cependant que nous nous entretenions de la solde qu'il convenait de verser aux nouveaux engagés, affectant de ne pas souligner son propos, il me dit qu'étant allé inspecter un camp d'exercice, il avait rencontré le jeune chef bédouin qui avait naguère ramené le corps de mon père. Zabbaïe était donc revenu de la tribu familiale où il était parti depuis trois mois, guéri mais plus faible qu'un enfant malade. Que savait Wörod ? Semblable à ces collectionneurs qui gardent pour eux seuls leurs pièces les plus rares, il devait avoir plus de plaisir à recueillir des secrets qu'à les divulguer. N'éprouvant pas une joie assez vive pour que je veuille la lui cacher, entendant ne pas feindre l'indifférence, je regardai Wörod droit dans les yeux jusqu'au moment où je le vis baisser la tête comme si ce fût lui le coupable. Une autre fois, il me conseilla de recevoir Maeonius, le neveu d'Odénath, pour l'aider à se réconcilier avec son oncle. Il ne parla pas davantage. Tout était dit. Les liens qui m'attachaient désormais à cet homme sans danger me parurent plus solides que ceux avec lesquels j'avais cru retenir Zabbaïe, ce chien arabe qui devait courir les bordels de Palmyre. Ce jour-là, j'ai su que Wörod était devenu mon complice.

Des événements imprévus en précipitèrent d'autres. Tandis qu'Odénath poursuivait devant Ctésiphon les opérations d'un siège décevant, des bandes de guerriers appelés Goths avaient inondé la Bithynie. Ces hordes, nous ne connaissions guère leur origine, on savait seulement à Palmyre qu'elles avaient déjà pillé les côtes de la mer Egée et du Pont, surgissant à Nicomédie, à Nicée ou à Trébizonde sans que les légions osent les attendre, incendiant Apollonie et Ephèse sans que les dieux interviennent pour protéger leurs temples. Lourdes de butin, elles avaient toujours disparu avec la même soudaineté qu'elles avaient surgi. Cette fois, elles ne se contentaient plus de mettre à sac les cités situées sur le littoral, elles pénétraient en Asie Mineure et se dirigeaient vers la Cappadoce. Si les Goths n'étaient pas arrêtés avant d'avoir franchi les passes du Taurus, ils tomberaient sur Antioche et menaceraient Palmyre du même coup.

Prévenus du danger qui s'amoncelait derrière eux, les généraux romains demeurés aux côtés d'Odénath avaient vite compris qu'il leur fallait, sans tarder, lever le siège de Ctésiphon et porter leur effort sur la Cappadoce où la XVIe Flavia avait été dépêchée aussitôt pour garder les défilés. Forçant les étapes, les légions et nos cavaliers avaient repris la route mésopotamienne qui longe l'Euphrate, remontant vers la partie nord. A Palmyre, le parti romain triomphait en proclamant que la puissance de César demeurait la meilleure protectrice de nos biens. Moi, je savais que le nombre de nos archers et la certitude de leur valeur défendaient mieux nos citoyens. Pour si nombreux qu'ils aient été, les morts au combat n'avaient pas trahi mes espoirs. Qu'Odénath fût illuminé par la gloire des héros m'importait peu, personne n'ignorant le rôle que j'avais joué auprès de lui dans la création de notre armée. L'absence du roi, je l'avais utilisée pour donner au peuple une image de Zénobie facile à aimer ; son commandement, j'en avais bénéficié moi aussi auprès de tous les soldats. Je n'étais pas encore la reine de Palmyre, j'étais devenue un peu plus que l'épouse du roi. A l'un des conseils auquel Wörod m'avait priée d'assister pour délibérer sur la situation nouvelle créée par l'irruption des Goths, j'avais déclaré que ceux-ci étaient plus à craindre que les Perses, leurs bandes indisciplinées ne permettant de faire avec eux ni bonne paix ni bonne guerre. C'était contenter à la fois César et Sapor. J'ignorais alors que le dénouement fût si proche. Quelques jours plus tard, un message d'Odénath me fit connaître une surprenante nouvelle : parvenue en Cappadoce, l'armée était tombée dans le vide ; les Goths, qu'il ne manquait pas d'appeler barbares, avaient disparu. Le roi de Palmyre m'y exprimait d'autant plus son dépit qu'il avait dû envoyer des renforts immédiats à l'empereur pour protéger la frontière danubienne. Il ne lui restait plus qu'à rentrer à Palmyre. J'imaginais sa fureur. Ayant perdu à la fois le contact avec l'ennemi et une fraction de ses troupes, le commandant en chef de l'armée d'Orient estimait qu'on lui avait volé deux victoires et deux légions.

Pendant cette période, je décidai de rencontrer Maeonius. Je le connaissais peu, sachant seulement qu'il partageait ses plaisirs entre la chasse et les putains, qu'il haïssait son cousin Hérodien autant que ce dernier me détestait. A la mort de son père, brutalement écarté du pouvoir par Odénath, il s'était vu, dans le même temps, frustré des honneurs et des richesses qui lui revenaient par droit d'héritage. Dès lors, solitaire et vindicatif, il n'avait participé à aucune expédition de son oncle : les prébendes, les parts de butin, les esclaves, les filles de harem ou autres privilèges qui décorent la vie d'un prince, étaient réservés à Hérodien. Personne n'ignorait ces choses, chacun les taisait. Les pires ennemis d'Odénath avaient eux-mêmes mesuré les médiocres dimensions d'un neveu encombrant et maladroit dont les violences de langage s'accordaient mal avec la discrétion que tout complot exige.

Que Wörod ait songé à réconcilier le neveu et l'oncle, cela n'allait pas sans m'inquiéter. Le légat d'Odénath, pourquoi aurait-il imaginé un tel acte gratuit ? Cette question, je me la posais en écoutant Maeonius épancher sans méfiance ses amertumes et ses colères, comme s'il eût voulu faire de Zénobie une alliée pour reconquérir l'héritage de Palmyre. Je n'avais jamais éprouvé un tel sentiment de pitié pour un homme aussi vulgaire dont la brutalité et l'épaisseur témoignaient d'une grande innocence d'esprit. Depuis ma naissance, je n'avais guère connu que des tricheurs, les uns par perfidie, les autres par lâcheté, mon père avec son abaque, M'Barka aves ses superstitions, Cornélius avec l'histoire, Odénath avec tout le monde, les militaires avec leurs fausses victoires, les prêtres avec leurs dieux, Wörod avec ses silences, les femmes avec leurs maris, leurs miroirs et leurs amants. Moi-même je ne ressentais plus ce goût de l'absolu qui avait protégé mon enfance et gardé ma jeunesse. Il m'avait fallu feindre, ruser, mentir aux autres, parfois par nécessité, le plus souvent par jeu. Je n'avais jamais menti longtemps à Zénobie. C'était là ma vertu essentielle. Il est important de connaître ses eaux souterraines.

Incapable de duperie, ce Maeonius n'était pas un vrai Arabe comme je les aime. Son front bas, son cou sanguin, ses épaules de forgeron, l'apparentaient davantage à l'image que je me faisais des gladiateurs qu'à celle de mes cavaliers bédouins à la taille mince. Je lui avais tendu quelques coupes. C'était un solide buveur, tenant aussi bien que moi le vin qui délie la langue avant de l'empâter. Il parla longtemps, ne cessant de se raconter qu'après m'avoir entendue lui dire que le prochain retour d'Odénath devrait être pour lui une bonne occasion de réconciliation. Il but encore. Nous demeurions tous les deux silencieux, moi redoutant de commettre quelque fausse manœuvre, lui incapable de calmer les fureurs qui gonflaient ses veines. Le jour tombait lentement. Un rayon du couchant se posa sur les gros doigts de Maeonius. J'ai soudain compris, ainsi qu'il arrive aux bergers avec leurs jeunes taureaux, que je ne trouverais jamais un instrument aussi docile, facile à manier, lui-même croyant agir selon sa propre volonté. Sans le regarder, souriant, j'ai dit que la mort d'Odénath et d'Hérodien ferait de Maeonius le seul roi de Palmyre. Wörod n'avait pas dit autre chose. C'étaient là des propos lancés en l'air, comme font les jardiniers perses avec les oignons de tulipes qu'ils lancent par-dessus leur épaule sans savoir où ils tomberont.

Je sais qu'on a inventé de nombreuses fables pour expliquer l'assassinat du roi de Palmyre. Ayant appris qu'Odénath avait installé son camp à Emèse pour s'y reposer quelques jours pendant que Palmyre préparait les cérémonies d'un retour triomphal, Maeonius décida de s'y rendre pour rendre hommage au prince. L'oncle avait oublié depuis longtemps qu'il avait dépouillé son neveu : il le reçut sans parcimonie et le serra contre sa poitrine. S'il faut en croire des témoins, les griefs qui avaient naguère opposé les deux hommes paraissaient apaisés, chacun d'eux n'ignorant pas que les haines les plus inexpiables n'interdisent jamais les réconciliations les plus théâtrales. Fier de l'éclat qui parait son nom, Odénath avait toujours été soucieux de protéger les membres de la famille Septimia à condition qu'ils le reconnussent pour chef. L'arrivée de Maeonius à Emèse mettant fin à une trop longue rivalité, il avait paru utile au vieil oncle de fêter l'événement en invitant son neveu à une partie de chasse. Certains cavaliers ont affirmé qu'une violente querelle avait opposé les deux cousins avec la soudaineté d'un coup de vent ; d'après d'autres, Odénath s'étant vu couper la voie à plusieurs reprises par son neveu, aurait ordonné qu'on lui retirât son cheval. Furieux, Maeonius aurait alors poignardé le roi et Hérodien, lui-même étant aussitôt abattu par les gardes. S'ils existaient encore, seuls les dieux pourraient savoir comment l'affaire se noua. Moi, Zénobie, j'ai assez souvent regardé jouer aux dés pour ne pas ignorer que le hasard a souvent besoin d'un pouce invisible.

La nouvelle du meurtre d'Odénath, quand elle parvint à Palmyre, un grand trouble agita la ville : le roi était devenu par mes soins un prince admirable. Au bon usage des lamentations j'ai mêlé quelques appels à la vengeance et je me suis composé le visage que le peuple attendait tandis que M'Barka posait sur mes cheveux un voile funèbre. Je n'avais jamais aimé Odénath, mais je n'avais pas oublié que j'étais parvenue à devenir autant son associée que sa femme de lit. J'avais dormi contre son épaule, nous avions bâti ensemble des projets, nous nous étions épiés, méfiés l'un de l'autre, parfois haïs, autant de gestes, paroles, regards qui nous avaient rapprochés et éloignés. Vieillard vigoureux, s'il m'avait épousée pour me jeter dans son lit, c'est moi qui l'avais le plus berné sans qu'il s'en doutât. Les cris et les soupirs que je simulais lorsque l'envie de me forcer le prenait tout à coup, les grognements de son plaisir, je m'en suis souvenue sans humeur. La vue de son cadavre m'eût été insupportable, peut-être douloureuse. La vie d'un couple n'est pas si simple.

Aussitôt réuni par les soins de Wörod, le Sénat proclama Waballaht roi de palmyre. Pour les jurisconsultes, la mort d'Hérodien avait fait de mon fils l'héritier légitime d'Odénath ; pour le peuple, Waballaht était d'abord le fils de Zénobie, son père ne s'étant pas plus soucié de lui que des nombreux bâtards semés sur les chemins de sa longue vie. Moi, après avoir été longtemps l'épouse du roi, je devenais la reine de Palmyre. Personne ne s'y trompa. Je n'avais accumulé d'aussi longues patiences ni pour permettre aux sénateurs de s'emparer du pouvoir jusqu'à la majorité de mon fils, ni pour que celui-ci me dise plus tard ce que Télémaque avait déclaré un jour à Pénélope : « Occupe-toi de tes fuseaux, de ta toile et de ta laine ; le silence est la loi des femmes, c'est aux hommes qu'il appartient de parler. » Mes premiers soins, je les ai consacrés à honorer la mémoire d'Odénath. J'entendais qu'on témoignât au roi disparu de solennels hommages : l'oubli des morts qui ont exercé un grand commandement dans la cité diminue plus qu'il ne consolide l'autorité de leurs successeurs. J'y ai veillé moi-même, réglant l'ordonnance des funérailles avec les prêtres, les généraux, les architectes, les conducteurs de caravanes, les chefs de tribus et les marchands. Je n'ai mesuré ni les dimensions de sa tour funéraire ni le prix de sa statue. Son panégyrique, je l'avais commandé depuis longtemps. Lorsque Longin m'en donna lecture, je manquai de rire tant l'abusive louange correspondait peu au véritable Odénath. Dans le même moment, j'ai pensé que la démesure convenait à ce personnage : le mensonge lui ferait un beau tombeau où ses cendres se trouveraient à l'aise. La vérité des grands chefs n'appartient qu'à leurs veuves. Révélée à la multitude, elle ne serait pas acceptée. Grandissant Odénath, je grandissais du même coup Zénobie.

A entendre mon père et mon époux, le fardeau de l'Etat écrasait leurs épaules comme s'ils eussent gouverné l'empire romain. J'avais observé dès mon plus jeune âge que les hommes, quand ils détiennent une charge civile ou militaire, exagèrent volontiers leurs soucis pour mieux enfler l'importance de leurs fonctions. A cette époque, le gouvernement de Palmyre se réduisait à la police des rues, l'embellissement de la ville, la perception des taxes, le cens des fortunes auquel chacun s'ingéniait à échapper, l'organisation des grandes caravanes. Seules les tribus qui se déplaçaient dans les environs immédiats de la cité reconnaissaient la souveraineté d'Odénath, les autres demeurant indépendantes, tantôt amies, tantôt hostiles. Toutes les affaires importantes étaient encore réglées au nom de César par le procurateur et le publicain qui déléguaient eux-mêmes leurs pouvoirs à de nombreux scribes grecs, syriens, arméniens, voire perses, qui s'étaient abattus sur Palmyre. Ceux-là représentaient l'ordre que je voulais détruire. Sous les apparences de la paix romaine que les légions ne pouvaient plus nous garantir, une administration dirigée par une main invisible nous courbait sous des lois d'autant plus dangereuses qu'elles semblaient légères au plus grand nombre.

Si Odénath avait vécu, quelles que fussent ses médiocres qualités militaires, Rome aurait connu avec lui un de ses meilleurs défenseurs. Avec habileté, Gallien s'en était fait un allié et un ami en lui permettant une pourpre illusoire. Chargé dans le même temps de protéger les provinces orientales, Odénath, dupé sans le savoir, avait conduit les aigles romaines au-delà de l'Euphrate. Il s'était trompé d'ennemi : allié de Sapor, il eût abattu l'empire romain. Maintenant je devais recoudre ce que nous avions déchiré ensemble. Cette guerre contre les Perses, ne l'avais-je pas jugée nécessaire pour me permettre de rassembler des cavaliers arabes qui combattraient un jour sous mes ordres au lieu d'aller mourir sur les rives du Danube pour la gloire d'un empire menacé ? A ceux qui accordaient confiance à mon jugement, je n'avais encore présenté que quelques suggestions, prenant le plus grand soin de leur faire croire qu'elles venaient d'eux-mêmes. Suivant l'exemple des princesses syriennes, je devais décider et ordonner, non plus conseiller. Perdre un seul instant, c'était risquer de voir le Sénat revenir sur sa décision de me confier l'héritage de Waballath.

Palmyre était administrée comme une cité, je résolus de la gouverner comme un Etat. Au message d'amitié adressé à mon seul fils par le légat impérial d'Antioche, je répondis que la reine de Palmyre espérait conserver avec l'empereur les bonnes relations qui avaient uni dans le passé nos deux peuples : c'était dire à César que s'il régnait à Rome, Zénobie était maîtresse à Palmyre. J'ai adressé aussi une lettre à Sapor, autant pour lui annoncer la mort d'Odénath que pour me féliciter du départ des troupes romaines qui avaient assiégé sa capitale : c'était dire au Sassanide que le passé était mort. Plus habile que moi à peser le poids des mots, Longin avait parachevé ces deux messages, modérant les termes de ma première rédaction, bon grammairien sachant utiliser les ressources offertes par les métaphores, ellipses et autres litotes. Malheureux Longin, il eût mérité un sort moins funeste ! Au cours de ces cinq dernières années, il fut un utile ministre. Sans doute ai-je eu tort, aux temps les plus difficiles, de refuser ses conseils. Dans l'offense, ma plume était plus aiguë que la sienne : il avait l'encre molle d'un ambasadeur lettré.

Prétextant que le droit autant que les convenances lui interdisaient de conserver une délégation qui s'était éteinte avec la mort de celui dont il la tenait, affirmant que son zèle me demeurait acquis, Wörod s'était démis spontanément des charges confiées par Odénath. J'avais besoin de cet homme. Sa connaissance du monde oriental, la fermeté avec laquelle il avait dirigé la cité, Odénath absent, ses relations avec les banquiers romains, son autorité auprès de nos marchands, tout me commandait de le maintenir aux affaires. Pensa-t-il jamais recevoir davantage ? Avait-il pris pour un simple jeu le discours que je lui avais tenu le jour où je lui avais dit que nous aurions pu bâtir, à nous deux, un royaume financier plus solide que l'empire romain ? Sa brève allusion à Zabbaïe, sa démarche auprès de Maeonius ne lui donnaient-elles pas le droit de se considérer comme un complice de Zénobie ? Là aussi, il me fallait agir vite sans peser mes actes sur de fausses balances : j'avais gardé assez longtemps les dés dans le creux de ma main pour refuser de les jeter. Je fis connaître à la population que, maintenant Wörod dans ses fonctions, je lui retirais cependant les titres exceptionnels qu'il détenait du roi défunt. C'était dire à tous que moi, Zénobie, reine de Palmyre, j'entendais désormais gouverner.

Les livres m'avaient appris qu'un prince doit faire provision d'armes et d'or. Ni celles-là ni celui-ci ne manquaient. Les javelots, les lances, les épées, les cuirasses ramassés sur le champ de bataille après la fuite des Perses garnissaient les magasins de Palmyre ; le trésor de guerre abandonné par Sapor avait grossi celui d'Odénath. Je décidai d'organiser la grande parade militaire dont je rêvais depuis longtemps pour montrer au peuple une armée que chacun pourrait applaudir sans s'humilier.

Plus de trente mille cavaliers campaient autour de Palmyre, dix mille autres étaient groupés dans les camps d'entraînement. J'allai visiter ceux qui avaient combattu. La plupart me connaissaient, tous savaient que j'avais ramené des convois de blessés. Ils m'acclamèrent. Devenue reine, je demeurais un des leurs. J'avais pris soin, ce jour-là, de monter une bête difficile, cheval syrien qu'il fallait mener avec des cuisses dures pour ne pas être jetée à terre : le danger m'a toujours fortifiée, autant que les cris de la multitude. Comme je l'avais vu faire à Odénath avec les troupes romaines placées sous son commandement, j'aurais voulu passer mes soldats en revue ; je dus y renoncer, mes cavaliers demeurant incapables de ne pas témoigner leur joie en faisant cabrer et tournoyer leurs chevaux. Refusant de se soumettre aux règles élémentaires de la discipline, groupés par tribus, ils ne reconnaissaient pour chefs que ceux désignés par eux, les plus téméraires, sans doute les plus indociles, parmi lesquels de nombreux nomades dont les tentes noires encerclant Palmyre m'avaient effrayée, alors que le grondement des derboukas m'entraînait vers elles comme si une corde enroulée autour de ma robe eût été doucement tirée par des mains dans la nuit. C'est sur ceux-là, les plus rebelles, qu'il me faudrait le plus compter pour consolider le pouvoir que je venais de saisir, même si leur charge devait peser lourd sur le trésor public et si leur présence risquait de troubler la quiétude du Sénat et des marchands.

J'ai passé une longue journée au milieu des archers, allant de groupe en groupe, partageant leur repas, assistant à la distribution des hautes payes, remettant des trophées aux plus braves. Cela sentait bon la sueur d'homme, le cheval, l'oignon, la viande.

Semblable à ses compagnons qui attendaient qu'on leur distribuât l'or de la victoire avant de retourner au désert, Zabbaïe était revenu à Palmyre pour toucher sa part. Lorsque je me suis arrêtée devant la tribu qu'il commandait, j'ai dédaigné de lui prêter une attention particulière, moins troublée par le regard de leur chef que par le petit nombre de ceux qui se tenaient derrière lui. La plupart des jeunes hommes avec lesquels je m'étais mesurée dans la carrière, étaient morts au combat. De l'avant-garde dont l'élan avait entraîné le gros de la cavalerie qui avait précipité la fuite des Perses, il ne restait pas cent cavaliers. Bien campés sur leurs bêtes, alignés dans un ordre qui eût contenté n'importe quel centurion, leur tenue affirmait l'autorité de celui qui, à peine guéri, était revenu prendre le commandement des survivants de sa troupe anéantie. Je doublai leur solde et je fis don à Zabbaïe d'un poignard au manche d'or incrusté de pierres précieuses. Son visage s'éclaira d'un sourire enfantin que je ne lui avais jamais vu. Jetant à terre l'arme qu'il portait à la ceinture, il la remplaça par celle que je lui offrais, après en avoir caressé le fil avec son pouce. Dressés sur leurs chevaux, tous l'acclamèrent. A ce moment, j'ai désiré Zabbaïe avec une telle violence qu'il me fut difficile de n'en rien laisser paraître. Depuis le soir où je l'avais vu glisser sur le seuil de la mort, le ventre nu, le sexe dérisoire, plus vulnérable qu'un nouveau-né, j'avais dû me contenter des eunuques du palais, hommes silencieux et sans danger mais non sans plaisir.

Avant de quitter leur campement, j'ai harangué les chefs de tribus pour leur dire qu'après avoir défilé à travers la ville, ils repartiraient au désert où les attendaient leurs femmes, leurs enfants, leurs troupeaux. Je leur dis aussi qu'une forte prime d'or serait versée immédiatement à ceux d'entre eux qui préféreraient s'enrôler dans l'armée permanente de Palmyre destinée à remplacer les bandes de guerriers recrutés hier par Odénath pour des opérations sans lendemain.

Les habitants de Palmyre ont toujours aimé l'uniforme. Dès qu'ils entendaient les trompettes de la XVIe Flavia, ils se précipitaient vers la grande Colonnade pour admirer les légionnaires. Moi, Zénobie, je m'efforçais de trouver ridicules ces hommes qui frappaient le sol en cadence, tendaient le menton, jouaient les glorieux, faisaient des grands gestes avec une épée. Leur spectacle n'en étant pas moins admirable, je regardais avec un plaisir honteux les pionniers porteurs de haches, le tribun à cheval suivi de sa garde de protection, l'aigle d'or tenu par le porte-enseigne, les musiciens aux joues gonflées précédant six mille hommes de pied groupés en cohortes. Sans en deviner les faiblesses, Palmyre était toujours éblouie par ces sortes de parades. Cette fois, elle fut déçue par la masse désordonnée et bruyante de mes cavaliers, horde plus qu'aile de cavalerie, bousculade plus que défilé. Il y manquait les boucliers et les cuirasses, les casques et les lances, le son des trompettes et la précision des commandements, le visage solennel du général et le regard stupide des décurions, tout ce qui fait croire au peuple qu'une armée est invincible. Sans méconnaître la valeur des liturgies militaires, j'avais surtout besoin de guerriers. Je connaissais assez mes bédouins pour savoir qu'ils n'eussent pas plus toléré les règles de la discipline imposée aux légions qu'ils eussent accepté de combattre à pied ou de travailler sur des chantiers de pistes.

Quand ils eurent appris que plus de dix mille cavaliers avaient décidé de s'enrôler immédiatement dans l'armée de Palmyre, plusieurs sénateurs me firent connaître leur inquiétude de voir s'installer aux environs immédiats de la ville des bandes turbulentes qui, au moindre prétexte, saccageraient leurs magasins ; les marchands aimaient bien les guerriers sarracènes, mais ils pensaient que l'appareil romain garantissait mieux la sécurité de leurs biens. Pour calmer leurs tourments, il me fallut leur tenir un long discours : « La XVIe Flavia ne reviendrait pas tenir garnison à Palmyre, les postes de l'Euphrate avaient été relevés, la Syrie elle-même avait été dégarnie des deux tiers de ses troupes au profit des frontières danubiennes ; l'empereur m'avait fait connaître que, reconnaissant en Waballaht le successeur légitime d'Odénath, le Sénat et le peuple romain nous confiaient le soin de faire régner l'ordre dans les provinces d'Orient. Avec quelles forces pourrions-nous remplir une telle mission sinon avec notre propre armée ? L'ordre, ça n'était pas seulement la propreté des rues et la sécurité des citoyens, la perception des impôts et le règlement des bordels, la protection des magasins et les hommages rendus aux sénateurs, c'était d'abord la garde de nos frontières, la présence de nos soldats partout où les Perses pouvaient être tentés de profiter du plus grand péril qui eût jamais menacé Rome. Les sénateurs de Palmyre croyaient-ils donc que si Sapor entrait une autre fois à Antioche, leur propre ville serait épargnée et que l'encens balancé devant l'effigie de nos dieux protégerait mieux nos biens que les cavaliers de Zénobie ? »

Un prince qui évoque la garde aux frontières est toujours écouté par ceux qui, ayant quelque chose à sauvegarder, sont prêts à encourager les défenseurs de la patrie. J'ai dit les dispositions que je comptais prendre : seuls demeureraient à Palmyre les éléments d'une milice nécessaire à la police de la cité ; les ailes de cavalerie s'installeraient le long de l'Euphrate dans les camps abandonnés par les Romains ; l'encadrement des troupes serait confié aux jeunes chefs qui avaient combattu sous Odénath, eux-mêmes placés sous les ordres de Zabbaïe promu général. Moi, Zénobie, j'assumerais le commandement suprême de l'armée de Palmyre avec l'agrément de César. Décidée à demander aux sénateurs assez de conseils pour ne pas être obligée de les suivre tous, j'avais terminé mon discours en les suppliant de secourir la mère de leur roi comme ils avaient naguère aidé son père et le mien, leur sagesse et leur capacité soutenant mon inexpérience et mon jeune âge. Trop vaniteux pour ne pas s'en délecter, trop rusés pour en être dupes, ces derniers mots les avaient fait sourire. Ils se retirèrent satisfaits, du même coup rassurés, quand je leur eus confié le soin de pourvoir à l'armement et à l'équipement des soldats.

Comment ma langue ne se dessécha-t-elle pas tandis que je proclamais devoir gouverner l'Etat et commander l'armée au nom de César ? C'était m'engager sur les chemins d'Odénath, accepter ce que j'avais le plus détesté, trahir les haines salutaires qui avaient fait de moi ce que j'étais devenue. Pour que la reine de Palmyre demeurât fidèle à Zénobie, il me fallait gagner le temps nécessaire à la formation d'une armée à l'abri de laquelle je pourrais proclamer notre indépendance. La mort de mon vieux roi, je ne l'avais pas espérée si rapide ; sa soudaineté me condamnait aux inévitables tricheries qui me révoltaient hier. Ayant encore besoin d'Odénath, je découvrais que les cadavres ne sont pas toujours inutiles. Lorsque le procurateur m'avait fait connaître que, contraint d'en retirer ses troupes, son maître confiait à Palmyre la défense des provinces orientales, j'avais compris à l'instant tout le parti à tirer d'une situation ambiguë : feignant de défendre les intérêts de l'Empire, je les détruirais le moment venu. En attendant que je leur confie des tâches plus glorieuses, nos cavaliers, par leur seule présence, nous vengeraient des humiliations subies. Hier protégés, nous devenions tout à coup protecteurs.

J'avais laissé à Zabbaïe le soin de choisir parmi ses compagnons ceux qui seraient ses lieutenants. Ils se présentèrent au palais le lendemain de la cavalcade qui avait tant inquiété les marchands de Palmyre. Un instant, je lus dans leurs yeux la surprise de me voir paraître devant eux vêtue d'une robe blanche bordée d'un large ourlet de pourpre orné de pierreries ; je tenais par la main Waballaht. Ils semblaient être décontenancés, mal à l'aise, à la fois déçus et troublés. Le premier, Zabbaïe s'avança vers mon fils et lui baisa l'épaule droite ; ses compagnons l'imitèrent. Je ne m'y suis pas trompée. Leur geste signifiait que s'ils acceptaient ma souveraineté provisoire, ils reconnaissaient Waballaht pour seul roi. C'étaient de beaux hommes aux jambes longues, au torse maigre, au ventre plat, comme j'aime à les deviner sous leur vêtement. Un poignard au manche d'or brillait sur la poitrine de Zabbaïe, les autres avaient dédaigné de porter les bracelets que je leur avais offerts la veille. Faits pour le commandement non pour l'obéissance, le pillage non l'épargne, le combat non le labeur, l'audace non la routine, ils deviendraient les plus solides gardiens des lois de Palmyre pour peu que je leur confie de hautes responsabilités. Quand ils apprirent leur promotion, ils s'efforcèrent de ne manifester ni surprise ni satisfaction. Nommé général, Zabbaïe affecta lui-même l'indifférence d'un prince né sur les marches du trône.

Les premiers mois de mon règne furent laborieux et paisibles. Chaque jour, Wörod me rendait compte de sa gestion municipale conduite avec une scrupuleuse vigilance. Le roi Sapor m'ayant fait connaître qu'il ne tenait pas Zénobie responsable des injures d'Odénath, nos caravanes reliaient régulièrement le golfe Persique à la Syrie d'où les gros navires transportaient jusqu'à Ostie nos précieuses cargaisons. Malgré la poussée des Goths et des Scythes sur les frontières danubiennes, nos courtiers trouvaient assez de métal à Rome pour y vendre à bon prix la soie, les porcelaines et les épices. Quel roi accorda aux devoirs de sa charge des soins plus consciencieux ? Tôt levée, je sautais sur un cheval et, suivie de quelques archers, j'allais écouter les leçons données par les maîtres de l'Athénée. Mes espoirs placés dans Longin en lui donnant la direction de l'école dont le fronton s'ornait du nom d'Eulémos, portaient leurs premiers fruits. Bientôt, les plus âgés des garçons pourraient entrer au service de l'Etat, aider leurs parents dans la direction des affaires, devenir officiers. De l'Athénée, je me rendais souvent au camp d'entraînement de la milice. J'y étais accueillie avec faveur et je m'y sentais à l'aise. Un grand chef qui inspecte des soldats à l'exercice est toujours attendu par les officiers qu'il croit surprendre, tout le monde n'en joue pas moins l'étonnement. Cette armée que j'avais voulue pour Palmyre, les citoyens ne l'adoptaient pas encore et disaient communément : « les soldats de Zénobie », dénomination qui me causait un plaisir secret mêlé d'inquiétude. Après avoir passé quelques décades dans leur tribu, les guerriers étaient revenus en nombre considérable sour les armes. Qu'allais-je faire de leur multitude ? Ne dissimulant plus le bonheur du premier commandement, les dix légats de Zabbaïe s'étaient installés dans le métier militaire avec assez de rapidité pour se réjouir de voir augmenter leurs effectifs sans se soucier de savoir qui les paierait et les nourrirait. S'inquiétant davantage de ne pouvoir garder longtemps dans les camps des hommes qui ne s'étaient pas enrôlés pour lancer des javelots dans des cibles, monter la garde, ou se soumettre à des corvées auxquelles ils répugnaient, ils avaient dû augmenter le nombre des sous-officiers, adopter les méthodes utilisées dans l'armée romaine avec les troupes auxiliaires, punir les plus indomptables, peut-être les meilleurs. Réservant à moi seule le droit d'être clémente, j'intervenais rarement dans les affaires de la discipline. A Zabbaïe qui avait fait couper les jarrets à cinq déserteurs ramenés au camp par des méharistes, je reprochai moins d'avoir fait exécuter un tel châtiment sous ses yeux que d'avoir manifesté une colère indigne : un chef qui ne maîtrise pas ses passions se dégrade devant ses troupes. Cependant, nul murmure ne s'étant élevé dans les rangs, je jugeai que, ne craignant rien, Zabbaïe méritait d'être craint.

Pendant cette première période de mon règne, la rumeur courut que le vieil empereur Valérien, fait prisonnier à Edesse, avait succombé aux traitements infligés par les Perses. Il fut bientôt confirmé que Sapor, par dérision, avait fait teindre en pourpre la peau du cadavre avant de la clouer au plafond d'une des salles de son palais, à Ctésiphon. Vrai ou faux, l'événement me jeta dans le plus grand trouble. L'ordre donné par Zabbaïe de faire couper les jambes d'un vivant me paraissait moins horrible que celui donné par Sapor d'écorcher un cadavre : je n'aime pas qu'on abîme les morts. Courant à travers l'Empire, la nouvelle provoqua à Rome la colère de la multitude, à l'exception des chrétiens qui s'empressèrent de voir en Sapor l'instrument choisi par leur dieu pour punir César d'avoir livré aux bêtes un grand nombre de leurs frères. Pressé par la colère populaire, accusé de n'avoir rien tenté pour secourir son malheureux père, Gallien se vit contraint de reprendre contre les Perses la guerre interrompue par l'incursion des Goths, la mort d'Odénath, le rappel des légions. Le général Héraclien, préfet du prétoire, reçut la mission de partir pour l'Orient, d'y rassembler une nouvelle armée, et d'en prendre le commandement.

L'apprentissage du gouvernement est une besogne quotidienne. Chaque jour me donnait l'occasion d'étudier, parfois de résoudre un problème. La décision prise par César me plaça devant une situation plus difficile que celles dont j'avais eu à connaître jusqu'ici. Officielle ou secrète, la correspondance échangée entre Palmyre et Ctésiphon avait déjà établi les préliminaires d'un traité d'alliance que je jugeais nécessaire pour la sécurité de notre commerce caravanier, mais qui s'accordait mal avec ma qualité d'amie et alliée du peuple romain. Wörod, homme précautionneux, estimait que l'intérêt de Palmyre exigeait de trouver et de garder un juste équilibre entre César et Sapor parce que la géographie avait voulu que nous fussions placés entre le golfe Persique et la mer Intérieure. Quant à Zabbaïe, si heureux fût-il de repartir au combat avec ses cavaliers impatients, il refusait d'être soumis aux ordres d'un commandant en chef romain.

Sans même qu'il s'en doutât, le général Héraclien me tira d'embarras. Il avait le buste avantageux et le visage gras qu'aiment les sculpteurs officiels, portait la cuirasse avec aisance, le casque avec noblesse, mais transpirait sans dignité. Dès notre premier entretien, il m'avait paru soucieux de ne pas compromettre sa carrière dans une affaire qui se présentait mal. Je n'ai pas manqué de lui faire savoir que Sapor avait reconstitué une armée capable de tenir en échec dix légions, et que les citoyens de Palmyre, n'ayant pas fini de panser les plaies de leurs fils, pleuraient encore la mort de leur roi. J'ajoutai que nos cavaliers, indisciplinés, peu sûrs, difficiles à commander, ne pouvaient être utilisés que pour la poursuite, les opérations de rupture ayant été préalablement réalisées par les seuls légionnaires. Ce fut au tour d'Héraclien d'être plongé dans un dilemme. Faire subir aux aigles un nouveau désastre, c'était mettre un terme à sa propre course aux honneurs ; enfreindre les ordres de l'empereur, c'était risquer sûrement sa carrière et sa vie : le général ne voulait ni l'un ni l'autre. Commencés, interrompus, repris en présence de Wörod et de Zabbaïe, nos entretiens se prolongèrent pendant deux mois. Il fut enfin convenu que la VIe Ferrata, demeurée en Syrie, se bornerait à faire une rapide incursion de l'autre côté de l'Euphrate, dans une région où nulle troupe perse n'était signalée ; une aile de notre cavalerie, forte de deux mille archers, fermerait la marche de la légion. Rassuré, non satisfait parce qu'offensé de ne pas commander une armée dont le nombre eût correspondu à son rang, Héraclien partit enfin. Par précaution politique, Wörod avait fait connaître à Sapor le plan de la manœuvre projetée ; j'avais moi-même donné l'ordre formel à l'officier désigné pour commander les nôtres de se tenir éloigné de tout combat qui pourrait survenir.

Après plusieurs jours de marche au-delà du fleuve, lassés

de s'enfoncer dans le désert sans rencontrer le moindre parti perse, mes archers n'avaient pu résister plus longtemps à leurs démons : se précipitant soudain sur l'arrière-garde de la légion, ils avaient massacré deux centuries, fait main basse sur les chariots de vivres, et avaient repassé aussitôt l'Euphrate sans que le gros de la troupe ait pu réagir. L'incident me mécontenta plus qu'il ne m'indigna : je ne craignais pas tant la colère du général Héraclien que les propos des marchands de Palmyre sur « les soldats de Zénobie ». Ces bédouins, je les maudissais et j'admirais en secret l'adresse et la rapidité avec lesquelles ils opéraient. Les laisser impunis, c'était en faire une bande de pillards qui eussent infesté le pays et rançonné les caravaniers, les condamner tous avec la dernière rigueur c'était risquer une grave sédition dans l'armée. Cette affaire n'intéressait pas seulement la discipline militaire, elle concernait toute la chose publique. C'était à moi seule, Zénobie, reine de Palmyre et chef suprême, d'en décider. Je résolus de frapper celui qui commandait les coupables : qu'il ait participé à la razzia ou qu'il n'ait pas été capable de l'interdire, il était également indigne de son grade. Des officiers de ma garde s'en étant emparés, je le fis mettre en croix à l'entrée du camp de Palmyre et le laissai exposé pendant plusieurs jours à la vue de tous ceux, petits ou grands chefs, chargés de faire respecter mes ordres. On n'en parla bientôt plus.

Il n'en fallut pas davantage pour faire comprendre à Héraclien qu'il lui serait impossible d'accomplir sa mission. Après avoir ramené la VIe Ferrata à Antioche, il repartit pour Rome, appelé par des affaires qui lui convenaient mieux que le commandement d'un corps expéditionnaire. Quelques semaines plus tard, Gallien était assassiné : je ne fus pas surprise d'apprendre le nom de celui qui avait armé le bras du meurtrier. La nouvelle de la proclamation du nouvel empereur, un certain Claude, parvint à Palmyre en même temps que la décision prise par le Sénat romain de dissoudre ce qui restait de l'armée d'Orient. La mésaventure d'Héraclien, dont Wörod avait redouté les pires conséquences, aboutissait au retrait des troupes romaines, au moins au rappel des vétérans et des cadres. Seules quelques cohortes d'auxiliaires commandées par de vieux centurions tiendraient garnison à Antioche pour attester par leur présence que la Syrie demeurait province impériale. Ainsi, après avoir abandonné Palmyre, les dernières légions évacuaient maintenant Antioche non pas tant pour tenter d'arrêter le flot des Scythes et des Goths que parce qu'elles ne se sentaient plus en sécurité dans un pays où mes cavaliers bousculaient leurs arrières. Le petit chef bédouin que j'avais fait mettre à mort n'avait pas massacré seulement deux centuries : à lui seul il avait obtenu, sans le vouloir et sans y penser, un résultat supérieur à ceux, plus obscurs, acquis par Zénobie. Quel prince n'eût pas été tenté d'y voir un signe, ou de prolonger le hasard par un coup d'audace calculé ?

Je me suis emparée d'Antioche dès que certains citoyens m'eurent demandé de protéger leur vie et leurs biens. J'y entretenais déjà des espions, Wörod des agents commerciaux, Longin des admirateurs : susciter un parti de Palmyre n'avait pas provoqué d'importantes dépenses. C'est la cité des déserteurs et des proxénètes, des cochers et des jongleurs, des grandes putains et des gitons fastueux, des charlatans, des sorciers, des mimes, des esclaves en fuite, des faiseurs de miracles. Mon père, plus tard Odénath, avaient toujours refusé de m'y conduire ; moi-même je répugnais à me mêler à cette foule servile. Ceux d'Antioche, je les savais dangereux et corrompus ; je les méprisais. Avais-je peur d'être séduite par eux ? Ce que je savais de leur histoire me fascinait.

Un fruit mûr qu'on ne cueille pas à temps, tombe à terre, pourrit, devient la proie des vautours ou des porcs. Antioche, si je n'y avais pas dépêché Zabbaïe et ses escadrons, d'autres s'y seraient installés : Sapor connaissait les chemins qui vont de l'Euphrate à l'Oronte. Quelle que fût leur surprise de voir galoper dans leurs rues des cavaliers sarracènes, les habitants accueillirent mes guerriers sans hostilité, prêts à leur offrir plus afin qu'ils dérobent moins. Ils estimaient que la présence des soldats de Zénobie était moins dangereuse que celle d'un soldat d'aventure soudain surgi d'une émeute. Plusieurs fois violée, Antioche ne craignait pas tant l'ennemi du dehors, avec lequel elle finissait toujours par s'entendre, que ses propres bas-fonds où fermentaient des agitateurs professionnels.

Je n'arrivai à Antioche que deux décades après Zabbaïe; il convenait de lui laisser le temps d'expédier quelques affaires de police dont il est peu digne qu'un roi se mêle, Waballaht m'accompagnait; sans en référer au Sénat romain, je l'avais décoré du titre consenti naguère à Odénath : « Gouverneur de tout l'Orient », faisant ainsi de mon fils le premier personnage de la troisième ville de l'Empire et des provinces d'où étaient issus cinq Césars. Le jour de mon entrée solennelle à Antioche, ce que j'ai vu, moi la fille du marchand Amrou qui avait tant aimé la simplicité de ma famille bédouine, m'emporta dans un pays merveilleux, au-delà de mes lectures et de mes rêves. Comment aurais-je pu imaginer la splendeur d'une colonnade quatre fois plus longue que celle de Palmyre ? Les temples, les basiliques, les théâtres, les musées, les aqueducs, les rues pavées de marbre, les fontaines de bronze, offraient à mes yeux les prodiges de l'aventure grecque. Ornant les carrefours, le sourire des faunes, la hanche des déesses, la grâce des éphèbes me disaient mieux que n'avait su le faire Eulémos tous les trésors d'intelligence et d'art semés jadis par les compagnons d'Alexandre. Je sentais monter en moi, avec une force jamais ressentie, un appel vers la beauté. Il me fallut apaiser mon exaltation : ceux qui me regardaient, Syriens railleurs, eussent été trop heureux de moquer l'étonnement de la bédouine. Moi, Zénobie, j'étais seule à savoir que d'obscurs liens me rattachaient à ces choses merveilleuses dont l'origine remontait à Séleucos, ami et rival de mon aïeul Ptolémée qui avait bâti cette ville sur les bords de l'Oronte avec les souvenirs, les cultes et les noms de l'Hellade. Assise sur une litière incrustée d'ivoire et d'or, provenant de quelque butin perse, j'avais revêtu une tunique pourpre retenue aux épaules par une grosse fibule d'or, laissant mon bras droit nu pour me permettre de répondre aux applaudissements de la foule. Baissant la tête, plus craintif que timide, le front ceint d'une couronne laurée, Waballaht se tenait près de moi. Plusieurs fois, pour raffermir son courage, je dus lui presser la main qu'il avait humide et molle. Deux longues files d'archers flanquaient ma litière; droits sur leurs chevaux, ils semblaient ne rien voir, ne rien entendre : leurs yeux immobiles nous protégeaient autant que leurs épées. Seul parmi eux, chevauchant à ma droite, Zabbaïe épanouissait un visage où le plaisir balançait la fierté. Il ne dédaignait pas de prendre pour lui une large part des clameurs qui montaient vers nous deux, comme si la foule eût deviné la puissance enchantée qui nous avait tirés l'un vers l'autre.

Je n'étais pas entrée à Antioche pour donner la comédie d'un général paradant dans une ville conquise par ses soldats. Celle que j'entendais jouer était plus subtile. Zabbaïe et ses lieutenants s'imaginaient sans doute que la seule présence de leurs troupes avait suffi pour provoquer autour de la reine de Palmyre le ralliement des habitants d'Antioche. Moi, je savais que le poids et l'éclat de mon pouvoir, je les détenais encore de Rome ; ils l'emportaient sur ma puissance militaire. Il convenait de jouer le rôle du protecteur avant celui du vainqueur.

Le proconsul avait rejoint Rome sur l'ordre du Sénat. Le jour même de mon arrivée, les notables et les hauts fonctionnaires s'empressèrent de venir me rendre hommage. Ceux-ci, habitués aux ruses de la politique impériale, savaient s'incliner sans sourire devant les princes auxquels était accordée l'illusion d'une indépendance provisoire : ils m'assurèrent de leur loyalisme. Ceux-là, l'échine assouplie par plusieurs invasions, n'hésitèrent pas à saluer en moi l'héritère des grandes princesses syriennes, bien que redoutant, en secret, de voir l'appareil administratif de la province échapper aux mains qu'ils avaient l'habitude de corrompre. Les uns comme les autres rivalisèrent d'habileté dans la fourberie, de souplesse dans la dialectique, d'éloquence dans le discours.

La première nuit que je passai à Antioche, dans le palais du légat impérial dont le fronton s'ornait d'un aigle d'or aux ailes déployées, je ne pus trouver le sommeil avant l'aube. Semblable à mon fils qui avait eu peur des cris populaires, je me sentais mal à l'aise dans cette immense cité, aux innombrables visages, où les pièges devaient trop se multiplier pour être tous évités, les complots trop secrets pour être déjoués, la police trop sollicitée pour être sûre. Odénath, cependant maître dans l'art de tromper, ses ruses devaient être des jeux enfantins comparés aux manœuvres souterraines d'Antioche. Je ne sais quelle vieille défiance bédouine me conseilla, un moment, de laisser ici quelques escadrons et de repartir pour Palmyre, chez moi, là où je pouvais mettre un nom sur de nombreux visages, croire qu'on aimait Zénobie. Moi aussi, j'ai eu des faiblesses. Elles durèrent peu de temps. Quand ils luttaient contre cette fausse vertu que les hommes nomment prudence pour ne pas avouer leur lâcheté, mes démons intérieurs l'emportaient toujours. Cette nuit-là, ils me commandèrent d'occuper rapidement tout le territoire syrien et de le frapper de terreur avant que mes archers, Waballaht, peut-être moi-même, ne soient engloutis dans cette cuve où une multitude d'hommes, de femmes et d'enfants bouillonnaient comme une soupe. Précédant mon arrivée, Zabbaïe avait rempli les prisons; je décidai d'en laisser fermées les portes assez longtemps pour que personne ne puisse plus douter de ma puissance, et de les ouvrir plus tard pour montrer au peuple que la clémence de Zénobie l'emportait sur celle de César. Proie offerte par des circonstances soudaines, je ne lâcherais pas Antioche au moment que mes songes fabuleux prenaient l'épaisseur d'une pierre dure que je serrais dans mes doigts. Je m'endormis enfin.

Autour de mon lit, dix jeunes filles me regardaient en souriant lorsque j'ouvris les yeux. Comme elles en avaient coutume avec l'épouse du proconsul, elles attendaient mon réveil sur l'ordre de l'intendant du palais. Vêtues de chitons blancs et transparents qui ne dépassaient pas leurs genoux, elles me saluèrent avec cérémonie, m'aidèrent à me lever, me conduisirent dans une petite salle pavée de mosaïque vert et or où fumaient des bassines d'argent pleines d'eau parfumée. J'avais toujours aimé m'attarder à ma toilette; soucieuse de mon corps que je savais beau, je n'en avais jamais confié le soin qu'à moi-même, encore que ma vieille M'Barka mendiât parfois son plaisir de baigner Zoubida. Ce matin-là, ma surprise fut d'autant plus vive lorsque les filles syriennes voulurent m'enlever ma robe de nuit. A la rougeur que je sentais chauffer mon visage, elles répondirent par des éclats de rire. Ne voulant pas paraître une nomade enfermée sous sa tente, je me laissai faire, croisant seulement les bras sur ma poitrine, geste qui les fit rire davantage. Comme l'eau ruisselait sur mes épaules, une fille enleva brutalement sa robe, suivie d'une deuxième, d'une autre, bientôt de toutes, jouant à se jeter des bassines d'eau et à tourner une ronde autour de moi en chantant. Je n'ai pas protesté. Nue, je n'étais plus la reine de Palmyre, je découvrais tout à coup le plaisir d'être jeune, de danser, de rire pour rien. Je me laissai emporter par le jeu qui me mêlait à ces vierges peu sages dont les formes pleines et les yeux ombrés disaient assez qu'elles avaient laissé éteindre leur lampe depuis longtemps. Parmi les tourments qui m'ont accablée, ce mince souvenir fait encore entendre son bruit d'eau, si semblable à celui des rigoles qui couraient dans les jardins de Palmyre.

Je restai plusieurs mois à Antioche. Du palais impérial, j'aimais contempler la ville dont les terrasses s'étagent du mont Silpius jusqu'aux rives de l'Oronte. Des torrents et des cascades jaillissant à travers des massifs d'oliviers et de lauriers-roses, de jacinthes et d'œillets, buissons de fleurs que je voyais pour la première fois, jardins suspendus au milieu desquels le marbre des villas semblait lentement mûrir au soleil. A l'intérieur des remparts qui dessinaient sur le ciel une immense couronne dentelée, vivaient près d'un million d'êtres, riches ou miséreux, ignorants ou savants. Je pouvais les courber à mon tour sous ma loi. Chaque soir, j'entendais rouler la rumeur de la ville, sourd grondement d'où s'échappaient, çà et là, le grincement d'une noria, le son d'une enclume, l'éclat d'un tumulte. Le vent qui soulevait ma robe avait suivi la vallée de l'Oronte, il arrivait de la mer Intérieure, le grand désert liquide où les héros mycéniens avaient vaincu les monstres. Sa vue m'avait émerveillée ; je me sentais cependant plus en sécurité sur la terre ferme qu'au-dessus des abîmes ; semblable à tous les Arabes, je préférais confier mon destin aux pattes de Beïda qu'à des planches clouées. Cette crainte de la mer, souvenir attardé des récits terrifiants de Cornélius, Wörod en souriait : après avoir parcouru une longue distance à travers les sables, nos marchandises n'étaient-elles pas chargées sur des navires ? Que ma fortune tînt autant à la mer qu'au désert, j'en avais eu la prescience confuse le soir où, montée sur la terrasse de notre maison, Palmyre m'était apparue trop petite pour moi, cité caravanière isolée et toujours menacée, tantôt par César, tantôt par Sapor. Maîtres définitifs d'Antioche, où nos marchandises ne risqueraient plus d'être immobilisées sur les rives de l'Oronte, nous n'aurions plus à payer les courtiers syriens ou les agents du légat impérial. Les tavernes regorgeaient de navigateurs prêts à déployer n'importe quelle voile ou n'importe quel étendard pour peu qu'on les payât un juste prix. Ce que le vent de la mer me soufflait chaque soir, comme s'il eût feuilleté les pages de mes anciens livres d'études, devint une certitude lorsque Wörod conduisit au palais un voyageur arrivé d'Alexandrie. C'était Firmus, Syrien installé en Egypte.

J'avais déjà rencontré d'étranges personnages. Antioche n'en était point avare. Un jour pauvres, un jour fastueux, insouciants et gais, toujours promis à l'aumône, aussi prompts à étaler un luxe précaire qu'une misère provisoire, ils demeuraient attentifs aux brefs sourires que la fortune adresse au moins une fois à chaque homme. Ce Firmus, dont j'avais autrefois entendu citer le nom par mon père et Odénath, comment était-il parvenu à la puissance financière ? Son origine était si obscure qu'on ne lui connaissait ni père ni mère, ni frère ni sœur, chose étrange dans nos pays où les oncles et les cousins sont plus nombreux qu'ailleurs. D'après Wörod, qui entretenait avec lui des relations d'affaires et d'amitié, il était né à Antioche. D'abord giton d'un entrepreneur qui l'avait ramassé dans un bordel d'hommes, il avait rendu de menus services à son protecteur avant d'en devenir le secrétaire indispensable, bientôt le fils adoptif. Initié aux détours du négoce, touchant çà et là quelques commissions, intriguant sans en informer son maître, il avait vite compris que les corrompus sont condamnés aux médiocres profits alors que les grandes entreprises sont réservées aux seuls corrupteurs. Passant par Antioche, un marchand grec d'Alexandrie l'avait convaincu de le suivre en Egypte où il deviendrait son associé. Quelques années plus tard, Firmus dirigeait vers Ostie son premier bateau de blé. Plus jeune que Wörod, sans doute plus riche, ses lettres de change étaient honorées dans toutes les cités marchandes, ses navires sillonnaient les mers. Sûr de lui, lourd du poids de ses lingots, autant illettré que bon jongleur de chiffres, ami des tribuns de légion auxquels il fournissait les vivres et les équipements nécessaires à leurs troupes, adjudicataire des marchés de l'Etat, grand distributeur de prébendes, il était venu à Antioche pour y rencontrer Wörod.

L'histoire de cet aventurier m'intéressait : elle m'apportait l'image parfaite d'un citoyen de l'empire romain et confirmait ma certitude que nous sommes responsables de notre destin. Convaincue qu'il ne manquerait pas l'occasion d'approcher la reine de Palmyre, je demandai à le connaître. Son aspect me surprit. Autant les marchands, sénateurs et banquiers au milieu desquels j'avais grandi se ressemblaient tous, sinon par le visage au moins par la mesure des gestes, la simplicité du vêtement, la lenteur de la marche, un certain air de gravité dans le ton et l'expression, toutes choses qui conviennent aux hommes d'argent, autant celui-là ne ressemblait qu'à lui-même. Géant aux cheveux crépus, plus Nubien que Syrien, ses gros yeux pleins de rire et ses lèvres épaisses, ses mains énormes aux doigts couverts de bagues, sa voix trop sonore, paraissaient plus faits pour les jeux du cirque que les subtilités du courtage maritime. Il y avait quelque chose en lui qui me repoussait, sans doute sa vulgarité, et qui m'attirait à la fois, peut-être sa brutalité. Firmus suait l'or, mais ni plus ni moins que d'autres hommes nouveaux qui n'ont pas eu le temps de s'habituer au métal quotidien. Son goût puéril de la prospérité ne me gênait pas davantage que l'odeur de la première vase où il avait dû plonger avant de parvenir à la puissance. Moi-même, je m'étais jetée dans le lit d'un vieillard. Où était la différence ? Depuis qu'Odénath était mort je n'étais plus si sûre d'avoir voulu l'épouser dans le seul but de l'entraîner à proclamer l'indépendance de Palmyre. Ce qui me séparait de ce Firmus c'est que, née d'une famille riche, j'avais grandi dans une maison de marbre entre mon père, ma nourrice et mes deux pédagogues. Petite fille abandonnée, si Odénath m'eût rencontrée au détour d'une ruelle il m'aurait gardée à peine quelques instants entre ses jambes avant de jeter à terre sa pièce de monnaie. L'argent ne m'avait jamais intéressée parce que je n'en avais jamais manqué. Mes ambitions, je les avais placées ailleurs. Etaient-elles plus hautes que celles de Firmus ? Je ne pouvais plus ignorer, bien que je m'en défendisse, qu'il m'était arrivé parfois de commettre la faute inexpiable de tricher avec moi-même. Odénath, Zabbaïe, Longin, Wörod, Maeonius, compagnons de mes périlleux chemins, tous les cinq avaient fait de Zénobie la reine de Palmyre ; ils l'avaient conduite jusqu'à Antioche sans même se douter du secours qu'ils lui avaient apporté, sauf Wörod dont je n'avais pas encore compris le jeu. De ce Firmus, j'ai voulu me servir avant même qu'il m'eût exposé ses desseins dont la froide résolution correspondait peu à son visage passionné.

Commencée au début d'un après-midi, notre conversation se prolongea jusqu'à la nuit. Elle fut reprise le lendemain. Parlant tour à tour, Wörod et Firmus me firent connaître qu'associés depuis plus de dix ans, ils étaient parvenus à établir entre Palmyre, Alexandrie et Antioche un réseau de correspondants qui assuraient à leurs affaires la rapidité et la régularité. Lorsque la route de l'Euphrate était libre, toutes les marchandises déchargées au fond du golfe Persique étaient transportées à Palmyre par les caravaniers. Pour peu que quelque satrape de Sapor ait franchi le fleuve et menacé la sécurité du désert, les seules marchandises des deux associés étaient aussitôt rechargées sur des navires de Firmus et dirigées vers l'Egypte ; par la mer Rouge elles parvenaient à Alexandrie tandis que les caisses des marchands de Palmyre, demeurées au fond du golfe, attendaient des jours meilleurs ou disparaissaient.

J'avais entendu naguère les lamentations paternelles lorsque les pistes qui relient le golfe Persique à la mer Intérieure nous étaient interdites parce que Rome nous avait entraînés, de gré ou de force, dans ses guerres jamais éteintes contre les Perses. Je me rappelais l'âpreté des discours chuchotés qui précédaient tantôt le départ de quelque émissaire chargé de présents destinés à Sapor, tantôt le versement de lourds tributs aux guerriers sarracènes pour obtenir le libre passage de nos convois. Il me semblait entendre encore les recommandations de Wörod, habile temporisateur qui conseillait la prudence aux autres alors que, secrètement, ses propres cargaisons voguaient vers Alexandrie, risquant la fortune de mer dont le prix valait moins cher que la mise en route d'une caravane à travers un désert menacé par des rezzou.

Une telle organisation n'avait profité qu'à Wörod et Firmus, non aux marchands de Palmyre. Je leur en fis l'observation avec humeur. Le premier, Firmus, répondit que sa recherche et l'aménagement des escales et des magasins, sur les côtes dangereuses de la mer Rouge, s'étaient poursuivis pendant plusieurs années. Wörod ajouta que les circonstances avaient été jusqu'ici peu favorables pour entraîner les autres dans une telle organisation ; la mort d'Odénath, la réconciliation engagée avec Sapor, le départ des légions, la création d'une armée arabe avaient transformé la situation. Où voulaient-ils en venir tous les deux ? Pesant certains mots, en précipitant d'autres, coupant leurs phrases de longs silences et d'imperceptibles sourires, chacun jouait son rôle avec un art admirable. Je soupçonnais qu'ils hésitaient encore à me confier un projet qui les tourmentait, qu'ils retardaient le moment de me proposer quelque vaste entreprise financière dont la réussite suppose l'accord, au moins muet, du prince. Je ne pouvais en deviner la dimension ; quelle que fût ma hâte de la connaître, son attente me causait un plaisir plus grand.

« Si la reine de Palmyre s'installe demain à Alexandrie comme elle vient d'occuper Antioche, elle deviendra non seulement la maîtresse du grand commerce avec l'Inde et l'Abyssinie, mais, ayant mis la main sur le principal grenier de Rome, elle tiendra César à sa merci. »

Wörod prononça ces paroles sans modifier le ton uni de sa voix, sans que la moindre lueur apparût dans ses yeux immobiles. Je les entendis sans manifester la moindre surprise. Moi aussi, je savais tenir un rôle : c'est le premier métier d'un chef d'Etat. Dans les propos qui m'étaient tenus, je reconnaissais mes propres discours sur la fragilité du pouvoir politique comparé à la solidité de la puissance financière. Si confuse fût-elle, je ne doutais pas que ma pensée eût fécondé celle de Wörod. Je compris soudain ses secrets cheminements, ses réserves apparentes, le moyen subtil qu'il avait trouvé de faire disparaître Odénath et Hérodien qui n'eussent jamais approuvé un tel projet. Sa complicité, je l'avais devinée, j'en connaissais maintenant la raison. J'avais cru utiliser Wörod, Wörod s'était servi de Zénobie. Cette découverte conforta ma volonté d'agir plus qu'elle ne me dépita. Si un homme tel que Wörod, réputé pour sa grande prudence, découvrait enfin devant moi la trame d'un laborieux dessein, sa certitude de réussir son entreprise devait égaler la confiance qu'il plaçait dans ma propre détermination.

Que la possession de l'Egypte fût indispensable à la maîtrise des routes du commerce avec l'Orient lointain, cette pensée ne m'avait jamais agitée. Elle m'apparut évidente. Les marchandises transportées par nos caravanes, je savais, qu'à Antioche autant qu'à Alexandrie, elles subissaient des taxes dont le montant était fixé par un tarif fiscal qui dépendait de la seule décision des fonctionnaires romains. A Antioche, il me suffirait d'en faire jeter quelques-uns en prison. Qu'arriverait-il à Alexandrie où Rome entretenait des forces armées importantes ? La précision des informations réunies par Firmus me prouva que ses agents ne recherchaient pas que des renseignements commerciaux. Lui-même avait déjà conçu un plan. Une seule légion tenait garnison en Egypte, la IIe Trajana, à laquelle il convenait d'ajouter deux cohortes de supplétifs recrutés sur place. Firmus assurait que, amollis par un trop long séjour à Alexandrie, les légionnaires seraient incapables de résister au premier assaut de la cavalerie palmyréenne. Pour intervenir, les auxiliaires attendraient que le sort du combat eût désigné le vainqueur afin de se ranger plus sûrement derrière lui. La population d'Alexandrie acclamerait les archers de Zénobie, le gouverneur romain s'enfuirait à bord d'une galère, et lui, Firmus, s'installerait dans la place.

Ayant toujours souri des trop savantes dispositions imaginées par les militaires, l'optimisme et la puérilité de ce Syrien me satisfaisaient : les guerres se gagnent avec des idées simples et des chefs audacieux. Firmus avait prévu le nombre et l'armement des cavaliers à engager, la hauteur des soldes, la localisation des points d'eau, les itinéraires de rechange, les exécutions préventives, les guides dont la direction serait confiée à un certain Timogène, Egyptien qui avait servi dans la légion avec le grade de centurion. Tout me semblait devoir réussir si vingt mille cavaliers commandés par Zabbaïe demeuraient fidèles aux deux mots d'ordre les plus importants d'une guerre offensive : violence et rapidité.

La nuit qui suivit les entretiens au cours desquels Wörod et Firmus m'exposèrent leur projet, je ne dormis pas davantage que pendant la nuit de mon arrivée à Antioche. J'y appris la solitude des rois. Parce que la décision ne dépendait que de moi seule, j'étais prise d'un vertige semblable à celui qui me saisissait lorsque, petite fille étendue sur le sable du désert, je m'agrippais au sol pour ne pas tomber dans les étoiles. J'ai pesé le risque, la gloire, le profit, la nécessité. Mes vieilles révoltes et mes laborieuses patiences, mes projets écroulés et mes filets ravaudés, comparés au choix qu'il me fallait fixer, m'apparaissaient minuscules. J'avais si souvent joué à inventer une légende qui faisait de Zénobie la dernière descendante des Ptolémées qu'il m'arrivait de me prendre à cet enchantement. Je ne pouvais plus m'attarder à de telles fables. Si quelque prodige devait survenir, victoire ou défaite, et surprendre le monde, j'en serais la seule responsable. L'Egypte, je savais ce qu'elle représentait pour les Romains : province privilégiée, elle était interdite aux sénateurs, son gouverneur ne dépendait que de César, on y moissonnait trois fois l'an le blé destiné aux greniers impériaux ; on disait que d'immenses navires aménagés pour le transport du grain reliaient Ostie en moins de dix jours. Frondeurs pires que ceux d'Antioche, les bas-fonds d'Alexandrie suppuraient toujours quelque émeute aussitôt réprimée par une police qui doublait les forces militaires. Deux ou trois préfets, ne résistant pas aux séductions du pouvoir, avaient usurpé la pourpre : leur tête n'avait pas tenu longtemps sur leurs épaules. Si le Sénat romain avait feint de croire que ma présence à Antioche protégeait la Syrie contre un retour toujours redouté des Perses, il ne pourrait admettre une telle injure. Ce serait la guerre.

Parvenue à ce point de mes méditations, j'ai compris que le plan conçu par Wörod et Firmus était trop étroit ; il ne me laissait pas d'autres possibilités que la victoire ou la défaite. J'ai préféré choisir la démesure, seul moyen de négocier un traité honorable si la fortune m'était contraire. Cette nuit-là, moi, Zénobie, j'ai décidé de donner à Palmyre les dimensions d'un empire qui me permettrait de traiter d'égal à égal avec Rome ou Ctésiphon. Non seulement nos étendards flotteraient à Alexandrie comme à Antioche, mais nous irions les planter en Bithynie, sur les rives du Bosphore, là où, venant de la Chersonèse et du Caucase, passent les lourds navires gorgés de blé, de poisson fumé et d'esclaves, où aboutissent les grandes caravanes du pays de la soie. Toutes les voies de communication avec l'Orient lointain, toutes les sources où Rome puise sa nourriture tomberaient en mon pouvoir.

Zabbaïe, je ne l'avais pas vu souvent depuis notre arrivée à Antioche. Les obligations de son commandement, les plaisirs de la ville impériale le retenaient hors du palais. Convoqué, il reçut l'ordre de rassembler vingt mille archers choisis parmi les meilleurs cavaliers, et de se tenir prêt à marcher vers la frontière du delta. La nouvelle lui causa une si grande surprise qu'il ne put cacher son dépit de n'avoir pas été consulté pour la décision d'une telle affaire dont il entreprit de me démontrer les dangers, en insistant sur les responsabilités qui pèseraient sur ses seules épaules : il n'avait pas fallu longtemps pour que Zabbaïe devînt un véritable général. Je brûlais de lui dire que j'avais besoin d'un guerrier, non d'un militaire. Je me contins ; il eût été capable de m'abandonner, peut-être de se vendre à Sapor qui l'eût accueilli sans rancune et couvert de présents. Habitué au désert, Zabbaïe craignait de traverser des régions montagneuses, conduit à travers un pays inconnu par des guides égyptiens dont il redoutait la trahison. Pour l'apaiser, je dus consentir à ce qu'il entreprît lui-même, accompagné de quelques fidèles, la reconnaissance du parcours. Cette mission ne correspondait ni aux fonctions ni aux responsabilités d'un grand chef, mais je savais que Zabbaïe aimait à regarder sans être vu, éviter ou tendre des pièges, s'emparer de prisonniers, refaire dangereusement les premiers jeux de l'adolescence.

Depuis la mort d'Odénath, je me considérais à la fois gardienne et prisonnière de la pourpre confiée par le Sénat de Palmyre. Zabbaïe, je devais le tenir à distance pour qu'il ne fût pas tenté de m'en dévêtir et la jeter sur ses propres épaules. Partageant mon lit, il eût voulu partager le pouvoir. Maître la nuit, il n'était pas de ces hommes qui disparaissent avec l'aube. Tout me commandait de l'éloigner : la sûreté de l'Etat autant que mon plaisir d'attendre son retour. J'avais besoin de le savoir en danger de mort pour croire que je l'aimais. Loin de moi, je craignais pour lui ; près de lui, j'aurais craint pour moi.

Des chrétiens, la philosophie m'était inconnue. Leur évêque me la fit entrevoir pendant les quelques mois que je passai à Antioche. Il s'appelait Paul. Pour le distinguer, on le nommait Paul de Samosate parce qu'il était né dans cette ville de la Commagène. Porté à l'épiscopat par le petit peuple, il n'en détenait pas moins une charge de procurateur qui lui rapportait honneurs et profits. Qu'il eût traversé sans dommage plusieurs périodes au cours desquelles ses frères avaient été persécutés témoignait d'une souplesse peu commune. Contrairement à de nombreux fanatiques qui l'accusaient des pires crimes, il ne pensait pas que la fonction publique puisse être incompatible avec la foi et professait que le goût du martyre n'est pas nécessaire pour croire dans le dieu unique. Fier de porter les insignes consulaires, Paul de Samosate ne se déplaçait jamais sans être précédé d'une garde de licteurs, allongé sur une litière où se tenaient près de lui deux jeunes femmes, très belles, qu'il appelait ses sœurs adoptives. La foule, sur son passage, lui faisait fête, applaudissait sa barbe blonde, ses munificences, la franchise avec laquelle il étalait ce que ses ennemis cachaient honteusement.

Les problèmes religieux ne m'avaient jamais tourmentée ; je tenais les prêtres des différents cultes pratiqués à Palmyre pour des entrepreneurs de superstition, mais j'entendais que chacun puisse honorer la divinité qu'il préférait. Très nombreux à Antioche, les chrétiens n'avaient pas traversé le désert, à part quelques moines venus s'établir à Doura Europos, sur les bords de l'Euphrate, où leur autel s'élevait à côté d'une synagogue et d'un petit temple voué au culte de Mithra. Ensanglantant la province syrienne, les persécutions ne nous avaient guère troublés. Moi, Zénobie, j'y avais surtout vu des possibilités de désordre, des accumulations de haines susceptibles de hâter la ruine de l'unité romaine. J'avoue avoir éprouvé quelque admiration pour ceux qui payaient de leur vie leur refus de reconnaître un dieu dans la personne de César. Je ne les plaignis pas pour autant, leur sophiste crucifié les ayant persuadés qu'étant immortels ils pouvaient mépriser les supplices et se livrer volontairement à la mort. Cette certitude me confondait. La première fois que j'avais pris certaine conscience de la mort, devant le cadavre d'Eulémos, j'avais cru comprendre que tout était fini avec le dernier souffle, qu'il ne restait plus rien sauf le souvenir laissé dans le cœur des vivants. Devant le corps de mon père, je m'étais surprise, au contraire, à penser tout haut : « Où est-il maintenant ? », comme si l'esprit était semblable à une harmonie dont les vibrations se seraient prolongées éternellement après qu'on eût brisé la lyre d'où elle était née. A cette question, je ne m'étais pas attardée. Croire à l'immortalité de l'âme, c'était admettre après la mort l'intervention d'un dieu juste qui répartirait les biens et les maux en proportion des mérites de chacun, réservant des demeures distinctes aux bons et aux méchants. Ce tribunal m'avait toujours fait sourire, il prolongeait les fables de l'Olympe. Pouvait-on prétendre davantage que le corps trouble l'âme, tend à la perdre ? Affirmer que le seul plaisir de l'âme accorde le véritable bonheur ? Bien que je ne l'eusse jamais atteint, j'avais toujours pressenti l'existence d'un seuil mystérieux par lequel la chair rejoint l'âme et se confond avec elle. Aucun homme ne me l'a fait franchir. Seuls, quelques poètes m'ont fait entrevoir le monde invisible. C'est vers eux que je revenais, infidèle, au terme de longues discussions organisées à l'Athénée par Cassius Longin, ses jongleurs d'idées et ses prestidigitateurs de mots. J'en sortais inapaisée, gardant ma soif d'une vérité qui toujours fuyante avait glissé entre mes doigts, à la fois lumière, eau, sable. Au démiurge organisateur, bienveillant et artiste qui aurait créé le monde dans ses moindres détails, tout ordonné selon un dessein prémédité, j'avais préféré la vieille théorie des atomes infinis, doués d'une force mystérieuse, précipités dans le vide, combinés selon les seules lois du hasard, donnant naissance à tous les êtres sans que l'intervention d'un dieu fût nécessaire. Aucune explication ne m'avait satisfaite, celle-ci pas plus que les autres. La lecture des philosophes me démontrait toujours que les certitudes vieillissent plus vite que les doutes.

A Doura Europos, quelques moines vivaient dans le dénuement ; ils affirmaient jouir de la vue de Dieu. A Antioche, l'évêque entendait vivre de la vie commune, comme Jésus avait vécu au milieu du peuple. Paul était le chef des fonctionnaires chargés de recenser les biens des habitants de la province et de percevoir l'impôt. Je voulus m'en faire un ami, au moins un allié. N'est-ce pas le devoir d'un prince de savoir où se cachent l'or et l'argent ? Il fut prompt à accepter mes douceurs : le soutien du pouvoir lui était nécessaire pour mieux résister aux haines des autres évêques. A Antioche, César c'était moi, Zénobie.

J'étais curieuse de mieux connaître ces chrétiens qui, depuis plus de deux siècles, persévéraient dans leur foi religieuse, refusaient de brûler le moindre grain d'encens devant la statue de l'empereur, répandaient leur sang pour sauver leur âme immortelle. Paul de Samosate distribuait aux pauvres la plus grande partie de ses subsides et proclamait qu'il est plus important d'aimer les hommes et les femmes, à l'exemple du Christ, que d'espérer une vie éternelle ; de donner du pain aux malheureux que de briser une statue de Vénus. J'aimais l'entendre me raconter les épisodes de la vie et de la mort de Jésus. Cette légende embellie à partir d'un petit fait vrai me plongeait dans le ravissement et rejoignait la simplicité de certains chants d'Homère, un Homère qui aurait été un poète de la douceur : « A Nazareth, petite ville de Galilée, vivait un charpentier nommé Joseph, entouré de sa femme Marie et de son fils Jésus dont les yeux et les mains possédaient le pouvoir de guérir... » J'écoutais sa voix qu'il avait rocailleuse et chantante comme tous ceux de la Commagène ; je voyais, je suivais ce Jésus le long des chemins fleuris de Judée, traversant les bourgs et les villages, s'arrêtant devant les maisons où des infirmes, étendus sur des matelas, l'attendaient, guérissant les lépreux, effaçant la nuit des yeux aveugles, faisant marcher les paralytiques, changeant l'eau en vin, ressuscitant Lazare, remettant les péchés, maudissant les riches, protégeant la femme adultère, vivant pauvre parmi les pauvres, prêchant, partout où il passait, le pardon, l'amour, la bonté. Ces récits m'enchantaient, versaient un miel inconnu dans mon cœur : ils n'apportaient aucune réponse aux questions que je me posais. Les hommes n'avaient-ils pas toujours divinisé les êtres supérieurs ? Osiris, Adonis, Hercule n'étaient-ils pas des dieux morts et ressuscités après un bref séjour aux enfers ? L'amour du prochain n'avait-il pas été recommandé par Akhénaton et par Zoroastre ? Le monde avait souvent retenti du bruit des thaumaturges dont les prodiges valaient ceux de l'Evangile. Pourquoi accorderais-je plus de foi à Jésus qu'à cet Apollonius de Tyane qui, lui aussi, à la même époque, avait prêché la justice et la bonté, pratiqué le jeûne et la pauvreté, arrêté la peste et les tremblements de terre, guéri les malades, ressuscité les morts, attestant qu'il avait été envoyé par le dieu suprême ? L'empereur Vespasien, plus préoccupé de fiscalité que de métaphysique, n'avait-il pas rendu la lumière à un homme frappé de cécité et guéri un lépreux ? A mes interrogations, l'évêque répondait que rien n'interdisait de penser que Dieu, pur esprit sans commencement et sans fin, ait envoyé sur la terre, à des époques différentes, des messagers porteurs d'espérance et de charité. Lui-même, Paul de Samosate, ne croyait pas à la divinité du Christ : « Jésus était un homme en qui l'esprit divin avait établi sa demeure, il ne venait pas du ciel mais de la terre, il sortait de l'humanité comme en étaient sortis jadis les prophètes ; plus grand qu'eux, par ses vertus, il était l'homme s'élançant vers la divinité et invitant tous les autres hommes à le suivre pour être divinisés à leur tour. »

Autant j'aimais écouter l'évêque d'Antioche me raconter la vie de Jésus, autant je prêtais peu d'attention aux querelles dogmatiques qui l'opposaient à ses adversaires. D'Alexandrie, Tarse, Césarée ou Ephèse, ceux-ci adressaient des lettres, à la fois haineuses et perfides, aux chrétiens d'Antioche pour les mettre en garde contre l'hérésie de leur évêque Paul, l'accusant de corruption, de sacrilège et d'immoralité. Je ne voulais pas intervenir dans ces disputes de rhéteurs intolérants et de sophistes frénétiques. Que le Christ fût à la fois homme et dieu, père, fils et esprit, cela m'importait peu. Ses paroles de fraternité m'intéressaient davantage. A la fois publicain et évêque, Paul de Samosate connaissait mieux que les espions du légat impérial le contenu des coffres et le secret des âmes : c'était là une raison suffisante pour l'assurer de ma protection. Un soir que l'évêque et Cassius Longin discouraient sur les prophètes et les philosophes, proférant et multipliant arguties ou postulats avec véhémence, je les réconciliai en affirmant que Platon l'emportait sur tous ceux-là. Cinq siècles avant la venue du Christ, n'avait-il pas prédit les supplices que les hommes feraient endurer à ce juste ? « On le fouettera, on le mettra à la torture, on le chargera de chaînes, on lui brûlera les deux yeux ; enfin lorsqu'il aura souffert mille maux, on l'attachera sur une croix. » Il n'est pas facile d'être athée, mais il est important de penser soi-même.

Bientôt, d'autres soucis m'ont réclamée. Je décidai de quitter Antioche et de retourner à Palmyre.

Les entreprises qui intéressent le sort de la patrie, il ne convient pas de les révéler aux membres d'une assemblée élue lorsque le secret demeure la condition de leur succès. J'attendis que l'armée commandée par Zabbaïe eût franchi la frontière d'Egypte, avant d'en faire connaître la nouvelle au Sénat de Palmyre. Surpris de ne pas avoir été consultés, pas même prévenus, les pères conscrits n'osèrent pas m'en faire publiquement reproche ; ils se contentèrent d'ouvrir leurs oreilles et de fermer leur visage. Mes explications, quant aux prochaines possibilités d'utiliser la route de la mer Rouge et le canal de Trajan pour acheminer nos marchandises, éveillèrent leur attention. Elles ne provoquèrent pas leur satisfaction : l'ombre de César et le bruit des légions les épouvantaient encore, sans qu'ils osent se l'avouer. Ne l'ignorant pas, je connus quelque plaisir à faire durer leur inquiétude pour mieux jouir de leur soulagement quand je leur eus déclaré que l'armée de Palmyre n'était entrée en Egypte que pour y ramener l'ordre romain tombé aux mains d'une faction. La vérité, nous étions trois à la connaître, moi Zénobie, Wörod, Firmus ; celui-ci, dès son retour à Alexandrie, avait inventé un complot qui m'avait fourni un prétexte suffisant pour diriger nos cavaliers sur le delta. Il ne me restait plus qu'à attendre l'heureuse conclusion d'une affaire dont je ne doutais pas.

L'entreprise faillit échouer. Vieux militaire qui n'obéissait qu'aux seules consignes de César et les appliquait aveuglément, le légat de la IIe Trajana ne s'était pas laissé prendre aux artifices imaginés par Firmus ; il avait lancé sa légion et ses deux cohortes sur l'armée de Palmyre considérée ennemie du peuple romain à partir du moment qu'elle avait violé la frontière égyptienne.

La violence du combat avait contraint Zabbaïe à engager la totalité de ses effectifs. Finalement, il était entré à Alexandrie sous les acclamations d'une multitude aussi prompte que celle d'Antioche à se ruer au-devant d'un vainqueur.

Quand la nouvelle m'en parvint à Palmyre, j'attendis, pour la divulguer, de recevoir un deuxième message qui me l'eût confirmée. La valeur de mes cavaliers, je ne la mésestimais pas ; ma foi dans leur courage balançait ma confiance dans ma fortune. Cependant, j'avais appris à me méfier des victoires qui, au lendemain des délires populaires, se transforment soudain en défaites. Seul Wörod fut prévenu par mes soins. Dans ses yeux sans regard, un éclair s'alluma pour s'éteindre aussitôt. J'aurais voulu qu'il me prît dans ses bras, contre sa poitrine, comme un père ou comme un homme. Il se contenta de poser une lèvre rapide sur mon épaule droite. Le temps où les vieux amis de la maison familiale me regardaient en souriant et m'appelaient « gazelle », était définitivement mort. J'étais devenue la reine de Palmyre. On ne me regardait plus qu'en baissant les paupières. Pour que Wörod ne puisse pas deviner ce bref instant de faiblesse, j'ai donné l'ordre de jeter le messager de Zabbaïe dans une fosse et de l'y tenir au secret jusqu'à l'arrivée d'un autre courrier.

J'attendis pendant plusieurs jours. Pour ceux qui s'étonnaient de n'avoir reçu aucune nouvelle de l'armée depuis son entrée en Egypte, je m'efforçais de poser le masque d'un sourire sur mon inquiétude. Un jour, un vieillard imbécile me dit avec gravité que les heureux combats ont des ailes plus rapides que les déroutes. C'était là un de ces propos dont se gargarisent volontiers les amateurs de sentences. Je n'en fus pas moins troublée. Puisque le premier bulletin de Zabbaïe m'était parvenu rapidement, pourquoi n'en avais-je pas reçu d'autres ? Quelque événement funeste m'était-il caché ? Devais-je considérer le seul mauvais état des routes, croire au dédain d'un général indiscipliné, craindre le pire ? Il m'arriva de redouter davantage la mort de Zabbaïe que sa défaite ; le lendemain, je souhaitais que ce chien fût dévoré par les vautours et qu'on me rendît mes archers. Ces alarmes ne s'apaisèrent qu'en entendant les clameurs poussées par un groupe de cavaliers qui, ayant parcouru la grande Colonnade au galop, arrivaient au palais royal. Leur chef, un des lieutenants de Zabbaïe, s'avança vers moi en titubant. La fatigue creusait son visage plâtré de poussière. Une flamme lui brûlait les yeux. Le cri qui tordait sa bouche, c'était le rire de la victoire ailée.

Vainqueur de la IIe Trajana, Zabbaïe, fidèle à mes ordres, laissant une petite garnison à Alexandrie, avait entrepris de ramener ses troupes vers la Syrie. Ce que nous nous obstinons à appeler le hasard avait voulu qu'une escadre romaine, qui croisait devant les côtes égyptiennes, relâchât dans le port tandis que le gros de nos cavaliers s'acheminait déjà vers la Palestine. Apprenant que la ville chère à César était tombée aux mains d'une armée étrangère, le légat avait fait débarquer ses troupes ; ralliant parmi les Egyptiens ceux qui avaient le plus applaudi les nôtres, il s'était à son tour rendu maître de la place. Alerté, Zabbaïe avait fait demi-tour, déployant ses escadrons sur des chemins connus du seul Timagène ; revenu vers Alexandrie il y était entré vainqueur une deuxième fois après les plus violents combats. Le général romain, un certain Probatus, s'était donné la mort : sans doute appartenait-il à cette ancienne génération d'officiers qui ne concevaient pas qu'on puisse être promu à un grade supérieur au lendemain d'une défaite.

Quand le messager eut terminé son récit, il posa sa main sur l'épaule d'un garde. Je n'eusse pas été étonnée de le voir s'écrouler à mes pieds ; il me semblait revivre l'aventure des quelques vrais héros qui avaient enchanté mon enfance. Ce que le coureur de Marathon avait accompli, des cavaliers sarracènes l'avaient refait sur une distance trente fois supérieure, le long de la route qui relie le delta du Nil au désert syrien, sautant d'un cheval sur l'autre dans les relais organisés par Firmus, parcourant nuit et jour plus de mille milles.

Déjà les tapis, les étoffes et les palmes ornaient les terrasses des maisons. Le peuple, ayant appris la nouvelle dans le même moment, se dirigea vers les temples comme s'il eût été poussé par des forces élémentaires qui, la fortune favorable ou funeste, lui faisaient accomplir de tels gestes. La victoire et la débâcle provoquant les mêmes cortèges et les mêmes fumées, je n'en fus pas surprise. Je ne fus pas plus étonnée de recevoir une nombreuse délégation de sénateurs venus pour me témoigner la joie d'une victoire en laquelle ils avaient toujours cru, et pour se féliciter de m'avoir aidée à prendre la décision qui faisait de Palmyre la maîtresse d'Alexandrie. Je les ai remerciés avec une égale sincérité : l'étude de l'histoire grecque m'avait appris que la pratique de la démocratie exige le gouvernement d'un seul mais suppose que chaque élu conserve l'illusion de décider de la paix et de la guerre. Le même soir, entourée de Wörod et de Longin, moi, Zénobie, ayant nommé Firmus gouverneur de l'Egypte, j'ai donné l'ordre à Zabbaïe de rejoindre Antioche sans délai avec ses troupes, cinq mille cavaliers demeurant à Alexandrie. Un long message envoyé au roi Sapor lui annonça la nouvelle en même temps qu'il lui confirmait les préliminaires d'une prochaine alliance. Ecrivain de profession qui n'en finissait pas de tailler son calame avant de le tremper dans une encre pleine d'inutiles formules, Longin craignait la colère de César. Cédant à ses conseils, j'ai adressé à l'empereur une lettre dont je lègue la rédaction à tous les futurs princes : « Des troubles fomentés par des factieux ayant éclaté en Egypte, les forces militaires de Palmyre ont été contraintes d'intervenir à Alexandrie et d'y rétablir l'ordre. » Wörod acquiesça. Il supputait déjà les immenses bénéfices qui rempliraient ses coffres. Tous les deux nous partagions la certitude que, frappé d'étonnement, le Sénat romain ne réagirait pas davantage qu'au lendemain de mon arrivée à Antioche. La nuit venue, j'ai fait sortir, de la fosse où je l'avais jeté, le premier messager de Zabbaïe. Il reçut la récompense qui convient à un guerrier et me quitta à l'aube pour rejoindre l'armée. J'ai su, plus tard, qu'il était mort au combat, quelque part en Commagène. Je ne me rappelle pas son nom.

C'était à mon tour de commander à un empire. Il s'étendait des frontières de la Libye aux rives de l'Euphrate. Je régnais sur les deux villes les plus peuplées, après Rome, du monde habité. Reine de Palmyre, en moins de deux années j'avais chassé les légions des provinces orientales et passé un accord de bon voisinage avec les Perses. Les circonstances n'avaient pas toujours favorisé mes desseins : consciente qu'il n'est pas d'événements qui ne puissent être tournés, d'hommes qui ne soient maniables, j'avais profité de ceux-ci, renversé ceux-là, donné la couleur de la chance au hasard, me répétant chaque jour que la volonté de réussir égale la force d'un javelot lancé d'une main sûre vers une cible bien visée. Odénath, Zabbaïe, Wörod, Maeonius, Firmus, s'ils avaient cru se servir de Zénobie, ils s'étaient trompés. Deux étaient morts. Les autres, je les tenais solidement. Avec eux, j'allais pouvoir frapper Rome.

Venant après celle d'Antioche, la conquête d'Alexandrie, si elle ne provoqua pas la fureur dont Longin s'inquiétait, suscita l'admiration des royaumes voisins. Plusieurs princes m'écrivaient des lettres de félicitations, me comblaient de cadeaux, demandaient à combattre sous ma loi, m'envoyaient des contingents armés. D'autres, qui n'ignoraient pas que les seules louanges excessives plaisent au cœur de celui qui les reçoit, me comparaient à la reine de Saba. Des soldats de fortune, ayant combattu naguère sous ou contre les aigles romaines, surgissaient de partout, découvraient leurs vieilles blessures, enflaient leurs états de service, déclaraient qu'ils étaient prêts à revêtir la cuirasse pour peu que je leur confie un petit commandement, affirmaient que leurs bras étaient demeurés aussi solides que leur cœur. Déserteurs, transfuges, vétérans sans emploi, décurions cassés de leur grade, je dus me résoudre à en enrôler quelques centaines pour instruire les nouvelles troupes qu'il me fallait lever sans tarder. Les portes des camps ne s'ouvrirent pas seulement pour recevoir ceux-là que je méprisais le plus, elles se refermèrent sur des milliers de recrues poussées avec rudesse par mes archers : les tribuns militaires nous avaient appris comment on racole les volontaires. Hier, ces méthodes m'avaient révoltée ; leur efficacité eut raison de ma répugnance.

Ramenées à Antioche, nos troupes n'y demeurèrent que le temps utile au repos des bêtes et des hommes : un renfort de cavaliers les y attendait pour remplacer ceux qui étaient tombés au combat. Firmus étant retenu à Alexandrie par les besognes de sa charge, je confiai le ravitaillement de l'armée à Flavius Mardochée, le juif rencontré l'année précédente sur la route d'Emèse, homme de confiance qui avait l'habitude des convois militaires. J'agis avec la plus grande promptitude, non que je fusse poussée par quelque démon, mais parce que j'avais peur d'Antioche, la ville aux dix mille bordels qui eussent englouti mes archers plus sûrement que les légions romaines ne les eussent vaincus si César avait pu ramener ses troupes en Asie Mineure. Les légions, je les avais moquées, je n'en méconnaissais pas les mérites ; leurs chefs, pour les savoir soucieux d'honneurs et de routines, je n'ignorais pas leur expérience de la guerre et de l'organisation des camps fortifiés. Pour les accabler, je les frapperais comme la foudre en occupant la Cappadoce et la Bithynie avec vingt mille cavaliers, tandis que s'entraînerait, sur les arrières, un autre corps d'armée dont le seul nombre découragerait César de reconquérir les provinces perdues. A part quelques forces auxiliaires de police, l'Asie Mineure était vide, bonne à prendre. La sagesse commandait de s'en emparer. Placé devant le fait accompli, le Sénat romain n'aurait pas fini d'entendre ses orateurs que mon avant-garde camperait sur les rives du Bosphore.

Chef suprême de l'armée, j'ai apporté le plus grand soin à son instruction. Les soldats sont aussi nécessaires que les marchands, ceux-ci étant menacés de tout perdre sans la protection de ceux-là, ceux-là risquant de s'emparer des plus hautes fonctions de l'Etat sans le contrepoids de ceux-ci. Flavius Mardochée m'eut-il à peine informée que ses chariots et ses chameaux de charge, lourds de vivres, de bagages et d'armes, étaient prêts à prendre la route, que je retournai à Antioche pour visiter les camps avant le départ des troupes. Elles n'avaient guère eu le temps de profiter de leur victoire égyptienne : je distribuai des cadeaux, des couronnes, des médailles, prenant garde de récompenser chacun selon ses mérites, fût-il le plus humble, et accordant à tous les cavaliers de la première aile entrée dans les faubourgs d'Alexandrie le droit de porter un anneau d'or. Les troupes m'acclamèrent comme jamais elles ne l'avaient fait encore, hurlant mon nom, cette fois sans rompre leurs rangs. Zabbaïe et ses lieutenants n'étaient sans doute pas parvenus à imposer à leurs bandes la discipline des légionnaires, ils n'en avaient pas moins accompli ce prodige. Je retrouvais toujours avec le même plaisir l'odeur des camps, cette odeur d'hommes mêlée à celle des bêtes et du cuir ; j'aimais haranguer les soldats ; je savais les mots sonores qui conviennent à la multitude militaire. Moi, Zénobie, incrédule, j'ai connu ce pouvoir étrange d'envoyer au combat des hommes qui m'applaudissaient. Ce jour-là, dressée sur mon cheval, comme je souhaitais à mes troupes gloire et profit, je décidai tout à coup de me joindre à elles pour les accompagner au-delà des montagnes du Taurus, jusqu'à Tyane, au cœur de la Cappadoce.

Un prince n'est jamais plus heureux qu'au milieu de son armée en campagne. Pendant deux mois, j'ai connu les joies simples des grandes manœuvres qui prolongent les joies de l'enfance. Les cités s'ouvraient à notre approche ; nous y entrions en affectant des airs glorieux et lassés comme au soir d'une bataille gagnée ; je ne manquais pas de dire aux habitants que nous venions les délivrer du joug détesté des Romains. Chaque soir, parvenus à l'étape, on dressait ma tente au milieu du campement, une grande demeure de toile, divisée en plusieurs chambres, dont l'une était doublée de soie rouge et or, ornée de tapis et de meubles précieux. J'y invitais Zabbaïe et ses légats. La chère était bonne ; coulant des outres, le vin remplissait les cratères ; nos propos et nos rires se prolongeaient tard dans la nuit. Il n'arriva jamais qu'un officier me manquât de respect, il eût payé de sa tête le moindre regard. Zabbaïe lui-même fuyait mes yeux. Vingt mille hommes veillaient sur mon sommeil. J'ai dormi sur les lieux où, avant de s'élancer sur le camp de Darius, Alexandre avait reposé sa tête fabuleuse. Depuis que le Macédonien a ensemencé le monde, quel prince ne fut pas tenté de mettre ses pas dans ceux du héros ? Moi, Zénobie, j'ai fait cette chose merveilleuse. La nuit, un immense murmure tournait autour de ma tente. Vent de sable ou voix des compagnons d'Alexandre revenue se mêler à celle des gardes qui se transmettaient les consignes ? Peut-être celle de ce général Ptolémée dont il eût été beau qu'il fût mon lointain aïeul ? Assourdi par les lourdes tentures, me parvenait parfois le hennissement de quelque cheval : il n'en fallait pas davantage pour rêver que je caressais les flancs de Bucéphale. Le matin, les trompettes me réveillaient. Bientôt, un officier introduisait le messager porteur d'une lettre où Wörod me rendait compte des affaires : « Le Sénat romain demeurait silencieux, une caravane était partie pour le golfe Persique, l'impôt rentrait selon les prévisions, les recrues poursuivaient leur entraînement, Waballaht était sage, l'ordre régnait à Palmyre. » Tandis que les soldats s'apprêtaient à lever le camp, je répondais à mon ministre, réclamant telle précision sur un point qui m'avait paru obscur, et terminant ma lettre par une formule empruntée à César : « La reine et l'armée se portent bien. »

Parvenue à Tyane, je laissai l'armée continuer sa promenade vers Ancyre [1], sur les plateaux de la Galatie. A peine rentrée à Palmyre, je fus tentée d'en repartir. Je voulais connaître enfin Alexandrie autrement que par les livres, m'y faire acclamer, visiter la bibliothèque reconstruite par la générosité d'Ephèse, affirmer par ma présence que la défaite subie par la IIe Trajana n'était pas un événement sans lendemain. Tous les conquérants dont les noms ont été retenus par l'histoire n'avaient-ils pas fait abreuver leurs chevaux dans les eaux du Nil ? Moi aussi, Zénobie, j'irais à Alexandrie.

Firmus m'adjura de retarder mon voyage : des factions s'étaient allumées, il lui fallait réprimer durement les troubles qui agitaient une cité d'autant plus difficile à gouverner que l'appareil romain, dominateur et efficace, avait été désorganisé. De ce moment, date la longue correspondance que j'échangeai avec Firmus pour lui recommander de renoncer à une administration directe trop difficile à imposer sans la présence d'une force militaire nombreuse. Je lui conseillai de donner aux Egyptiens l'illusion de se diriger eux-mêmes en leur accordant les apparences d'un pouvoir dont la réalité reposerait dans les seules mains de mon gouverneur. Il me répondait pour m'exposer les dangers de cette méthode peu adaptable à Alexandrie où il était impossible de recruter des hauts fonctionnaires dans la multitude égyptienne, tous les postes importants étant réservés aux Grecs, Syriens, Juifs, Arabes, Perses ou Ciliciens, hommes subtils, dangereux et adroits avec lesquels il s'efforçait d'organiser une nouvelle administration. Je soupçonnais Firmus d'agir pour son compte personnel, au moins de confondre le produit de son négoce avec celui de l'Etat. Mes espions me rapportaient qu'il menait l'existence à la fois laborieuse et fastueuse des proconsuls de la grande époque. Sachant qu'il gérait le trésor public avec le même soin que ses propres coffres, je n'en fus point

1. Aujourd'hui Ankara (Turquie).

jalouse : seuls les grands chefs de mauvaise qualité supportent mal que leurs lieutenants se permettent de briller d'un trop vif éclat. Instruite de ses origines, j'appréciais au contraire sa réussite. Eulémos eût été ravi d'apprendre que, sorti d'un bordel d'hommes à Antioche, Firmus dormait maintenant dans le lit du préfet impérial à Alexandrie.

La raison politique, les travaux quotidiens, tout ce qu'on appelle la sagesse me commandait de ne point installer le gouvernement autre part qu'à Palmyre, là où les desseins de Zénobie étaient nés des mépris de Zoubida. J'y avais mes racines. Il était important que mes décrets fussent datés de mon palais royal afin que nul n'ignore en Orient que désormais l'ordre palmyréen s'était superposé à l'ordre romain. Pendant mon absence, Wörod et Longin s'étaient acquittés de leur tâche avec une fidèle rigueur ; je n'en fus pas moins heureuse de reprendre la direction des affaires et de surveiller les opérations commerciales sans lesquelles Palmyre fût vite redevenue une cité perdue dans les sables. Habiles, les dispositions prises en Egypte par Firmus portèrent bientôt leurs premiers fruits : certaines tribus sarracènes, demeurées irréductibles, ayant émis la prétention de prélever un lourd tribut sur une cargaison arrivée dans le golfe Persique, celle-ci fut aussitôt réembarquée et dirigée vers la mer Rouge. Mes sénateurs comprirent alors l'intérêt de mon entreprise égyptienne : bien que la IIe Trajana eût dû céder le terrain à mes cavaliers, les relations maritimes entre Alexandrie et Ostie demeuraient régulières, la guerre des Etats n'ayant jamais interdit le commerce des individus. La guerre ? C'était là un mot réservé aux seuls militaires, jamais écrit dans la correspondance officielle, jamais prononcé dans les discours publics. Il n'était question que d'opérations de police. Tout le monde faisait semblant d'y croire. Lui-même, l'empereur Claude se félicitait que ma présence armée dans les provinces orientales y maintînt l'ordre établi. Quand il était entré à Ancyre, Zabbaïe, dont la tête s'enflait sous les rayons de la victoire comme une courge sous les feux du soleil, ayant déclaré qu'il s'installait dans la ville au nom de la reine de Palmyre, j'avais dû immédiatement préciser que j'y représentais César. Dans cet artifice, chacun trouvait son compte. C'est quand elles sont devenues trop claires que les situations politiques risquent de devenir le plus dangereuses.

Partagée entre mon goût du faste, que je tenais peut-être de lointains ancêtres, et une certaine inclination vers l'austérité de la vie tribale, il m'était difficile de résister à ces deux penchants : les princes doivent se maintenir sur un point d'équilibre au-delà duquel, si la fortune les jette à terre, ils sont achevés par leurs ennemis et foulés aux pieds par leurs amis. Les lourds colliers, les coiffures ornées de diadèmes, les robes aux larges ourlets brodés de perles, j'ai toujours aimé à m'en parer ; leur image est aussi agréable à regarder dans un miroir que dans les yeux des hommes ou des femmes. M'habiller d'un simple chiton n'en demeurait un plaisir pas moins vif : je devais le réserver aux heures laborieuses consacrées aux affaires. Un jour, je résolus de me mêler à la foule, sans le moindre apparat, suivie seulement de quelques gardes, et de me promener sous les portiques comme il m'était arrivé tant de fois, avant d'épouser le prince de Palmyre. Je ne fus pas longue à lire dans le regard de la foule une sorte d'étonnement à la limite de la déception, peut-être de la désapprobation, comme si elle eût été offensée par mon geste où elle décelait une intention démagogique que j'avoue aujourd'hui. L'obéissance, l'estime, l'admiration, la crainte, il n'est pas d'autres témoignages que puisse attendre un prince de la part de son peuple : c'est commettre une grande faute que prétendre être aimé de la multitude.

A Antioche ou à Alexandrie, j'aurais pu mener une vie plus libre. A Palmyre, tous mes gestes étaient observés. Les heures, les jours, les mois se succédaient au milieu des mailles, invisibles aux autres, du lourd filet qu'on appelle le pouvoir. Je n'ai jamais oublié que le peuple aime les vertus domestiques. Waballaht m'accompagnait le plus souvent, assistait à la réception des ambassadeurs où il ânonnait les discours préparés par Longin, regardait avec un dédain protocolaire les vieux chefs de tribus venus nous rendre hommage, ne manquait jamais l'occasion de dérober quelques pièces d'or dans la sacoche de mes invités, mentait avec ruse, montait bien à cheval, apprenait mal ses leçons : un vrai petit roi. Moi, sa mère, je devais régner pour nous deux, double charge dont le fardeau m'imposait des règles, sinon des stratagèmes, pour mieux imposer l'image qu'on se faisait de Zénobie depuis qu'elle avait épousé le prince de Palmyre, il y avait bientôt dix ans. Quelque conteur inspiré, comme il y en a tant parmi les coureurs des sables, ayant chanté que la jeune femme d'Odénath témoignait d'une chasteté assez grande pour ne vouloir se rapprocher de son mari que dans l'espoir de devenir mère, cette légende avait orné ma tête d'une couronne d'or sur laquelle chacun veillait et dont j'étais devenue la prisonnière consentante. Le peuple est un amant ombrageux qu'il convient de ne pas décevoir. J'y pris le plus grand soin. Les quelques hommes, même Zabbaïe, choisis par moi, je ne les ai retenus que le temps de n'avoir plus soif et de retrouver la liberté d'esprit indispensable à la direction des affaires. Indiscrets, la foule les eût convaincus d'imposture et tôt abattus : je ne craignais pas plus leurs bavardages que ceux des eunuques, seuls hommes admis à circuler dans le palais et surveillés par les jeunes filles que j'avais ramenées d'Antioche pour les attacher à mon service. Elles étaient belles, point innocentes. Il m'arriva de m'endormir sur le ventre de l'une ou de l'autre.

Palmyre connut cette année-là une période de gloire et de richesse. Firmus consolidait sa position en Egypte ; Zabbaïe poursuivait sans combattre une heureuse promenade militaire en Asie Mineure ; Rome admit que l'effigie de Waballaht fût gravée sur les monnaies frappées à Antioche à condition que celle de César figurât sur l'avers. Wörod me fit connaître cette dernière décision du Sénat romain en même temps que la nouvelle de la mort de l'empereur Claude, abattu par la peste qui frappait de terreur les légions en Pannonie. Ce jour-là, j'ai voulu proclamer la souveraineté, pleine et entière, de Palmyre sur l'étendue de tous les territoires qu'elle venait d'occuper. Mon vieux ministre m'en dissuada ; au fond de ses yeux éblouis, il avait gardé les reflets de la majesté romaine telle qu'elle s'était présentée à lui pendant son ambassade ; il pensait aussi qu'une telle décision, dont retentirait tout l'Orient, ne pouvait être prise sans que le roi Sapor n'en fût averti au préalable. Enfin, il estimait nécessaire le retour des troupes de Zabbaïe pour me permettre de renforcer les garnisons d'Antioche et d'Alexandrie.

Wörod ne m'avait jamais trompée. Qu'il fût l'homme des compromis, je ne l'ignorais pas ; je soupçonnais qu'une part importante de ses biens était déposée dans des caves, à Rome : tout lui conseillait d'éviter une rupture qui risquait de désorganiser les réseaux d'une longue patience. Je me rendis à ses arguments.

Les Scythes, les Goths et la peste travaillaient pour Palmyre. Les étoffes de soie, les porcelaines, l'ivoire, le poivre, les perles, les diamants, la pourpre de l'Inde, toutes les merveilles que l'Orient le plus lointain vendait à Rome en passant par les mains de nos marchands, ne nous aidaient pas moins à la destruction de l'Empire. Ce qui restait encore des lingots volés par les proconsuls revenait dans nos coffres pour payer les courtages et les commissions de nos marchands. Jamais Palmyre ne donna asile à autant d'architectes, sculpteurs, peintres, écrivains, rhéteurs : il en arrivait surtout de Grèce et des côtes asiatiques de la mer Egée. Jadis, voulant faire d'Alexandrie la capitale des lettres, des arts, des sciences et du commerce, Ptolémée y avait accueilli Apelle, Zénodote, Euclide, Archimède parmi cent autres moins illustres ; moi, Zénobie, j'ai recueilli ceux qui fuyaient Athènes devenue la proie des Goths, je leur ai fait bâtir sur les bords de l'Euphrate une cité qui éternisera mon nom, j'ai embelli Palmyre au-delà des rêves de l'empereur Hadrien, j'ai étudié des plans, commandé des poèmes et des statues, suscité une école de philosophes. Au cours des longues soirées de l'Athénée, nous cherchions à comprendre les origines du monde habité, le mouvement des étoiles, les mystères de la naissance et de la mort. L'évêque Paul de Samosate, venu s'installer près de moi, s'accordait avec Longin pour admettre qu'un dieu avait créé l'univers dans le but de lui communiquer sa bonté ; il admettait aussi que Platon avait été un prophète du christianisme. Souvent, je lui ai demandé de me répéter la belle histoire de Jésus de Nazareth ; un jour que je l'écoutais avec un sourire à la fois ravi et sceptique, Paul m'a dit qu'il n'y avait de religion que par la foi : cette vérité élémentaire mit fin à notre conversation. Les autres récitaient des poèmes, lisaient des pages de Plutarque. Moi aussi, j'aurais voulu briller par les lettres autant que par les armes. La nuit, retirée dans ma chambre, penchée sur ma lampe dont l'huile parfumée me tournait le cœur, je laissais glisser une strophe au bout d'un roseau trempé d'encre rouge. Un prince doit-il écrire ? Si son ouvrage offre quelque intérêt, on ne manque jamais de dire qu'il a eu un bon secrétaire. Bientôt, je détruisais ce que je venais de composer. Mes véritables soucis reprenant leurs droits, il m'arrivait d'envoyer à Firmus une longue lettre pour lui réclamer une comptabilité en retard ; j'alignais des chiffres qui m'apportaient un plaisir au moins égal à celui de mon mauvais poème : Zénobie était demeurée la fille du marchand Amrou. Chaque matin, mes filles vêtues de blanc me réveillaient en jouant des airs de danse sur une petite flûte à trois trous.

L'armée de Palmyre avait franchi les frontières de la Bithynie ; elle était entrée à Nicomédie. Il lui restait encore à occuper Chalcédoine, but essentiel de la mission confiée à Zabbaïe : mettre la main sur la cité qui commande le détroit du Bosphore, y installer une solide garnison, interdire le passage des convois de blé venus du Caucase ou de la Chersonèse, s'assurer du point d'arrivée des caravanes venant du pays de la soie. Toutes les villes d'Asie Mineure lui ayant ouvert leurs portes avec complaisance, Zabbaïe ne doutait pas d'y être accueilli comme il l'avait été à Tyane ou à Ancyre. Abrités derrière de solides fortifications, les habitants de Chalcédoine avaient cependant refusé d'ouvrir les portes de leur cité. Interdit, présumant quelque malentendu, le général s'était avancé lui-même jusqu'aux pieds des murailles avec un parti de cavaliers : une volée de flèches l'avait contraint à s'éloigner, laissant plusieurs morts sur le terrain. Ne contenant pas sa fureur, Zabbaïe avait cherché vainement une brèche par où il eût pu jeter ses hommes. Faute de matériel de siège, ne disposant pas d'échelles, encore moins de balistes, ceux-ci s'étaient installés sous les murs de Chalcédoine en attendant mes instructions.

Prolonger ce siège inutile, c'était provoquer les moqueries, les Chalcédoniens gardant un libre accès à la mer. Je donnai à Zabbaïe l'ordre de ramener l'armée à Palmyre. Il convenait de minimiser cet échec et de célébrer avec éclat le retour des troupes qui avaient fait acclamer le nom de Zénobie jusque sur les rivages du Pont. A part Wörod et Firmus, personne ne connaissait le but secret de cette expédition. Zabbaïe lui-même, bon chef de guerre mais ignorant les affaires, s'était peu soucié du grand dessein conçu à Antioche. Le nom de Chalcédoine ne fut pas même prononcé. Antioche, Alexandrie, Issus, Tyane, Césarée, Ancyre, Nicodémie, c'étaient là les étapes d'une marche triomphale où l'armée avait été couverte de palmes. Palmyre fêta ses héros. J'avais appris, Odénath régnant, comment les mauvais résultats d'une campagne peuvent être fardés avec les couleurs du succès.

A moi, Zénobie, je ne pouvais dissimuler ni la déconvenue politique ni l'échec militaire. Il me fallait en examiner les causes. L'armée que j'avais dirigée sur l'Egypte et sur l'Asie Mineure, c'était celle que le prince de Palmyre avait lancée contre les troupes du roi Sapor, déjà entamées par les légions. Sans doute, le courage et la témérité arabes avaient-ils alors jeté l'épouvante dans les rangs perses; notre avant-garde n'en avait été pas moins détruite. Plus tard, dans l'affaire d'Alexandrie, Zabbaïe avait dû déployer ses vingt mille cavaliers pour venir à bout des six mille hommes de la IIe Trajana, ceux-ci dressant devant les nôtres une muraille de boucliers hérissée de javelots et de piques. Enfin, alors que les applaudissements recueillis en Asie Mineure avaient convaincu mes soldats qu'ils étaient invincibles, les habitants d'une minuscule cité de Bithynie les avaient insultés du haut de leurs remparts.

J'en tirai les conséquences. La bravoure de mes cavaliers était indéniable; leur habileté dans la manœuvre déconcertait l'ennemi; leur résistance à la fatigue valait leur frugalité; la promptitude de leurs mouvements en faisaient des adversaires redoutables pour les légionnaires plus lents à se mouvoir sous leurs cuirasses pesantes et traînant derrière eux un lourd matériel. Moins mobiles que les miens, sans doute moins téméraires, les Romains demeuraient mieux armés et mieux protégés, plus aguerris et plus disciplinés. Je parvins à cette conclusion : malgré leur rapidité et leurs dispositions naturelles au combat, mes cavaliers ne pouvaient plus constituer à eux seuls l'armée de Palmyre. A Zabbaïe et à ses lieutenants, il me faudrait faire comprendre et admettre la nécessité d'instruire quelques corps de troupes sur le modèle des légions et une nombreuse cavalerie lourde comparable aux cataphractes perses. C’est une entreprise difficile que celle de prétendre modifier les privilèges ou les routines militaires.

Je n’avais pas attendu le retour de Zabbaïe pour donner l’ordre de lever des soldats qui consentent à s’engager dans l’infanterie. L’or de Palmyre avait eu vite raison des recrues plus ou moins volontaires rassemblées dans les camps : seuls les gens des tribus sarracènes auraient été déshonorés d’avoir à traîner leurs pieds dans la poussière. Autant que celles du commerce ou de la littérature, les affaires militaires m’avaient toujours intéressée. Enfant, à travers les récits héroïques du pédagogue Cornélius, j’avais vite compris que la puissance de Rome, grandie avec le nombre des légions, ne reposait guère que sur l’armée. Derrière ses institutions, ses monuments, les œuvres de ses écrivains, l’immense réseau de ses routes, se profilait toujours le front étroit de quelque centurion : la paix romaine, c’était d’abord une organisation militaire. Au temps où la XVIe Flavia Firma campait sous nos murs, personne, mieux que moi, n’aurait pu préciser l’ordre de bataille des légions : je savais que la Ire Minerva était établie en Germanie, la XIIIe Gemina en Dacie, la XIIe Fulminata en Cappadoce, la VIe Ferrata en Palestine, la IIIe Augusta en Afrique, la VIe Vitrix en Bretagne. Je connaissais leur valeur et leur faiblesse. Je savais aussi que les doigts de mes deux mains n’étaient pas assez nombreux pour compter les chefs militaires qui, après avoir usurpé la pourpre pendant quelques jours, avaient été égorgés par d’autres ambitieux. Que les dix légions de l’armée d’Orient, rappelées en hâte pour être jetées sur le Danube, puissent réapparaître un jour en Syrie et en Egypte, cette éventualité me paraissait impossible. Il arriva même que je me soucie davantage de Sapor que de César. Celui-ci, les Goths et la peste tuant ses soldats, n’était pas près de revenir à Alexandrie ou à Antioche. Celui-là, avec qui je venais de signer un traité d’alliance, ne devait pas me pardonner, malgré son grand âge, d’avoir mis la main sur les deux provinces romaines ainsi dérobées à sa convoitise.

Un autre empereur régnait à Rome. Il s'appelait Aurélien. Lorsque la proclamation du nouveau César avait été connue à Palmyre, personne ne s'en était inquiété, sauf Wörod venu aussitôt me confier son tourment. Aurélien, rencontré naguère, lui avait laissé le souvenir d'un rude montagnard illyrien, soldat sorti du rang parvenu aux hauts grades par ses seuls mérites. L'armée, qui le craignait et l'aimait à la fois, l'appelait « Fer en main » : il n'est pas de meilleure gloire pour un général que d'être décoré par ses soldats d'un surnom qui loue son courage. Homme sans nuances, plus intègre et plus dévoué à la chose publique que beaucoup d'autres, feindrait-il lui aussi de considérer que l'invasion des provinces orientales par les troupes de Palmyre consolidait l'empire romain ? Wörod en doutait ; il tenta de me persuader d'envoyer une ambassade à Rome pour convaincre l'empereur et le Sénat de notre loyalisme. Comment put-il commettre une erreur de jugement aussi grave ? J'objectai que les pères conscrits, sans être dupes, réserveraient un bon accueil à nos députés, mais qu'ils exigeraient d'eux la promesse que je dirige des renforts vers la Thrace pour ranimer la défaillance des légions. Wörod ne me démentit pas ; toujours impassible, il admettait une telle éventualité et paraissait lui être favorable. Je le pressai d'en dire davantage.

Avare de ses mots autant que de ses regards, sachant leur donner ce poids de gravité et de lenteur qui confère aux vieillards une apparente sagesse, Wörod me fit part des conclusions auxquelles avaient abouti ses méditations. « La ruée des Barbares ne pesait pas seulement sur Rome ; nos propres régions étaient elles-mêmes menacées. Les côtes de la Bithynie et du Pont n'avaient-elles pas été récemment ravagées par des bandes appartenant au peuple des Goths ? D'autres multitudes, celles-là innombrables, avaient déjà franchi le Danube, envahi la Thrace ; elles bousculaient les légions en Pannonie. Des hordes de Marcomans menaçaient le nord de l'Italie. Si les Barbares entraient à Rome, ils ne se contenteraient pas de piller et d'incendier. D'autres bandes, maîtresses des pays danubiens et de la Grèce, envahiraient l'Asie Mineure, bientôt la Syrie. Rien ne leur résisterait. Pour les contenir avant qu'il soit trop tard, la nécessité commandait à Zénobie, quoi qu'elle en eût, d'envoyer ses troupes les mieux aguerries au secours des légions d'Aurélien. En échange, le Sénat romain reconnaîtrait à Palmyre le droit d'annexer Antioche, Alexandrie, les provinces d'Asie Mineure. »

La fureur m'étrangla. Je la jetai au visage de Wörod. « Il me demandait de renier mes haines, mes colères, mes patiences, les nuits de labeur, l'assassinat d'Odénath et d'Hérodien, la mort de Maeonius. Homme de négoce et de finance, il avait peur que, parvenu jusqu'à Rome, le flot des Goths n'y engloutît ses clients. Il tremblait pour son or. Sans doute allait-il me dire que la ville aux sept collines devait être défendue au nom de la civilisation, mensonge coutumier inventé pour justifier les glorieuses rapines et le sang des soldats ? Si je tombais dans ce piège, Aurélien s'empresserait d'envoyer nos meilleures troupes sur les frontières les plus dangereuses où elles se feraient massacrer. Si les barbares étaient repoussés, Rome n'aurait de cesse qu'elle n'eût replanté ses aigles à Alexandrie, Antioche, Palmyre, tandis que les cadavres de mes cavaliers pourriraient sur les plaines de la Pannonie. »

Wörod m'écouta, gardant le silence. Moi, je n'économisai pas mes paroles ; je retrouvai même un certain plaisir, dont j'avais perdu le goût avec les années, à aiguiser des mots meurtriers et à les lancer, armes de jet, là où ils font le plus mal. Je lui dis encore que devenu trop vieux, trop riche, trop lâche pour poursuivre jusqu'au bout un grand dessein, il avait trahi ma confiance. Etait-il devenu stupide à ce point de ne pas comprendre que le roi Sapor, nos troupes à peine parties au secours de César, déchirerait un traité laborieusement préparé, couperait le chemin de nos caravanes, envahirait la Commagène ? Nous nous serions trompés d'ennemis, faute inexpiable. J'ajoutai que mes cavaliers ne risqueraient pas d'être exterminés pour protéger l'or que Wörod avait entassé dans les caves romaines. Je leur commanderais plutôt d'aider les Goths à forcer les portes de Rome.

Ne pouvant plus compter sur la fermeté de Wörod, je pouvais encore me servir de lui. Trop subtil pour me trahir, il n'ignorait pas qu'un seul mot eût suffi pour le désigner à la vengeance des amis d'Odénath : ceux-là s'interrogeaient encore sur les circonstances de la mort du roi et de son fils. A la discipline des dissimulations sans lesquelles il est vain de vouloir régner, je substituerais la brutalité des choix sans retour ; le dernier espoir des sénateurs romains, je le ruinerais avant que cet Aurélien ait le temps de raffermir leur courage ; je frapperais l'imagination des citoyens de Palmyre avant que s'infiltrât dans leur esprit quelque poison ainsi qu'il était arrivé à Wörod. Le moment était venu de ne plus compter que sur moi, Zénobie. Etais-je si seule ? Les ombres des reines les plus vaillantes m'apportèrent leur soutien : Sémiramis guidant son quadrige d'or suivi des rois vaincus, Nitrocis lançant son armée sur des ponts de bateaux au-delà de l'Euphrate, Didon fondant Carthage, Artémise guidant à Salamine les vaisseaux d'Halicarnasse, Cléopâtre qui eût régné sur tout l'Empire sans la veulerie de Marc Antoine. Hier, des princesses syriennes n'avaient-elles pas fait triompher à Rome la famille Sévère ? Toutes, plus déterminées que les grands princes de l'histoire, elles avaient sauvé leurs peuples.

Je donnai l'ordre d'effacer l'effigie de César sur les pièces de monnaie et d'y graver la mienne. D'Egypte, Firmus me fit parvenir le premier petit disque d'or frappé dans les ateliers d'Alexandrie. J'y figurais de profil, la tête ornée d'une couronne laurée. La puissance, j'en avais toujours eu le goût ; le pouvoir j'en connaissais les apparences autant que les réalités ; je commandais une armée, les sénateurs s'écartaient sur mon passage, la foule m'applaudissait, je recevais des ambassadeurs, les architectes me soumettaient leurs plans, les juges disaient le droit en mon nom. C'était la première fois que je lisais sur une pièce d'or : Septimia Zénobie, Reine. Le pouvoir suprême, je le tenais enfin dans le creux de ma main, solide et brillant. Je fis durer mon plaisir de toucher la douceur du beau métal et de caresser le relief qui idéalisait mon visage.

Cette nouvelle injure, le Sénat romain la supporta comme il avait accepté les autres. Pourquoi aurais-je hésité à rassembler une armée capable de profiter, le moment venu, de la prochaine victoire des Goths ? Surprise par la rapidité des événements, je n'avais pas imaginé une organisation militaire différente de celles que je connaissais. Le recrutement des nombreux décurions, centurions, chefs de manipules, demeurés en Asie Mineure après la dissolution de l'armée d'Orient, me contraignit à adopter les dispositions perses et romaines. A l'armée romaine, j'empruntai l'ordre de bataille des légions et les machines de guerre, à l'armée perse le rôle confié à la cavalerie lourde. Forgerons, dinandiers, cordonniers, tailleurs, tous ceux qui avaient armé et habillé mes premiers cavaliers n'épargnèrent pas leurs bras : les nuits de Palmyre résonnèrent à nouveau du son des enclumes. Il fallut s'adresser à ceux d'Antioche, d'Emèse, de Tyane et d'Ancyre, partout où les recrues avaient été rassemblées, hâter la production des boucliers et des javelots. De Ctésiphon, le roi Sapor m'avait envoyé des ouvriers expérimentés dans le travail des cuirasses et des cottes de mailles faites pour protéger les cavaliers et les chevaux. La fabrication de ces armures posa moins de problèmes que leur utilisation : mes cavaliers préféraient combattre le visage nu et la poitrine découverte ; ils jugeaient indignes de se dérober sous des filets de fer et de cuir qui gêneraient la rapidité de leurs mouvements. Pour les convaincre, je dus désigner, un par un, cent fils de grande tente. Les autres considérèrent alors que c'était un honneur de servir dans les escadrons de cataphractes. J'en dénombrai bientôt cinq mille, plus tard le double.

Les lieutenant choisis par Zabbaïe pour le seconder dans le commandement de l'armée, j'en fis des généraux. Le nombre de mes soldats exigeait cette promotion. C'était là une mesure militaire autant qu'une précaution politique. Zabbaïe, trop puissant, pouvait devenir dangereux, être tenté par l'aventure, ne pas reculer devant le crime. Son ambition, je l'avais lue dès les premiers jours dans le dur éclat de ses yeux où brillaient parfois des couteaux. Hier, j'en avais été troublée au ventre, maintenant je m'en inquiétais. Acclamé à Antioche et à Alexandrie, accueilli comme un héros en Cappadoce et en Galatie, semblable à tous les soldats qui ne se souviennent que de leurs victoires, il avait oublié son échec devant Chalcédoine. Comblé par les femmes, je n'étais plus pour lui que la reine de Palmyre. Avais-je jamais été autre chose ? Bien que je ne fusse pas si sûre de ne considérer en Zabbaïe que le général en chef de mon armée, le soin de la chose publique autant que le souci de mon intérêt personnel m'avaient conduite à prendre des sûretés qui, partout nécessaires, sont impérieuses dans nos pays. Plus vaniteux de leur grade que dévorés par la grande ambition, les dix généraux adjoints à Zabbaïe témoigneraient de la plus grande vigilance à le surveiller et à s'épier eux-mêmes.

Plusieurs mois passèrent. Wörod, j'avais compris ses raisons sans les admettre pour autant. Imprévoyante, je l'aurais chassé. Cruelle, il ne m'aurait pas été difficile de le faire disparaître et de lui élever une statue au lendemain de splendides funérailles. J'aurais commis une erreur. Les sénateurs l'écoutaient, les marchands avaient confiance dans ses grandes capacités ; il tenait dans ses vieilles mains de nombreuses trames dont j'ignorais les nœuds et les fils. J'avais compris depuis longtemps que si tous avaient admis d'être gouvernés par une femme, chacun se félicitait de voir Wörod auprès de Zénobie, comme s'il eût prolongé la présence masculine d'Odénath. Lui-même n'avait pas gardé rancune apparente des outrages dont je l'avais fouetté. Ses conseils demeuraient aussi précieux que son administration restait zélée. Renseigné par ses informateurs, il me faisait connaître les batailles qui ensanglantaient le Danube, l'effort des légions reprises dans les mains vigoureuses d'Aurélien pour boucher les brèches par où s'engouffraient les Goths et les Vandales. J'imaginais les bandes barbares, j'entendais leurs cris, je voyais les aigles d'or basculer dans les mêlées ; je battais des mains à chacune de leurs victoires. Une nuit, je rêvai que la XVIe Flavia, la légion qui avait tenu garnison à Palmyre, avait été massacrée ; quelques jours plus tard, j'appris qu'elle avait dû abandonner les mines de Dacie exploitées depuis Trajan et confiées à sa protection.

Toujours consciencieux, sans doute perfide, Wörod ne manquait pas de me rapporter les derniers gestes d'Aurélien. A des révoltés qui imploraient son pardon, César avait répondu : « Puisque vous avez violé les traités, vous n'avez nulle grâce à demander. Je vous punirai de votre infidélité » ; un légionnaire ayant outragé la femme de son hôte, il l'avait fait attacher à deux arbres courbés en sens contraire, lesquels se relevant avaient déchiré le soldat ; se présentant à la curie romaine au lendemain de quelque combat heureux, il avait dit fièrement aux sénateurs : « J'ai de l'or pour mes amis, du fer pour mes ennemis. » Née à Rome, sous le calame de quelque habile flagorneur, la légende de l'empereur-soldat avait franchi la mer Intérieure et pris aussitôt les couleurs de l'Orient. N'ignorant pas que sur les cent bouches de la renommée, il y en a quatre-vingt-dix-neuf qui mentent, sachant moi-même comment on fabrique les hommes illustres, je me prenais à douter de Plutarque, homme de nombreuses lectures, de moindre discernement, aveuglé par un puéril besoin d'admirer. Une certaine image du nouveau César n'en prenait pas moins forme à chaque récit de Wörod. Comment aurais-je pu prévoir que moi, Zénobie, la victorieuse, je deviendrais bientôt la captive de ce géant aux cheveux roux, alors que les murs de l'Empire s'écroulaient de toutes parts, et que lui-même, Aurélien, était menacé de subir le sort des généraux égorgés par leurs soldats ?

Mon armée comptait maintenant cinquante mille hommes. Antioche avait fourni les plus nombreux contingents, individus souvent méprisables, racolés dans les bas-fonds, toujours prêts à se vendre. Zabbaïe avait décidé d'en faire des hommes de pied et d'en confier l'entraînement à des transfuges qui, ayant porté les armes sous quelque César éphémère, retrouvaient avec ces Syriens leur pratique de la discipline légionnaire et leur goût des plus durs châtiments. Encadrés de près, groupés en cohortes de mille hommes, les uns portaient le bouclier rond, le glaive et l'arc ; les autres, mieux armés, étaient destinés au combat rapproché. Répartis dans des camps éloignés de Palmyre, ils étaient soumis à de pénibles manœuvres, jour et nuit. J'allais souvent les visiter. Il m'est arrivé de marcher à la tête d'une cohorte pendant vingt milles. Je ne me mêlais pas, cependant, à leurs exercices ainsi que j'ai toujours aimé le faire avec mes cavaliers sarracènes. Ceux-ci demeuraient mes compagnons, ceux-là des mercenaires. Je n'ai pas commis l'erreur de croire que mes troupes d'infanterie l'emporteraient sur les légions, je pensais que, fixant l'ennemi sur un point du champ de bataille, elles permettraient à ma cavalerie de l'envelopper et de le détruire.

Un matin, à l'heure réservée à la signature des lettres rédigées la veille par Longin, Wörod demanda à me communiquer une nouvelle importante. Je le reçus aussitôt. Il était livide. Un messager venait de lui apprendre que des bandes de Marcomans, dévalant les Alpes, avaient envahi la plaine du Pô ; à Rome, un parti avait tenté de s'emparer du pouvoir. Le feu s'alluma dans mon cœur. Attendu pendant tant d'années, le moment était enfin arrivé de pousser avec un doigt rapide les dés du hasard. Wörod croyait-il me convaincre d'adopter ses plans alors que les circonstances n'avaient jamais été si favorables à Palmyre ? En Perse, le vieux Sapor venait de mourir ; en Gaule, une autre Zénobie, Victoria, se dressait contre César ; en Maurétanie, les tribus se révoltaient. Si j'avais pu disposer du matériel nécessaire, je me serais emparée aussitôt de Chalcédoine et j'aurais lancé mon armée sur le Bosphore de Thrace. Hélas ! Mes ordres n'avaient pas été exécutés. Répugnant à la guerre de siège, considérant plus honorable le combat à cheval, mes généraux n'avaient pas hâté la construction des balistes, béliers, scorpions, et autres machines sans lesquelles il était vain de prétendre enlever une cité fortifiée qui commandait le détroit.

Il me fallait cependant agir avec la plus grande promptitude. Puisque je ne pouvais pas aider les Goths et les Marcomans à écraser Rome par les armes, je la dompterais par la famine. Je donnai l'ordre à Firmus de bloquer dans le port d'Alexandrie les grands convois de blé qui s'apprêtaient à lever l'ancre pour Ostie. Dans le même temps, je dépêchai cinq cohortes vers l'Egypte. Si légers fussent-ils demeurés, c'était rompre les derniers liens qui rattachaient Palmyre à l'Empire. C'était déclarer la guerre ouverte à César au moment que, pressé de toutes parts, il était abandonné par la fortune.

En retenant la flotte frumentière dans le port d'Alexandrie, j'avais accompli le geste qui achève un blessé : les provinces de l'Empire se révoltaient, la majesté romaine se désenflait, la puissance des Césars disparaissait. Le monde allait pouvoir respirer.

Je m'étais réjouie trop tôt. Au moment que je pensais lui avoir porté le coup fatal, Aurélien, demeuré habile à renverser la fortune des armes, s'était porté en personne au-devant des bandes qui menaçaient Rome. Laissant à ses lieutenants le soin de contenir les Goths dans la région du Danube, il avait écrasé les Marcomans dans la plaine du Pô. Ramenées promptement à Ostie, deux légions y avaient été aussitôt embarquées avec l'ordre de reconquérir Alexandrie, quel qu'en fût le prix, et d'en ramener les navires chargés de grain. Surprises, pliant sous le nombre, abandonnées par les habitants d'une cité aussi corrompue que versatile, mes troupes avaient été refoulées sur la Palestine. Il me fut rapporté que Firmus, craignant d'être mis en croix, s'était pendu.

Ces nouvelles, bientôt confirmées, me parvinrent rapidement. Je n'ai ni accusé les traîtres, ni maudit les vieux dieux. La nécessité et la détermination avaient animé l'esprit de César, la discipline et l'expérience des légions avaient fait le reste. Trop faibles quant à leur armement, mes soldats n'avaient pu ni su résister aux vétérans. Nombreux parmi eux étaient tombés. Seule, la mort de Firmus n'avait pas été celle d'un guerrier. Pourquoi aurais-je refusé d'admettre ces vérités, même si j'étais frappée par la foudre ?

J'examinai l'état de mes affaires comme un marchand doit vérifier ses comptes. Rome désormais ravitaillée et dégagée, César n'aurait de cesse qu'il se venge des injures infligées par

Palmyre. La fiction tolérée par ses prédécesseurs, « Fer en main » ne l'accepterait plus. J'étais devenue l'ennemie du Sénat et du peuple romains. Combien de temps me restait-il pour organiser la guerre ? Trois mois, quatre peut-être ? Je n'avais pas à redouter les troupes fixées en Italie, en Gaule ou en Egypte : elles y étaient trop occupées à maintenir un ordre toujours menacé. Seules, les légions du Rhin et du Danube pourraient être rassemblées et jetées sur l'Asie Mineure à condition qu'elles puissent s'ouvrir un passage à travers les territoires occupés par les Goths. Ce chemin, c'est celui qui m'aurait conduite à Rome si Zabbaïe et ses généraux avaient suivi mes ordres. Maintenant, il était trop tard. Même si j'avais pu réunir, en quelques semaines, les machines qui me faisaient défaut, je ne pouvais plus songer à lancer mes troupes au-delà du Bosphore : les deux légions campées en Egypte en eussent aussitôt profité pour me prendre à revers et pénétrer en Syrie.

Malgré quelques traverses, le but que j'avais fixé j'en avais atteint la plus grande partie. Sans doute, les Romains occupaient-ils de nouveau les greniers d'Alexandrie, mais je dominais les cités les plus riches de l'Asie Mineure, la Syrie m'obéissait, j'avais conclu un traité d'alliance avec les Perses, mon armée était nombreuse. J'ai connu pendant ces quatre mois les jours les plus fructueux de ma vie, visitant chaque jour les camps, surveillant l'exercice des soldats, châtiant plus fort les officiers que les hommes du rang quand ils avaient failli contre la discipline. Par précaution, bien que le désert me parût un meilleur protecteur que les fortifications, les murs de l'enceinte furent renforcés, chaque tour funéraire devint un bastion défendu par des balistes, des frondes et des machines capables de projeter des chaudrons remplis de cette huile noire qu'on voit brûler sur les bords de l'Euphrate. Certains chefs militaires prétendent parfois que la qualité du courage l'emporte sur celle des armes : ceux-là mentent ou ne se sont jamais battus. Les vrais guerriers savent que les bonnes armes donnent le courage de se battre et permettent de vaincre. Les effectifs de ma cavalerie cuirassée furent doublés ; j'augmentai le nombre des flèches dans le carquois des archers ; je fis vérifier les javelots, les épées, les boucliers.

Homme habile, Wörod ne m'avait accablée d'aucune allusion à ses conseils de ne point m'emparer de la flotte frumentière. L'aurais-je toléré ? J'avais acquis la certitude que, face au plus grand péril, moi seule, Zénobie, pouvait ranimer les esprits, diriger les affaires, commander l'armée. Le moindre blâme eût abrégé la vie de celui qui l'aurait risqué. Pour décourager les complots, dont je ne doutais pas, il me fallut frapper à Antioche ceux qui eussent été seulement tentés d'en ourdir. Agissant ainsi, c'était me préserver des factieux : espérant le retour prochain des troupes romaines, ils misaient déjà sur César comme ils avaient coutume de jouer sur les cochers de leur hippodrome. Je n'avais plus le temps de me méfier, encore moins d'apprécier le moment où le désaccord exprimé par un citoyen devient une trahison. Je devais agir vite, mettre les tribunaux en vacances, considérer coupables les suspects et les traiter en ennemis publics. Un prince qui fait la guerre n'a pas de devoirs plus rapides à remplir. Si j'avais été victorieuse, qui oserait me reprocher aujourd'hui les quelques têtes que je fis tomber ? Une défaite est toujours lourde de plusieurs crimes.

A Palmyre, une passion neuve animait tous les esprits. Les morts plus que les vivants l'avaient fait naître : à condition d'être livrés loin des villes, les combats font battre le cœur des citoyens et stimulent le sentiment de la patrie. Là où naguère ceux de la XVIe Flavia avaient paradé, les nôtres étaient acclamés lorsque, précédés de derboukas et de flambeaux, ils défilaient le long de la grande Colonnade : j'étais parvenue à faire aimer l'odeur des héros. La guerre étant profitable aux marchands et aux putains, on se battait pour entrer dans les cabarets et les bordels. Juchés sur le socle des statues, des orateurs déclamaient des discours préparés par Longin avec cet art de la démesure verbale qui nous est propre et dont le stupide lyrisme enflamme le petit peuple. Moi, Zénobie, je devais garder la tête froide, surveiller l'état du trésor public, garnir les magasins de vivres, distribuer à chaque sénateur une tâche dont il serait responsable sur sa tête, écouter le rapport des informateurs de Wörod, contrôler les comptes de l'évêque Paul à qui j'avais confié la charge des impôts en Syrie. Le danger multipliait mon imagination, durcissait ma volonté, m'apportait la joie quotidienne des décisions ; il me fallait veiller à l'exécution de mes ordres, punir et récompenser, louanger et frapper, inventer des fureurs auxquelles je me laissais prendre, tenir le vin mieux que mes centurions. Une nuit, il m'arriva de penser à Firmus. Téméraire, son entreprise n'était pas insensée. Pour la réussir, il lui avait manqué ce qui fait défaut à un homme à la fois trop neuf et trop riche. Au bout de sa corde, il n'avait pas dû faire un beau cadavre. Cette nuit-là, la présence d'une de mes filles m'aida à effacer l'image d'un mort ignominieux aux doigts chargés de bagues.

Ce ne sont pas les grandes armées qui gagnent les batailles, ce sont les meilleures. Cette élémentaire vérité, je ne manquai pas de la répéter à Zabbaïe et à ses lieutenants : le trop grand nombre de nos soldats m'inquiétait. Assumant le commandement suprême de l'armée, ayant voulu être appelée, moi aussi, la « Mère des camps », j'en portais la responsabilité. Attirés par les hautes payes, des milliers d'hommes enrôlés depuis plusieurs mois n'avaient encore reçu que des javelots inutiles. Ceux-là, Zabbaïe ne les faisait défiler ni à Palmyre ni à Antioche ; ils étaient consignés dans les camps. A mes observations, on répondait que l'armée serait prête à temps, qu'il ne manquerait aucune flèche dans un carquois, que nos boucliers ronds étaient supérieurs à ceux des légions. Lorsque j'insistais pour obtenir quelque précision, il me semblait voir glisser sur les lèvres de mes généraux un sourire, à la limite de la raillerie et de l'indulgence, qui me rappelait celui du préfet de la XVIe Flavia lorsque, Odénath vivant, j'avais l'audace de donner mon avis sur une question militaire. Ces hommes, leur fidélité était sans fêlure ; il m'apparaissait cependant qu'ils m'opposaient une certaine défiance dès que je voulais pénétrer plus avant dans leur domaine réservé. Si je ne m'étais point rebellée, je serais vite devenue leur prisonnière : au moment de l'affaire manquée en Bithynie, ils étaient parvenus à me persuader que si le matériel de siège avait manqué devant Chalcédoine les seuls coupables étaient les menuisiers et les forgerons. Pour un prince qui entend gouverner, la plus dure épreuve du pouvoir c'est de confronter sa volonté à celle de ses chefs militaires.

Aurélien, l'ordre ayant été durement rétabli à Rome, avait repris le commandement des légions campées dans les régions danubiennes. Grâce aux informateurs de Wörod, j'avais pu suivre leur progression. J'en ignorais encore le nombre, je savais seulement qu'elles étaient parvenues à refouler les Goths dans la Dacie et que, se frayant un passage, fer en main, dans un pays pacifié naguère par Trajan, elles continueraient leur route vers Byzance. Je savais aussi qu'à Chalcédoine et dans les autres ports de la côte, d'innombrables petits navires avaient été construits pour faire passer le détroit aux soldats romains. Un jour, je ne fus pas étonnée d'apprendre que les premières aigles avaient été plantées en Bithynie.

Impatients de s'y précipiter, Zabbaïe et ses lieutenants, leurs oreilles encore pleines des applaudissements qui les avaient accueillis, ne doutaient pas de trouver en Asie Mineure les appuis nécessaires aux dispositions qu'ils comptaient prendre. Wörod fut mon meilleur soutien pour les dissuader de lancer l'armée de Palmyre sur les plateaux d'Ancyre où ils prétendaient briser les légions en leur imposant de combattre sur des terrains choisis par eux-mêmes. Que connaissions-nous des forces dont disposait Aurélien ? Nous ignorions le nombre de ses légions, de ses cohortes d'auxiliaires, de ses ailes de cavalerie. Pouvions-nous compter sur la fidélité de la Galatie, de la Commagène, de la Cilicie ? Moi, je pensais que nous avions tout à redouter des peuples qui nous avaient, hier, ouvert trop promptement les portes de leurs cités. Chez nous, les palabres grondent comme l'orage : la discussion fut longue et ardente. Tous voulaient fondre sur l'armée d'Aurélien ; quelques-uns rappelaient la nécessité de ne pas laisser trop longtemps leurs troupes inactives ;

d'autres affirmaient que l'honneur exigeait de ne pas temporiser ; les derniers réclamaient avec insistance le commandement de quelques escadrons lourds avec lesquels ils rejetteraient César à la mer. Ces avis, souvent puérils sinon déraisonnables, où la rhétorique se mêlait à la stratégie, me rappelaient les discours prononcés à Athènes ou à Lacédémone pendant la guerre du Péloponnèse. Secrètement heureuse de diriger des chevaux qu'il faudrait retenir plutôt qu'éperonner, je les écoutais avec patience avant de les ramener sur le parcours étroit que nous imposaient les circonstances. Engager l'armée tout entière en Galatie, c'était livrer une bataille décisive ; la perdre, c'était découvrir Antioche où Aurélien attendrait des renforts avant de s'élancer sur Palmyre. Pour en finir, préférant suivre les conseils de vieux centurions qui avaient combattu dans ces régions, je donnai l'ordre de concentrer le gros de nos troupes sur les rives septentrionales de l'Oronte, là où nos ailes de cavalerie cuirassée pourraient le mieux manœuvrer, à quelques milles de nos magasins de vivres et d'armes. Je ne leur confiai pas mon espoir de voir sur le champ de bataille surgir des troupes perses qui, parties de Samosate ou d'Edesse, eussent pris l'ennemi sur son flanc gauche : il n'est pas bon de révéler de tels secrets à ceux qui ne doivent compter que sur leur seul courage. Prenant les dieux de Palmyre à témoin, ils me promirent une obéissance aveugle. Je ne doutai pas de leur sincérité. De ces coureurs de sable, j'avais fait des chefs comblés d'honneurs et de présents. Ni la gloire ni Zénobie ne s'étaient montrées avares envers eux. Ils en avaient si bien profité qu'ils n'étaient plus maigres : les promotions rapides donnent du ventre aux généraux.

Zabbaïe ayant rappelé ses dernières consignes, chacun s'en fut rejoindre son commandement. Pour ne pas rompre avec nos vieilles coutumes, j'avais fait consulter les oracles d'Apollon et de Vénus : déposés sur les eaux du lac sacré d'Ephéca, mes présents ayant été engloutis au lieu de surnager, je devais considérer leur chute comme un signe de défaveur. Par mesure de précaution, des sacrifices furent célébrés en mon nom dans tous les temples de Palmyre. Aucun culte ne fut oublié. Je demandai même aux juifs et aux chrétiens d'Antioche de prier pour nos soldats.

Demeurée fidèle à l'Empire, la Bithynie accueillit les légions avec enthousiasme ; la Galatie l'imita, suivie par la Cappadoce. Tyane se rendit sans combattre, entraînant les villes de la Cilicie. Ces défections, je les avais prévues ; elles m'étonnèrent moins que la rapidité avec laquelle l'ennemi précipitait sa marche. Plus tard, Aurélien me dit que, craignant chaque jour une nouvelle poussée des Goths ou quelque complot politique à Rome, il avait hâte d'en finir avec cette campagne d'Orient. La promptitude de César n'interdisait pas pour autant à nos éclaireurs d'observer les mouvements de l'armée romaine : ils nous rapportèrent que les forces ennemies comptaient cinq légions et quelques ailes de cavalerie légère recrutées en Maurétanie. Je ne doutais pas alors de la supériorité de nos escadrons cuirassés ; je me suis félicitée d'en avoir augmenté le nombre.

Forçant toujours ses troupes, Aurélien franchit les passes du Taurus et lança son avant-garde vers l'Oronte où nos escadrons de cataphractes s'étaient déployés. Trop lents à se mouvoir, dispersés dans les camps d'Emèse, Apamée, Daphné, nos hommes de pied n'avaient pas encore rejoint la ligne du fleuve lorsque l'approche de la cavalerie romaine fut signalée. Ce retard me consterna et me remplit de fureur : l'histoire m'avait cependant appris que les armées sont trop souvent d'énormes machines mues par des disciplines extérieures qui, rassurantes pendant la paix, se transforment en désordres dès que survient la guerre. Pouvais-je me permettre de livrer un combat qui risquait d'être décisif alors que mes effectifs les plus importants se traînaient encore sur les routes ? Le risque d'un repli immédiat sur Palmyre me paraissait plus grand : c'eût été abandonner Antioche, la ville la plus importante de l'Empire, où Aurélien trouverait un nombreux ravitaillement. Trop heureux Odénath qui était toujours parvenu à renverser pour son seul profit les situations les plus périlleuses !

Un renseignement communiqué par nos espions me tira d'embarras. Brûlées par le soleil, épuisées par des marches trop longues, les cohortes romaines avaient elles aussi pris un grand retard sur les chevaux. Enrôlés en Afrique, armés légèrement, montés sur des petits barbes, isolés du gros des légions, les cavaliers maures ne pourraient résister au choc de mes centaures bardés de fer. Ce sourire imprévu de la fortune, je l'ai vu, je l'ai pris. Quel chef de guerre aurait agi autrement ? Pouvais-je manquer l'occasion de livrer un combat de cavalerie qui nous permettrait de détruire les ailes ennemies avant que les légions n'interviennent ? Je donnai l'ordre à Zabbaïe d'engager trois escadrons de cataphractes, soit deux mille chevaux.

Nous avions pour nous le nombre et les cuirasses, l'ennemi l'emporta par la ruse et la vitesse. Dédaigneux de se mesurer avec nos colosses, les petits cavaliers maures avaient feint de se débander devant eux. Impétueux, trop sûrs de vaincre, nos escadrons se lancèrent à leur poursuite, rompant bientôt les rangs de la masse qui faisait leur force, chargeant dans le vide un adversaire insaisissable. Harassés par le galop, écrasés par le soleil et le poids de l'armure, les chevaux s'écroulaient les uns après les autres tandis que les Maures, plus légers, libres de leurs mouvements, faisant soudain volte-face, massacraient nos cataphractes. Un millier des nôtres périrent ce jour-là. Les autres durent le salut à la seule fuite de l'ennemi qui, sa besogne faite et craignant l'arrivée de plus nombreux escadrons, déserta soudain les lieux du combat et disparut dans la poussière. Zabbaïe avait voulu s'élancer, à son tour, avec un autre parti de cavaliers. Je le lui interdis. C'eût été faire tomber tour à tour, dans le même piège, les dix mille cataphractes tenus en réserve pour les lancer sur les légions d'Aurélien. Une seule pensée m'animait : quitter ces bords de l'Oronte où les meilleurs fils sarracènes étaient tombés, abandonner Antioche qui nous était hostile, rentrer à Palmyre où nous serions protégés à la fois par l'armée, par les murs et par le désert.

Cette manœuvre exigeait qu'elle fût exécutée dans le plus grand secret. Si les Syriens apprenaient qu'après avoir subi un échec je m'apprêtais à évacuer Antioche, ils ne manqueraient pas de contrarier mon opération : les glaives sortiraient de leurs caches, armant le bras de ceux qui étaient demeurés fidèles à César ou qui s'étaient roulés à mes pieds. L'avant-garde des légions ne se trouvant plus qu'à un jour de marche de la ville, il fallait prendre des dispositions rapides, ne pas se contenter de démentir la rumeur qui, peut-être, avait déjà atteint les faubourgs, l'étouffer au contraire dans le fracas d'une duperie assez fabuleuse pour entraîner les plus incrédules Ce qu'Odénath, rusé fennec, n'eût jamais inventé, ni osé entreprendre, moi, Zénobie, je l'ai fait en dépêchant à Antioche six cavaliers porteurs d'un message de victoire : non seulement la reine de Palmyre avait défait la cavalerie romaine au cours d'un engagement meurtrier sur les rives de l'Oronte, elle avait fait prisonnier l'empereur Aurélien. Stupéfaite, la multitude envahit la longue colonnade qui traverse la ville, impatiente du spectacle que j'allais lui offrir. J'arrivai bientôt à Antioche, au milieu de mes cataphractes, traînant derrière mon cheval César enchaîné, courbant les épaules sous le poids de sa cuirasse dorée : un centurion aux cheveux gris, transfuge recruté par Zabbaïe, s'était prêté à ce rôle. Les grandes fourberies sont plus susceptibles de convaincre parce qu'elles flattent, mieux que les petites, notre penchant naturel à nous émerveiller et à croire aux prodiges. Personne ne douta de mon triomphe. Moi, je balançais entre la honte et le plaisir d'avoir joué une telle farce à ceux qui aiguisaient peut-être leurs épées.

Fuyant les acclamations de la foule, j'ai consigné toutes les troupes dans les camps, les habitants d'Antioche dans leurs demeures. Au milieu de la nuit, dans le plus grand silence, l'armée est repartie laissant derrière elle, à Daphné, une légère arrière-garde pour surveiller les mouvements de l'ennemi. Paul de Samosate, je craignais pour sa vie. Il refusa de me suivre, voulant rester au milieu du petit peuple qui l'aimait. Quelques instants avant mon départ, il me dit que la foi en Dieu n'était pas nécessaire pour être secouru et protégé, qu'être chrétien c'était d'abord aimer les autres. J'ai su plus tard qu'Aurélien, cédant aux adversaires de l'évêque excommunié, l'avait expulsé d'Antioche. Quelquefois, je pense à lui avec amitié, j'entends sa voix rocailleuse me raconter les prodiges de l'Evangile. Qu'est-il devenu ? Partage-t-il la vie des moines enfermés ? A-t-il gardé près de lui ses jolies sœurs adoptives ? Perçoit-il l'impôt pour le compte de quelque roi d'Asie ?

J'étais pressée de rejoindre Palmyre. Mes généraux me dissuadèrent d'emprunter la route directe, longue de deux cents milles : ils voulaient réunir tous les éléments de notre armée échelonnés au sud de l'Oronte, et les regrouper à Emèse avant de les engager dans le désert. Conforme aux règles admises et au bon sens, cette manœuvre ne convenait pas à une situation dramatique qui commandait de bousculer les principes. J'avais toujours tenu pour certain que nous ne devions, en aucun cas, imiter l'ennemi dans des exercices où il était passé maître : le fait que l'armée de Palmyre n'ait pas eu le temps de s'installer dans des traditions demeurait une de ses plus grandes chances de vaincre des chefs romains qui rêvaient de refaire la bataille de Cannes. Je me rendis cependant à l'avis de Zabbaïe ; animée du seul souci de rester au milieu de mes soldats, je suis partie pour Emèse.

L'armée fut lente à se rassembler. Dans les camps qui abritaient près de quarante mille guerriers, j'ai visité les blessés, exalté les belles actions de chacun, encouragé celui-ci par l'espérance, celui-là par la gloire, tous par des paroles et des soins qui, me gagnant les cœurs, les affermissaient pour les prochains combats. J'ai su rapidement que nous ne parviendrions pas à éviter une grande bataille avant que nous ayons commencé notre mouvement vers Palmyre. Cette bataille, Zabbaïe et ses généraux ne l'appelaient pas moins qu'Aurélien. La sévère leçon reçue devant Antioche, il convenait d'en tirer le plus grand profit. A tous les chefs d'escadron, j'ai répété sans me lasser que la puissance des cataphractes ne valant que par leur masse, ils ne devaient sous aucun prétexte rompre leur ordre de bataille mais charger en rangs serrés afin de démanteler la muraille des légions. J'ajoutai qu'ils étaient les soldats de Zénobie, que si le salut dépendait de la victoire, celle-ci dépendait moins de leur courage que de leur discipline. Aux chefs de cohorte et aux centurions rassemblés, je me contentai de dire que la liberté serait belle si nous étions vainqueurs, la servitude accablante si nous étions vaincus, mots inutiles et sonores appelés fleurs de rhétorique parce qu'on les jette sur de futurs cadavres.

Le soleil couchant enflammait l'horizon quand l'armée romaine apparut devant Emèse. D'une hauteur fortifiée qui défend la ville, je vis les troupes ennemies s'installer dans la plaine ; leur nombre paraissait balancer nos effectifs. Aurélien mettrait en ligne cinq légions et une cavalerie légère plus importante que les rapports de nos espions l'avaient laissé prévoir : aux Maures s'étaient joints des Dalmates. Il disposait aussi de hordes palestiniennes recrutées après son arrivée à Antioche sur nos talons : armées de massues, elles nous semblèrent ridicules. La nuit venue, des feux innombrables brûlèrent dans les deux camps ; un rhapsode n'eût pas manqué de les comparer au fourmillement des étoiles qui montaient dans le ciel. Cette nuit-là, je la sens et je l'entends. C'était hier. Après avoir donné, à Zabbaïe et aux autres, d'ultimes recommandations écoutées cette fois avec gravité, je parcourus les rangs de mes cavaliers. Sous leurs tuniques de fer les chevaux en s'ébrouant remplissaient l'ombre d'étranges bruits métalliques. J'enjambai des corps lourds de sommeil qui ronflaient et puaient. Je me jetai enfin sur mon lit. La bataille était pour demain. J'avais donné l'ordre d'attaquer dès que le soleil apparaîtrait. J'étais heureuse et calme, mes démons ne manquant jamais de faire couler dans mon ventre je ne sais quelle liqueur exquise et apaisante dès que je me trouve en face du plus grand péril.

Face à face, rangées en ordre de bataille, les deux armées n'attendaient plus que le signal du combat. Les armes, les casques, les boucliers, les cuirasses, brillaient dans la lumière du matin. Sortant avec lenteur de l'autre côté de la terre, une grosse boule de feu monta dans le ciel. Au sommet de ma tente de commandement, installée sur une colline d'où je pourrais suivre les péripéties du combat, je fis déployer un étendard rouge. Au son aigre des trompes et dans le grondement des derboukas, mes escadrons lourds s'ébranlèrent avec majesté. Je vis bientôt les cavaliers d'Aurélien tourner bride ; redoutant d'être débordés ou défoncés, ils répétaient la manœuvre qui leur avait si bien réussi sur l'Oronte. Cette fois, augmentant leur allure tout en conservant leurs lignes, mes cataphractes rejoignirent les premières ailes ennemies et exterminèrent tous ceux qui n'étaient pas parvenus à trouver le salut dans la fuite de leurs chevaux rapides.

Cependant, les légions romaines marchaient lentement à la rencontre de mes cohortes qui se ruaient sur elles en hurlant à la manière arabe. Le choc fut sanglant, le succès douteux. Pas moins valeureux que ceux de Palmyre, les gens d'Aurélien témoignaient d'une meilleure expérience du combat ; rapides à combler les vides creusés dans leurs rangs lorsque des hommes s'écroulaient soudain, ils frappaient et tuaient avec la régularité des ouvriers qui travaillent le fer et poussaient des « han ! » de forgeron. Je voyais des masses d'hommes avancer, reculer, repartir, se heurter en de terribles mêlées d'où surgissaient les longs boucliers romains. Souvent sans cuirasses et sans casques, plus adroits que les rustres enrôlés en Pannonie, les miens tenaient bon. Je n'avais jamais espéré, ne méconnaissant pas ses faiblesses, que mon infanterie puisse détruire celle d'Aurélien ; je comptais qu'elle résisterait devant les légions assez longtemps pour permettre à mes cataphractes d'en finir avec la cavalerie ennemie et de se jeter sur les flancs et les arrières de l'armée romaine. Que faisait Zabbaïe parti à la tête de mes escadrons ? Le temps s'écoulait trop lentement. Pourquoi mes cataphractes ne se rabattaient-ils pas sur ces chiens du Danube ? Déjà, le soleil était haut dans le ciel ; la chaleur accablait les guerriers qui, les miens comme les autres, s'arrêtaient parfois, interdits. Le combat reprenait, les deux partis connaissant des fortunes diverses. Je ne me suis troublée qu'en voyant des hommes de Palmyre jeter leurs armes et quitter le terrain. C'est là un signe avant-coureur de débâcle : il arrive aux meilleurs guerriers de se montrer aussi déconcertés dans la mauvaise fortune qu'ils ont été impétueux dans la bonne. Si mes cataphractes tardaient encore à intervenir sur le champ de bataille, mon infanterie était menacée d'être détruite.

Pour calmer mon alarme sinon la terreur qui me labourait, je tentai de me rappeler les grandes batailles dont je connaissais les péripéties : le sort de la plupart ne s'était-il pas décidé au dernier instant ? D'un général déjà vaincu, un événement imprévu faisait un vainqueur glorieux. Jules César lui-même, le modèle des stratèges, n'était-il pas sur le point d'abandonner la partie lorsque le Gaulois s'était rendu à Alésia ? Soudain, j'entendis monter vers moi une immense clameur : quel que fût l'état de ses escadrons, Zabbaïe allait enfin balayer les légions et ramener la victoire hésitante.

Les dieux ont peut-être besoin de la stupidité des hommes pour allumer les foudres dont ils nous frappent. Mes escadrons avaient déserté le champ de bataille. La clameur entendue, c'était celle des contingents palestiniens tenus en réserve par

Aurélien. Armés de lourdes massues, ils entrèrent dans la mêlée, y creusant des sillons où les têtes roulaient. Saisis de frayeur, les miens lâchèrent pied, tandis que les légions, méprisant de les poursuivre, se regroupaient en formations serrées pour mieux recevoir le choc de mes escadrons quand ceux-ci réapparaîtraient sur les lieux du combat. En quelques instants, la défaillance de mon infanterie s'était transformée en déroute. Je ne connais pas de spectacle plus ignominieux que celui d'un soldat qui jette son glaive et son bouclier pour courir plus vite. Pouvais-je encore espérer l'arrivée de mes cavaliers ? Sans doute, tombés dans quelque piège tendu par Aurélien, avaient-ils préféré tous mourir en combattant que de subir, à leur retour, mon mépris.

Dédaignant de regarder ceux qui s'engouffraient sous les portes d'Emèse pour chercher un abri derrière les murs de la ville, je ne pouvais détacher mes yeux de l'horizon où j'avais vu disparaître Zabbaïe. Un nuage de poussière roula enfin sur la plaine. C'étaient mes cataphractes. Ils galopaient par petits groupes, tentaient de se réunir pour reformer leurs escadrons, se débattaient au milieu de cavaliers maures qui les poussaient vers les légions. Alors, j'ai compris qu'oubliant mes ordres, ils avaient rompu leurs rangs après avoir massacré les premières ailes de la cavalerie ennemie. Au lieu de rabattre leur machine de guerre sur les légions aux prises avec mon infanterie, ils n'avaient pu résister au désir de poursuivre leur charge, chacun voulant briller plus que son voisin, jouer au héros, lancer son cheval comme à l'exercice jusqu'au bout de la carrière. Plus rapides, les cavaliers maures et dalmates avaient entraîné loin du champ de bataille mes lourds cataphractes, et ne s'étaient retournés qu'au moment où ceux qui les poursuivaient en désordre paraissaient être épuisés. La leçon subie devant Antioche n'avait servi à rien. Maintenant, les cavaliers de Palmyre refluaient vers Emèse ; poussant leurs chevaux fourbus, ils erraient, sans ordre, disséminés dans la plaine, toujours refoulés vers les légions semblables à des buissons de lances et d'épées où montaient déjà des chants de victoire.

L'infanterie romaine s'élança sur eux. Encerclés, attaqués de tous côtés, mes cavaliers étaient jetés à terre à coups de piques et assommés à coups de massues par les Palestiniens. Cloués au sol, incapables de retrouver l'agilité de leur race sous le poids du fer qui accablait chacun d'eux, certains parvinrent cependant à se dégager pour se précipiter au secours des plus menacés. Çà et là, je voyais un centaure se dresser, l'épée à la main, faire place nette autour de lui, s'écrouler tout à coup : son cheval venait d'être éventré par le poignard d'un supplétif. La plaine se couvrit de cadavres ; des bêtes isolées galopaient droit devant elles, avec de longs hennissements, comme si elles avaient voulu fuir un carnage dont elles ressentaient l'horreur. Devant ce combat devenu inégal et sans espoir où les derniers fils de Palmyre allaient succomber, j'ai fait amener l'étendard rouge qui dominait ma tente pour le remplacer par un drapeau vert : c'était le signal de la retraite. Couverts par la cohorte d'archers qui assuraient ma propre protection, les débris de ma cavalerie disparurent eux aussi derrière les remparts d'Emèse. Ils s'étaient battus jusqu'au bout de leurs forces, sans doute pour ce qu'ils appellent « l'honneur ». Moi, Zénobie, je connaissais la faute inexpiable commise par eux. Quand ils passèrent devant moi, avec leurs horribles blessures, les yeux hagards, casques troués et armures rompues, j'ai pensé seulement que la stupidité n'a pas d'honneur.

Deux jours plus tard, j'étais de retour à Palmyre. Sans bruit, la défaite y était parvenue avant moi. Un sortilège immobilisait la ville silencieuse aux rues vides, aux maisons aveugles, aux terrasses nues. Jamais le soleil ne me parut si triste. Arrivée au palais, je reçus Waballaht dans mes jambes : ses cris de joie, la vigueur avec laquelle il me serrait contre lui, sa bouche qui barbouillait mes joues, prouvaient assez qu'il ignorait ma détresse. Inquiètes, mes filles syriennes me tendaient leurs bras fragiles. Plus semblable à elle-même qu'elle ne l'avait jamais été dans les occasions remarquables, M'Barka posa une main impérieuse sur mon épaule : reprenant des droits que les filles lui avaient un peu dérobés, elle m'entraîna dans ma chambre.

Je n'avais ni le temps de me reposer, ni la patience d'entendre des reproches. Wörod fut bientôt là : je lui sus gré de me montrer un visage impavide et le remerciai d'avoir suivi fidèlement mes recommandations. Son zèle avait fait de Palmyre une véritable place forte, défendue par de hautes murailles dont les abords étaient eux-mêmes protégés par les tours funéraires transformées en redoutes. De grandes quantités d'armes de jet, des catapultes, balistes et autres machines, avaient été installées sur les remparts ; les troupeaux paissaient à l'abri de l'enceinte fortifiée ; les magasins regorgaient de grain, d'huile, de viande séchée ; les sources assuraient une eau abondante. L'événement qui m'abattait, un homme tel que Wörod était capable de le considérer avec la même lucidité qu'il eût examiné la comptabilité d'une entreprise malheureuse dont la faillite n'est pas fatale. Qu'Antioche fût perdue après Alexandrie, cela n'ébranlait pas mon courage ; j'avais déjà rejeté le souvenir de leur conquête, imitant les marins dont on dit que, pris dans la tempête, ils se débarrassent de leurs trop lourdes cargaisons pour mieux sauver le navire et son équipage. S'il existait un moyen de sauver Palmyre de la servitude, Wörod estimait que nous ne le trouverions qu'après avoir évalué nos ressources. Celles-ci étaient-elles si négligeables ? Aux six mille hommes de la garnison, s'ajoutaient les cinq mille survivants de la bataille : à l'abri de nos remparts, ils devenaient une force redoutable ; malgré les troubles qui agitaient Ctésiphon depuis la mort du vieux Sapor, son fils nous avait fait connaître qu'un contingent perse volait à notre secours ; enfin, les troupes romaines avaient subi, elles aussi, des pertes très graves : si Aurélien décidait de nous assiéger, il éprouverait les plus grandes difficultés à se ravitailler en vivres et en eau dans les espaces désertiques qui séparent Emèse de Palmyre.

Le même soir, Zabbaïe se présenta au palais. Un linge taché de sang entourait son front, sa tunique était déchirée, il marchait avec difficulté, appuyé sur un bâton. Nous nous sommes regardés un long moment jusqu'à ce qu'il baisse les yeux. Rude dans le combat, glorieux dans la parade, indifférent dans les gestes de l'amour, il courbait maintenant la tête. Ses épaules ployaient sous la honte. Je l'accablai d'injures. « J'avais confié un commandement trop grand à un petit coureur de sable né pour les razzias, non pour les grandes batailles. Le sang qui coulait de son front ne me troublait pas. Moi, Zénobie, j'étais encore la reine de Palmyre. Lui n'était qu'un chef incapable qui avait conduit mon armée au désastre. Pourquoi avait-il échappé au massacre dont il était responsable ? Sans doute, il avait fui devant l'ennemi. Mort au combat, mon ventre se fût quelquefois souvenu de lui. Vivant, je mépriserais un guerrier qui marchait avec une béquille ! »

Zabbaïe demeura silencieux. Mes paroles le cinglaient aussi sûrement que la cravache d'Odénath lorsqu'il frappait au visage un chamelier pris en faute. Entendant mes derniers mots, retrouvant sa fierté comme au temps où je le désirais, il se redressa, jeta son bâton à terre, sortit en vacillant. J'ai cru qu'il allait s'écrouler. J'ai voulu l'aider mais je me suis retenue. Comme il disparaissait, je lui jetai l'ordre d'aller prendre son tour de garde sur les remparts, comme un simple archer, s'il lui restait quelque courage. Cette nuit-là, j'eus besoin d'un homme. Mes Syriennes aux yeux pleins de larmes, je les renvoyai. Le palais était désert. Appeler un garde, c'était risquer de compromettre ma réputation de reine vertueuse si patiemment fabulée. Je dus me contenter d'un eunuque.

L'avant-garde de l'ennemi apparut quelques jours plus tard, suivie bientôt du gros de l'armée : Aurélien n'avait pas hésité à lancer ses troupes dans le désert. Transformée en forteresse, Palmyre était d'autant plus inexpugnable que, dans sa hâte d'en finir, l'empereur, à peine débarqué en Bithynie, avait poussé ses légions en laissant derrière lui les machines nécessaires à la guerre de siège. Nous pouvions tenir plus longtemps qu'une armée condamnée à organiser des convois de ravitaillement menacés, harcelés, razziés par les tribus dont Odénath et mon père étaient originaires.

Derrière les remparts, nos guerriers retrouvèrent vite une confiance enfantine. Que la pierre lancée par un scorpion [1] atteigne en pleine poitrine un légionnaire imprudent, ils poussaient des clameurs joyeuses et frappaient leurs cuisses ; que l'un d'eux trouve alors une insulte à la fois drôle et grossière, les autres s'esclaffaient. Il faut peu de chose pour faire rire un soldat. Chaque nuit, je montais sur une tour funéraire transformée en redoute d'où je voyais les feux de camp dessiner une couronne de lumière autour de Palmyre. J'entendais les légionnaires

1. Enorme fronde à ressort qui lançait des blocs de rocher pesant au moins 1 talent (26 kilos environ), jusqu'à 2 stades (300 mètres environ).

chanter un refrain composé à la gloire de leur général : « Mille, mille et mille. Vive Aurélien qui en a tué mille. Personne n'a bu autant de vin qu'il a versé de sang. » Pour les faire taire, mes balistiers ajustaient quelques chaudrons pleins de bitume enflammé. Je restais sur la tour plusieurs heures. La nuit, l'inquiétude s'installe dans le cœur des plus braves. Ma présence les rassurait. Revenue au palais, j'attendais inutilement le retour des éclaireurs partis à la rencontre des renforts promis par le fils de Sapor. A peine endormie, je me réveillais tout à coup. J'avais entendu, dans le jardin, des pas précipités, des bruits d'armes, des voix qui braillaient : « Mille, mille et mille... » C'était l'heure où la garde était relevée. J'appelais M'Barka pour qu'elle me chante la chanson du petit sommeil. Toutes mes filles la connaissaient par cœur : si l'une d'elles eut osé la murmurer, ma nourrice eût lacéré avec ses ongles le visage de l'imprudente.

Plusieurs jours s'écoulèrent. Chacun essayait de retrouver ses habitudes quotidiennes, n'y parvenait pas. La joie de vivre s'était enfuie, les buveurs de soleil avaient disparu, les boutiques restaient désertes, les tavernes vides, les bordels silencieux. Les nomades ne pouvant plus entrer dans la ville assiégée, les conteurs et les faiseurs de tours ne rassemblaient plus personne autour d'eux ; les serpents demeuraient lovés dans leur panier d'osier, les joueurs de flûte avaient rangé leurs roseaux à trois trous, les teinturiers se taisaient en piétinant les toisons. Seul, le quartier des dinandiers demeurait sonore : dans toutes les cités d'Orient, même assoupies, on entend toujours le tintement des petits marteaux de cuivre sur le métal.

Dans le camp des Romains, le tumulte des premiers jours s'apaisa. Sauf ceux qui flambaient devant la tente des chefs, les feux s'éteignirent un à un. Les légions manquaient de bois. Nos observateurs qui, du haut des remparts, surveillaient tous les mouvements de l'ennemi me firent connaître que les convois devenaient plus rares. Ils remarquèrent aussi, n'en croyant pas leurs yeux, que les légionnaires étaient soumis tous les matins à une plus dure discipline des exercices militaires. J'en conclus que si Aurélien tenait ses troupes dans une main de fer qui se souvenait d'avoir été celle d'un centurion avant de devenir celle d'un empereur, il serait bientôt contraint de lever le siège devant Palmyre.

Un jour, dépêché par l'empereur, un parlementaire se présenta devant une des portes de l'enceinte fortifiée, porteur d'un message qui m'était destiné. C'était un officier romain aux joues rouges, arborant un casque à plumet. La lettre de son maître étant écrite en grec, j'en fus flattée pendant un bref instant. A sa lecture, ce miel fondit soudain : « Aurélien, empereur du monde romain et vainqueur de l'Orient, à Zénobie et à ceux qui sont engagés dans sa cause. Vous auriez dû faire de vous-mêmes ce que je vous prescris par cette lettre : je vous ordonne de vous rendre, sous la promesse de vous laisser vivre. Toi, Zénobie, tu pourras te retirer, avec ta famille, dans l'endroit que je t'aurai désigné. Tu abandonneras au trésor de Rome tout ce que tu possèdes de pierres précieuses, d'or, d'argent, de soie, de chevaux et de chameaux. Les Palmyréens conserveront leurs droits. »

L'insolence du message balançait le regard dédaigneux du messager. Rome m'apparut telle que je la haïssais, telle qu'elle écrasait les provinces de l'Empire avec sa volonté de puissance, son goût de la rapine, sa fausse générosité. La fureur m'étranglait. On éloigna l'officier tandis que je demandais à Longin de rédiger une réponse négative. Présent, Wörod demeura muet. Je devinai la pensée qu'il n'osait exprimer : saisir l'occasion qui m'était offerte de faire la paix des braves et sauver du même coup les droits des citoyens. Quels droits César nous avait-il jamais accordés sauf ceux de se vautrer à ses pieds en échange de quelques titres et autres décorations qui avilissaient ceux qui les portaient ? Palmyre, c'était moi, Zénobie. Exilée, enchaînée, étranglée sans doute, tous les autres seraient condamnés à une servitude sans espoir. Allais-je me précipiter dans un piège aussi grossier alors que les légions manquaient de grain et d'eau ? La lettre d'Aurélien suait la peur et la fourberie. Espérant me vaincre par la famine, l'empereur était lui-même menacé par la disette.

Wörod, toujours immobile, savait utiliser le silence comme une arme redoutable. Il avait subi mes nombreuses colères : les simulées qui m'emportaient comme un cheval emballé impossible à maîtriser, les vraies qui m'engloutissaient dans une violence écumeuse. Connaissant assez les femmes, il n'ignorait pas que la fureur les défigure et que, filles de roi ou putains, elles ressemblent alors toutes à des mégères. D'un signe discret, il se contenta de me faire comprendre que, derrière les tentures, le messager d'Aurélien pouvait m'entendre. Je me tus. Longin présenta enfin à ma signature la lettre qu'il venait d'écrire : prudente et réservée, laissant la porte ouverte à tous les compromis, c'était une réponse d'esclave, non une réplique à une insolence. L'ayant déchirée, j'en rédigeai moi-même une autre, d'un seul jet, dont ma mémoire a retenu tous les termes : « Zénobie, reine de l'Orient, à Aurélien Auguste. Jamais personne n'a osé demander ce qu'exige ta lettre. C'est le courage qui doit décider de tout à la guerre. Tu veux que je me rende, comme si tu ne savais pas que la reine Cléopâtre a préféré mourir que de devoir à un maître la vie et des honneurs quels qu'ils fussent. J'attends des secours certains des Perses ; les Sarracènes et les Arméniens sont aussi mes alliés. Ton armée, Aurélien, est vaincue tous les jours par les pillards du désert. Qu'adviendra-t-il d'elle lorsque j'aurai reçu les renforts qui m'arrivent de tous les côtés ? Tu quitteras alors ce ton superbe avec lequel tu exiges ma soumission, comme si tes armes étaient partout victorieuses. »

Aurélien m'a dit que la lecture de ma lettre avait décidé de ma perte. La vérité, c'est que chaque jour le pressait davantage d'en finir avec Palmyre afin de regagner Rome où de nombreux sénateurs le moquaient de faire la guerre à une femme sans en parvenir à bout.

Quelques semaines s'étant encore écoulées, nos sentinelles observèrent que les vivres rentraient régulièrement dans le camp ennemi. Wörod qui savait tout, même dans une citadelle investie, m'apprit que nos tribus familiales ne razziaient plus les transports d'Aurélien ; elles assuraient au contraire la protection des convois d'un certain Flavius Mardochée chargé de ravitailler l'armée romaine. La nouvelle m'accabla plus qu'elle ne m'étonna. Aurélien s'étant emparé à Emèse d'un trésor de guerre que je n'avais pas eu le temps d'emporter, il était naturel qu'il s'en soit servi pour acheter mes oncles et mes cousins trop heureux de prendre leur revanche : en Orient, l'or a toujours une odeur délectable. L'événement n'en demeurait pas moins grave. Si nous ne soumettions pas la distribution du grain à des mesures sévères, Palmyre serait affamée faute de recevoir un secours extérieur. J'avais décidé que les seules rations des soldats ne seraient pas diminuées lorsqu'un second coup me frappa : dans la région de

Chalcis, les troupes perses envoyées par le fils de Sapor avaient été interceptées et écrasées. Une semaine plus tard, un corps de méharistes sarracènes qui patrouillait dans le désert rejoignait les Maures et les Dalmates de la cavalerie impériale.

Privée de secours militaires, j'étais menacée par la pénurie. Je n'ai accusé ni les traîtres ni les dieux. Tout n'était pas encore perdu. Ayant pris garde de ménager le Sassanide, j'avais compris que les Arabes étaient les alliés naturels des Perses, qu'un jour ou l'autre les deux peuples uniraient leurs forces et leur destin, qu'ils chasseraient définitivement les aigles. Quand elle avait tenté de faire passer sa flotte, à dos d'hommes, dans la mer Rouge, Cléopâtre ne concevait-elle pas le dessein d'une telle alliance ? Là où elle avait échoué, je pouvais réussir. Aurélien, victorieux en apparence, demeurait vulnérable : toutes ses troupes étaient concentrées autour de Palmyre. Profitant de l'occasion, si les Perses lançaient une armée sur Antioche, ils y entreraient à coup sûr, sans même combattre. César serait contraint à lever le siège ; tout redeviendrait possible. Aucun ambassadeur n'aurait été capable d'expliquer mon plan à ceux de Ctésiphon et de les convaincre ; moi seule, Zénobie, pouvais tenter d'entraîner les Perses dans cette opération qui eût renversé le cours des choses. Attendre plus longtemps c'était risquer une rébellion que j'eusse été peu capable d'étouffer : déjà, mes gardes avaient dû disperser des rassemblements devant les magasins de distribution. Responsable de l'ordre urbain, Wörod s'inquiétait des conciliabules chuchotés que lui rapportaient ses espions.

Ai-je eu raison de confier le secret de mon départ à Wörod ? Homme aux inépuisables ressources, ni Zabbaïe ni Firmus, il n'était pas de ceux qui combattent sur les remparts ou qui se donnent volontairement la mort pour échapper à la servitude. Ulysse arabe pour qui le tintement de l'or avait surpassé le chant des autres sirènes, il demeura le confident de ma dernière entreprise après avoir été le silencieux complice de mes desseins.

Accompagnée de quatre archers dont je connaissais le courage et le cœur droit, je suis sortie de Palmyre au milieu de la nuit, à l'heure où la vigilance des sentinelles se relâche. Pour ne pas éveiller l'attention des postes de garde, nous avons longtemps marché, pieds nus, avant de monter sur nos méharis. Des nuages obscurcissaient le ciel. J'avais calculé qu'en forçant nos bêtes, nous pourrions en deux jours atteindre le point de l'Euphrate où une barque m'attendait. Le moment venu, Beïda m'enleva d'un bond. Nous retrouvâmes aussitôt l'accord étrange qui unit un cavalier à sa monture : au frisson qui courait sous sa peau je devinais son plaisir, à la pression de mon pied il comprenait mon impatience. Seuls, ma vieille M'Barka et Wörod connaissaient le secret de mon départ. Avant de quitter le palais royal, je leur avais confié Waballaht : mon fils dormait, les poings fermés, la lèvre entrouverte où perlait une bulle de salive comme s'il eût été encore un tout petit enfant.

Pour être plus rapides autant que par précaution, nous n'avions pas emprunté la grande piste romaine qui conduit à l'Euphrate ; nous nous étions lancés à travers le reg. Le soleil était déjà haut dans le ciel lorsque le guide me conseilla de faire reposer les bêtes. Un archer m'apporta quelques dattes ; un autre me tendit une grenade cueillie dans les jardins de Palmyre : durs comme des cailloux ou frais à la bouche, ces fruits me donnèrent les deux dernières images de la sévérité et de la gentillesse arabes. Je m'endormis en prenant soin de voiler mon visage : il ne convenait pas d'apparaître à la cour de Ctésiphon avec une figure brûlée par le soleil. Le guide me réveilla bientôt. Son oreille avait entendu le bruit d'une troupe au galop. Nous étions poursuivis. Il fallut repartir. Quel chien m'avait trahie ? L'idée que Wörod eût pu être acheté par César, je la repoussai une fois de plus : je lui avais confié Waballaht, il était responsable de la vie de mon garçon. Pressées de questions, mes filles syriennes s'étaient-elles inquiétées de mon absence au point de la révéler ? Zabbaïe, qui entretenait des oreilles dans mon palais, s'était-il vengé de sa disgrâce ? Peut-être était-il l'amant d'une de mes Syriennes ? Toutes les réponses trouvées à ces questions étaient vite rejetées, chassées par d'autres aussitôt admises que repoussées. Les espions d'Aurélien étaient-ils mieux organisés, moins corruptibles que les miens ? Wörod n'était-il pas le maître des uns et des autres ? Je méditais les châtiments des insensés qui m'avaient vendue : ceux-là me voyaient déjà enchaînée alors que je volais vers l'Euphrate d'où je reviendrais avec une armée perse. Jamais Beïda ne courut plus vite. Ses sabots faisaient gicler les cailloux du reg et les projetaient derrière lui comme des grêlons. Les méharis de mes compagnons ne se laissaient pas distancer. Eux aussi étaient des bêtes de course, moins rapides et moins fines sans doute, mais plus jeunes et plus solides. Des situations difficiles, j'en avais connu d'autres. Je pressai davantage l'allure de Beïda. Quel est donc le nom de cet empereur romain qui, poursuivi par des sicaires, dit à son cocher : « Souviens-toi que tu portes César et sa fortune » ?

Le deuxième jour, Beïda boita légèrement. Inquiet, le guide me fit signe de m'arrêter ; il examina les jambes du méhari, hocha la tête d'un air soucieux. Nous repartîmes, moins rapides. Ceux qui nous poursuivaient, nous leur avions imposé un tel train qu'ils devaient être épuisés eux-mêmes. Le soleil allait terminer sa course quand un archer se retourna soudain, tendant une main derrière lui : là-bas, à l'horizon, un nuage de sable courait au ras du sol. Nous serions bientôt rattrapés si Beïda ne retrouvait pas le rythme de sa course. Je cravachai ses flancs. Il précipita son allure. De l'autre côté de la terre, le soleil disparut. Le sable était devenu gris. Nous n'étions plus éloignés du but. La fortune ne m'avait pas encore abandonnée, mais la possibilité de faire rouler les dés dans la bonne direction ne dépendait plus de ma seule volonté. Bientôt, j'aperçus des petites flammes de naphte qui dansaient dans le soir livide. C'est à ce moment que Beïda plia les genoux et s'écroula. Je roulai à terre. Un archer me releva aussitôt, me jucha sur sa bête et repartit. Les chacals qui nous pourchassaient, je les entendis gronder et hurler. Ils gagnaient du terrain. L'Euphrate coulait maintenant sous nos yeux, étalé et lisse, bordé de petits feux qui s'éteignaient et se rallumaient. Pour me permettre de trouver les barcassiers qui devaient m'attendre, mes quatre archers m'abandonnèrent sur les berges du fleuve et, faisant volte-face, l'épée au poing, lancèrent leurs bêtes sur l'ennemi. Quelques instants plus tard, un groupe d'hommes m'entouraient : ils n'étaient pas perses. J'étais prisonnière. Ils me conduisirent à leur chef, un préfet de cavalerie auquel Aurélien avait donné l'ordre de se lancer à ma poursuite avec deux pelotons de méharistes. Quand le Romain s'avança vers moi, je lui dis de ne pas toucher la reine de Palmyre. Il me répondit par un rire méprisant. Je le reconnus. C'était le rire du petit chef qui avait insulté autrefois mon père, quand il dirigeait une grande caravane, et que je n'avais jamais oublié.

J'arrivai au camp d'Aurélien, les poignets liés par une corde tressée avec ces feuilles de palmier nain que nous appelons doum. Il me fallut passer devant une multitude de soldats : les uns chantaient : « Mille, mille et mille, nous en avons tué dix mille... », les autres frappaient leurs boucliers avec le pommeau de l'épée. Tous riaient. Ils avaient bu du vin, puaient la sueur et l'oignon. L'empereur m'attendait. Il me reçut assis devant son tribunal, entouré d'une pompe menaçante : à ses côtés, ses principaux officiers à cheval ; derrière lui, les aigles d'or, les images des trois derniers Césars, les piques d'argent qui portaient en lettres dorées les noms des cinq légions, et, développée en demi-cercle, une cohorte de prétoriens. Je vis un géant aux cheveux roux et gris, aux yeux bleus et graves ; il portait une cuirasse d'or décorée d'un disque solaire ; un glaive énorme était accroché à son baudrier clouté de pierreries. Aurélien ne se leva pas. Il me regardait d'un air sévère, conscient de porter sur ses épaules massives ce qu'il est convenu d'appeler la majesté romaine. La réputation de ses mœurs austères m'effrayait davantage que son épée. Les officiers qui l'entouraient surveillaient ses gestes, quêtaient servilement l'aumône de son regard, paraissaient le redouter. J'ai compris que si les hommes du rang aimaient leur général, demeuré un des leurs après avoir revêtu la pourpre, ceux-là devaient le haïr. Moi, Zénobie, devant ces glorieux empanachés, je ne disposais plus des armes élémentaires accordées par la nature : le sable avait rougi mes yeux et sali mon visage, mes cheveux disparaissaient sous un petit bonnet d'archer, ma tunique militaire était déchirée. Tandis qu'on me ramenait à Palmyre, encordée sur un méhari, j'avais eu le temps de composer un rôle que le mauvais sort me contraignait à jouer. Captive, j'étais encore la mère d'un roi. Pour que l'empereur me traite en reine, je devais montrer à ces chiens que la dignité et l'insolence ne sont pas des privilèges romains.

Aucun homme ne m'avait fait baisser les yeux, même mon père. Je soutins le regard d'Aurélien. Tous les deux, aussi bons acteurs et spectateurs l'un que l'autre, nous jouions notre personnage. Moi, j'attendais qu'il prononçât quelque discours que Cornélius n'eût point désavoué. Il n'y manqua pas.

« Comment as-tu osé, Zénobie, outrager la majesté des empereurs romains ? »

Je répondis :

« Toi, Aurélien, qui sais vaincre, je te reconnais pour empereur. Ceux qui t'ont précédé ne méritaient pas l'estime de Zénobie. »

La flatterie ne dépassait pas la juste mesure : n'étions-nous pas deux grands princes ?

« Ta lettre injurieuse m'était destinée, reprit-il. Tu en seras châtiée selon la loi romaine. »

Hurlées par les légionnaires, des clameurs couvrirent les paroles de l'empereur : elles réclamaient ma mise à mort immédiate. Aurélien parut troublé. Refuser cette récompense à des soldats, dans un temps où l'armée disposait à son gré de la dignité impériale, c'était risquer sa pourpre et sa vie. Soudain saisie d'une épouvante dont je ne sais pas si je la calculai, rejetant la fierté dans laquelle je m'étais efforcée de me draper, je me suis jetée aux pieds de César. Moi, Zénobie, j'ai imploré, j'ai juré devant les dieux que mes conseillers avaient profité de ma faiblesse, soutenu que Wörod et Zabbaïe avaient été les véritables responsables de la rébellion de Palmyre ; j'ai accusé Longin d'être le seul auteur du message qui avait insulté l'empereur. Me rappelant les moqueries dont le Sénat romain l'avait accablé, j'ai dit enfin à Aurélien que ceux-là qui avaient abusé de l'ignorance d'une veuve et de l'innocence d'un enfant méritaient seuls la mort.

César ordonna qu'on me déliât les poignets et qu'on me conduisît sous une tente, gardée par des prétoriens. Le soir même, informés de ma captivité, découragés par l'événement, les habitants de Palmyre se rassemblèrent sur les remparts, suppliant à grands cris d'être pardonnés. Le lendemain, ils ouvrirent les portes de la ville et firent leur soumission. Demeuré fidèle aux dispositions de sa lettre, Aurélien avait consenti à ce qu'ils conservent leurs droits de citoyens romains. Tous les trésors entassés dans les temples et le palais impérial furent chargés sur des chameaux de bât. Les légionnaires s'étaient contentés de

Zabbaïe, de ses plus proches lieutenants et de Longin. Wörod avait disparu. Je n'ai jamais su ce qu'il était devenu.

Waballaht me rejoignit, se jeta dans mes bras, pleura, me promit qu'il tuerait tous les Romains de sa propre main. M'Barka arriva plus tard, surveillant dans le chariot où elle était installée le coffre où elle avait rangé mes bijoux et mes robes d'apparat : César entendait que Zénobie en soit parée le jour où, captive enchaînée, je décorerais son triomphe sur la voie sacrée qui monte vers le Capitole. Quand l'armée romaine leva le camp, je dus la suivre : mon fils et ma nourrice m'accompagnaient. J'ai regardé longtemps mes remparts couleur de sable : les marchands allaient poursuivre leur négoce avec l'Orient lointain ; les conteurs inspirés, les magiciens et les putains retrouveraient leurs clients ; Aïcha, Malika et Archia rôderaient autour des officiers de la garnison laissée par Aurélien ; les petits marteaux des dinandiers entraîneraient bientôt les gestes et les bruits familiers des autres artisans ; César ne manquerait pas de me rappeler, quelque jour, sa clémence impériale. Lorsque les derniers palmiers et les plus hautes tours funéraires disparurent dans le soleil, M'Barka poussa un long gémissement qui fit rire les soldats : je lui tordis un poignet afin qu'elle se tût. Pour sauver Palmyre, autant que ma tête, moi Zénobie, je m'étais abattue aux pieds d'Aurélien ; je n'aurais pas permis à un autre la moindre défaillance devant le Romain. Plus dupe de mes larmes que je le fus moi-même de sa générosité, je ne pense pas que l'empereur l'ait été. Il convenait maintenant de ne pas céder au désespoir qui m'étranglait. Odénath me racontait naguère que les fauves tombés dans un piège parvenaient parfois à s'en échapper. J'écoutais ce prodige alors que j'étais une petite fille déjà convoitée.

De Palmyre au Bosphore la route est longue. Pressé, Aurélien imposait à son armée des marches de plus en plus pénibles : les soldats se protégeaient des brûlures du soleil avec leurs boucliers et traînaient leurs pieds dans la poussière. Depuis le jour où les miens s'étaient rendus, il ne m'avait plus adressé la parole. Ce Danubien méprisait-il une femme arabe ou redoutait-il ses légionnaires ? Oubliant l'état de captive où il m'avait réduite, j'en éprouvais quelque dépit ; je n'aime pas que les hommes, princes ou bergers, me dédaignent. Un soir, à l'étape de Tyane, il me fit appeler sous sa tente : ornée de couronnes qui rappelaient les combats victorieux du chef de guerre, c'était l'abri d'un soldat non le vélum d'un empereur. Devant les officiers qui l'entouraient, Aurélien me dit que, domptant sa colère, il avait épargné Palmyre pour la seule raison qu'il y installerait bientôt un vaste camp militaire ; de là, partirait une expédition contre les Perses. Dès à présent, il voulait connaître l'organisation de nos caravanes, l'importance des entrepôts situés entre Vologésiade et Charax, le volume de nos transactions avec le golfe Persique, le dispositif des postes échelonnés le long de l'Euphrate. La pertinence et la précision de ces questions m'étonnèrent venant d'un homme qui ignorait les affaires d'Orient ; elles supposaient, à Rome, un immense appareil de secrétaires. J'eus ce jour-là la révélation que si les grands chefs font leur miel avec les travaux de leurs collaborateurs, moi, je n'avais jamais eu que des complices ou des clients. Mes réponses n'en furent pas moins opportunes : personne ne connaissait mieux que Zénobie l'alpha et l'oméga de ces choses. Ce fut au tour d'Aurélien d'être surpris.

Le lendemain, César me jeta sur son lit. Il satisfit avec majesté les exigences de la nature et les droits du vainqueur. Je ne trichai pas. Son plaisir fut aussi bref que le mien. La besogne terminée, il me demanda de lui révéler les secrets qui m'avaient permis la création rapide d'une armée dont le nombre et la valeur avaient mis à mal ses légions. Général de cavalerie, il s'intéressait particulièrement à mes cataphractes : il me fit une critique sévère de leur emploi. Lui ayant fait observer que si ceux-ci avaient obéi à mes ordres, ils l'auraient emporté, Aurélien répondit que le commandement des escadrons cuirassés exigeait des traditions et des disciplines incompatibles avec le désordre arabe. Il dit encore que le dieu Soleil lui était apparu à Emèse, rayonnant au milieu des légions et raffermissant leurs lignes ébranlées par le premier choc de mon infanterie. Je fus stupéfaite. Ces dernières paroles, succédant à des observations si lucides, il les avait prononcées avec la gravité d'un prêtre qui eût été sincère. Comme je le regardais, à peine railleuse, il mit fin à notre entretien après avoir affirmé : « Il n'est jamais honteux de vaincre avec le secours des immortels ; c'est ainsi que nos aïeux ont entrepris et terminé tant de guerres. » Cornélius en uniforme, Aurélien jugeait de toutes choses avec la même gravité : la guerre, les dieux, l'amour, l'argent, la nourriture, la discipline des camps. Ses yeux tristes ne souriaient jamais. Tout Auguste qu'il fût, c'était lui le barbare. Moi, Zénobie, même couchée sur le lit de ce Pannonien aux bras velus, je demeurais une femme libre.

Six semaines après avoir quitté Palmyre, l'armée romaine franchit les frontières de la Bithynie : hommes et bêtes étaient recrus. L'empereur s'installa à Nicomédie tandis que l'avant-garde s'embarquait sur les navires déjà rassemblés à Chalcédoine. Je ne me lassais pas d'observer, sans doute d'admirer, l'ordre rapide avec lequel les camps étaient dressés, les consignes respectées, les armes fourbies, autant d'images quotidiennes qui restent dans mes yeux. Derrière moi, l'Asie Mineure s'éloignait. Je ne m'abusais pas. Aurélien exigerait que je décore son triomphe, il me traînerait derrière son char, étalant la vanité d'un homme nouveau qui a enchaîné la fille d'un prince. Chef militaire demeuré paysan rusé, il se servirait de moi, il ne me rendrait jamais la liberté. Que deviendrait Waballaht ? Eduqué par moi-même, connaissant mes malheurs et la fortune imprévisible, averti des fautes à ne pas commettre, le fils d'Odénath et de Zénobie reviendrait-il un jour à Palmyre ? Si Rome avait égorgé Césarion, plusieurs fils de rois rebelles, élevés sur les bords du Tibre par les soins du Sénat, n'en avaient pas moins retrouvé leur héritage. Mon garçon n'avait encore que dix ans. Ses tourments n'avaient pas résisté à sa jeunesse ; ce long voyage à travers la Commagène, la Cappadoce et la Galatie avait été pour lui une sorte de promenade militaire. A l'étape, il jouait aux dés avec les soldats : plus habile que ces lourdauds, il gagnait à tous les coups quelques monnaies de bronze.

Notre tour de prendre la mer étant arrivé, je reçus l'ordre de monter sur le navire d'Aurélien ; gardienne des bagages, ma vieille M'Barka m'y suivit. Waballaht s'installa sur une autre barque, qui ne devait jamais arriver de l'autre côté du détroit. Lorsque j'ai appris le naufrage du navire sur lequel mon fils s'était embarqué avec quelques légionnaires, j'ai voulu prouver à tous ceux qui me regardaient qu'il n'est pas nécessaire d'être romaine pour refuser d'exhiber son chagrin. Si la vague avait ramené le corps de Waballaht sur quelque plage de la mer Propontide, sa vue m'eût terrifiée, son image me poursuivrait encore. Vivant, on l'eût gardé à Rome, entouré de maîtres, comblé de flatteries et d'égards auxquels, trop fils d'Odénath, il n'eût pas été insensible. Oubliant les coureurs de sable, ébloui par le faste monumental autant que par l'appareil militaire, il serait devenu un faux Romain, otage sans le savoir. C'était mieux ainsi. Mon fils est demeuré le garçon solide, beau, rusé mais sans souillure, que j'ai aimé. En l'engloutissant, la tempête me fut secourable. Les morts sans cadavres sont des fardeaux légers.

L'armée s'engagea dans les montagnes du pays de Thrace. Il neigeait. Des voyageurs venus de Phénicie m'avaient raconté naguère que de grands tapis blancs recouvraient parfois les monts du Liban : je n'aurais jamais pu imaginer une telle multitude de légers flocons dansant dans le ciel silencieux. J'avais froid. Le vent écorchait mon visage plus profondément que ne l'avait jamais fait le soleil du désert. Aurélien m'avait fait apporter des couvertures. Quand je ne dormais pas près de lui, je me serrais contre M'Barka comme un chiot. Les nuits étaient longues. Dès que les trompettes aux notes étouffées nous avaient tirées du sommeil, des soldats arrivaient en riant, enlevaient la neige tombée sur notre tente, ranimaient les cendres des feux. Revenus dans leurs montagnes, ils paraissaient plus joyeux. Ceux-là qui avaient réclamé ma mort en hurlant, m'apportaient des galettes de blé cuit, toutes chaudes. Ils riaient parce que leur général me faisait appeler près de lui de plus en plus souvent.

Un matin, alors que le camp se réveillait, un cavalier fut reçu par l'empereur. J'entendis des cris, des bruits d'armes, des pas précipités. Un officier vint, courant, me prévenir que l'empereur m'ordonnait de le rejoindre avec la plus grande promptitude. J'arrivai devant lui. Les légats de ses légions l'entouraient. Il parlait avec véhémence, la fureur enflammait ses yeux, il me poussa brutalement sous sa tente. Un message lui était parvenu l'informant que les habitants de Palmyre avaient massacré la garnison romaine. J'entendrai toujours la voix d'Aurélien. « Plus fourbes que tous les ennemis qu'il avait combattus, les Arabes étaient incapables de demeurer fidèles à leur parole. Lâches devant les légions, ils n'étaient audacieux que dans le crime. Ils avaient abusé de sa clémence, confondant la générosité avec la faiblesse. Ces chiens seraient frappés d'une terrible vengeance. Lui, Aurélien, empereur du monde romain et maître de l'Orient, allait repartir immédiatement pour la Syrie avec trois légions. Il donnerait l'ordre d'exterminer les habitants de Palmyre et de vendre les survivants comme esclaves. Il livrerait aux légionnaires les femmes, les enfants, les hommes. Tous les monuments seraient rasés et brûlés. Elle, Zénobie, continuerait sa route vers Rome où, en prison, elle attendrait le retour de l'empereur. »

Aurélien me dominait de sa haute taille. Son visage s'était empourpré. Son discours, qu'il accordait volontiers à la gravité de son aspect, avait pris soudain un ton vulgaire. Le défigurant, la fureur refaisait de César un bas centurion qui aboie des ordres. Je baissai la tête. Sans doute, la terre allait s'ouvrir sous mes pieds et je serais précipitée dans le séjour des dieux infernaux, ainsi qu'il est écrit dans les livres. Aurélien me fit signe de sortir. Deux heures plus tard, les premières cohortes repartaient pour l'Orient. Ployant les épaules sous le poids des armes et des sacs de vivres, les hommes, épuisés par la dernière campagne, furieux du massacre de leurs camarades, n'ignoraient pas que les caves de Palmyre cachaient encore des lingots. Je les entendis chanter dans la forêt : « Mille, mille et mille, il en a tué dix mille... » Ils n'en voulaient pas à leur général. D'énormes paquets de neige tombaient des arbres sur la route piétinée.

Aurélien m'a caché pendant plusieurs mois qu'exécutant à la lettre ses menaces, il avait livré Palmyre aux flammes. Le centurion qui commande la garde de la villa où je suis confinée m'a révélé la destruction de ma ville. Mon armée anéantie, mes amis égorgés, moi captive de César, il m'était arrivé d'imaginer quelque retour de la fortune : nous autres, nés du côté de la terre où se lève le soleil, nous nous installons dans la nuit avec l'espérance de la lumière. Demain, les Goths allaient repartir à l'assaut du Danube tandis que les Perses lanceraient des troupes innombrables sur l'Euphrate. Déjà, la menace d'un complot permanent pesait sur les épaules de l'empereur. Je n'ignorais pas ces choses, des observateurs subtils me les rapportaient. Elles m'aidaient à m'engager sur le chemin d'une longue patience. Vaincus, nous étions toujours vivants : je revoyais les images de Palmyre, j'entendais ses bruits, je sentais ses odeurs.

Aujourd'hui, je sais que ma vie a été saccagée, mon peuple dispersé. Elles-mêmes, les tours funéraires ont été abattues. Le petit marteau des dinandiers ne doit plus tinter au fond des boutiques incendiées. Si les cendres de Palmyre sont désormais trop froides pour que Zénobie tente de les ranimer, il ne lui reste plus qu'à mourir elle-même. Je ne serai pas seule à disparaître. Aurélien doit bientôt repartir avec les légions pour la Mésopotamie : avant qu'il n'ait atteint les rives du Danube, il sera tombé sous les coups de son plus fidèle secrétaire. Ces choses, je les sais aussi. Les confidences imprudentes des sénateurrs et des préfets qui ont coutume de me visiter à Tibur, je ne les ai pas rapportées à César. Je les tairai. Personne n'a su le rôle passif qui fut le mien dans l'assassinat d'Odénath, personne ne saura que la mort d'Aurélien a été organisée en ma présence. Les plus redoutables sont les complicités invisibles. A chacun sa vengeance. J'aurai savouré la mienne avant même qu'elle soit accomplie.

J'ai trente ans. Les hommes disent que je suis encore belle. Aurélien mort, l'un d'eux ne manquerait pas de m'épouser. Il me confierait le gouvernement de sa maison, me conduirait au théâtre, à l'hippodrome, au cirque, fier d'entendre la foule murmurer sur notre passage : « la reine Zénobie ! » Occupée de travaux domestiques, je deviendrais vite une matrone romaine. Après avoir commandé une armée, signé des traités, dépêché des ambassadeurs, traversé le désert, l'Asie Mineure et la Thrace, il me faudrait diriger des cuisiniers, surveiller des femmes de service, écouter les radotages des vieux militaires. Il est plus important de ne pas se mépriser que de vieillir dans une médiocrité sans périls. Moi, Zénobie, reine de Palmyre, j'ai conquis et perdu un empire qui s'étendait du Nil à l'Euphrate. Les hommes seront tentés d'accorder peu de foi à mon aventure, tant elle fut rapide ; les historiens la minimiseront parce qu'elle fut conduite par une femme qui fit trembler des empereurs et des généraux romains habitués à se mirer dans leurs cuirasses. Ils oublieront mes navires chargés dans le golfe Persique et dirigés vers la mer Intérieure par la mer Rouge et les canaux égyptiens ; ils méconnaîtront le plan de la bataille d'Emèse, conçu par moi seule, qui sus utiliser à la fois des troupes d'infanterie et des escadrons cuirassés. Les uns maudiront la mémoire d'une princesse avide et perdue d'ambition ; les autres conserveront peut-être la légende de la reine vertueuse inventée par mes soins. Ceux-ci et ceux-là se tromperont.

Le soir tombe. Par la fenêtre ouverte, au-delà du jardin muré de petites briques roses et plates, je vois la campagne romaine où, poudrés de soleil, les oliviers gonflent leurs bouquets argentés au milieu des champs dont on dirait que ceux qui les cultivent sont des géomètres. A droite, au bas de la colline, s'élèvent les innombrables pavillons de la villa Hadriana. Mêlé à celui des cigales, j'entends le grincement des machines qui débitent des blocs de marbre dans les carrières de Tibur. Une brume de chaleur enveloppe les arbres et les murs, semblables à ces étoffes transparentes que les navires venus du plus lointain Orient apportaient jusqu'au fond du golfe. Voici l'heure où les ombres des peupliers s'allongent. Par un soir semblable à celui-ci, immobile et doux, j'avais fait comprendre au neveu de mon époux que, si un sort funeste frappait du même coup Odénath et Hérodien, c'est à lui seul, Maeonius, que reviendrait l'héritage de Palmyre. Sa stupidité a voulu que je fasse le reste.

J'ai toujours laissé à chacun le soin de son espérance et de sa consolation, sans jamais me soucier des rives où ma barque viendra échouer. Il m'est arrivé cependant d'envier ceux de mes cavaliers sarracènes qui, refusant de s'incliner devant les dieux de Palmyre, honorent celui qui, disent-ils, est béni à jamais, divinité mystérieuse dont nul ne connaît le nom, qu'aucun sculpteur n'a osé personnifier et dont les humbles autels dressés dans le désert ne s'ornent que de deux mains jointes.

Aurélien galope sur la route de Tibur. Le moment est venu d'enlever mon chiton de soie, mes colliers d'émeraude, mes sandales d'or, tout l'apparat qui fait de Zénobie la reine captive que César s'attend à retrouver tout à l'heure. Je vais revêtir une tunique de laine brune serrée à la taille, chausser des jambières de cuir, me coiffer d'un bonnet pointu, passer deux petits poignards à ma ceinture cloutée d'épines. C'était l'uniforme de mes cavaliers, celui que Zabbaïe portait quand il m'apparut pour la première fois. Quand j'aurai bu le petit flacon précieusement gardé depuis Palmyre, il me restera quelques instants pour appeler ma vieille M'Barka. Elle poussera un long cri et me prendra vite sur ses genoux. J'aurai juste le temps de lui demander de me chanter sa chanson de nourrice. Déjà, je l'entends : « Viens, viens, viens, petit sommeil ; le petit sommeil viendra et Zoubida dormira. »

Carte

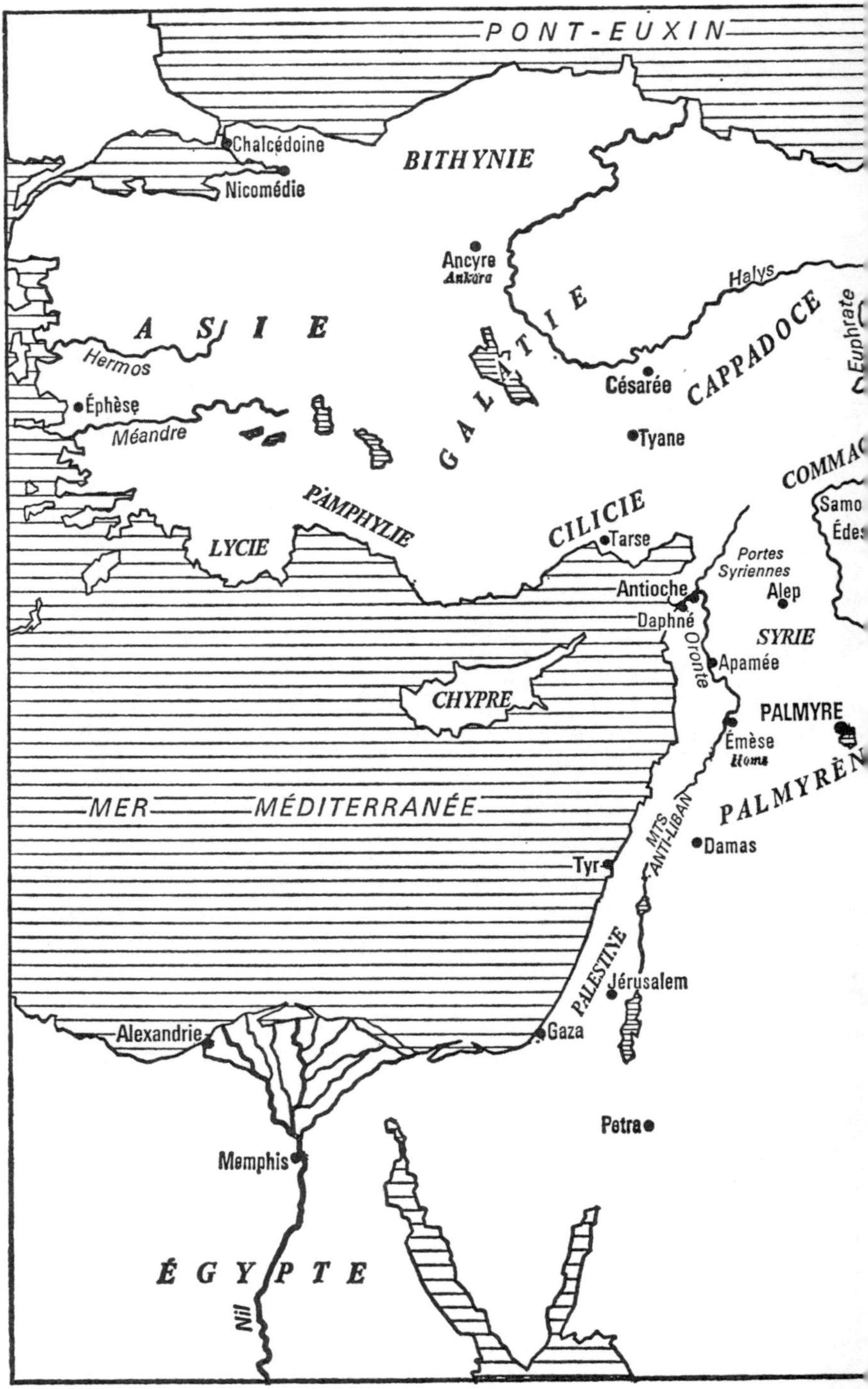

PONT-EUXIN
Chalcédoine
Nicomédie
BITHYNIE
Ancyre
Ankara
Halys
ASIE
GALATIE
CAPPADOCE
Euphrate
Hermos
Césarée
Éphèse
Méandre
Tyane
COMMA
Samo
Éde
PAMPHYLIE
CILICIE
LYCIE
Tarse
Portes Syriennes
Antioche
Alep
Daphné
SYRIE
Oronte
Apamée
CHYPRE
PALMYRE
Émèse
Homs
PALMYRÈN
MER MÉDITERRANÉE
MTS ANTI-LIBAN
Damas
Tyr
PALESTINE
Jérusalem
Alexandrie
Gaza
Petra
Memphis
ÉGYPTE
Nil

ARMÉNIE
Araxe
Tigre
Nisibe
Zénobia
MÉSOPOTAMIE
EMPIRE PERSE
(Roi Sapor)
Doura
Europos
Hit
Ctesiphon
TRIBUS
HARACÈNES
Babylone
Vologésiade
Suse
Tigre
Euphrate
Charax
kilomètres
0 100 200 300
GOLFE
PERSIQUE

Table

DU MÊME AUTEUR

AUX ÉDITIONS ALBIN MICHEL

Moi, Zénobie, reine de Palmyre
Goncourt du récit historique

Ces Messieurs de Saint-Malo
Prix Bretagne
Prix du Cercle de la Mer
Prix d'académie de l'Académie française

Le Temps des Carbec

Rendez-vous à la Malouinière

Paradis perdus

De quoi vivait Bonaparte ?
(édition revue et augmentée)

Moi, Sylla, dictateur

CHEZ D'AUTRES ÉDITEURS

Piste impériale
(Julliard)

La Reconquête
(Flammarion)

De Lattre
(Flammarion)

Suez, cinquante siècles d'Histoire
2e Grand Prix Gobert de l'Académie française
(Arthaud)

Reproduction photomécanique
et impression Bussière, novembre 2005
Editions Albin Michel
22, rue Huyghens, 75014 Paris
www.albin-michel.fr

ISBN 2-226-00617-6
N° d'édition : 24060. – N° d'impression : 054296/1.
Dépôt légal : mai 1978.
Imprimé en France.